AF142800

Casper Stürenburg

Der Vertrag von Alt-Ranstaedt

Österreich und Schweden 1706-1707 : ein Beitrag zur Geschichte der österreichischen Politik

während des nordischen Krieges

Casper Stürenburg

Der Vertrag von Alt-Ranstaedt
*Österreich und Schweden 1706-1707 : ein Beitrag zur Geschichte der österreichischen Politik
während des nordischen Krieges*

ISBN/EAN: 9783742857125

Hergestellt in Europa, USA, Kanada, Australien, Japan

Cover: Foto ©Andreas Hilbeck / pixelio.de

Manufactured and distributed by brebook publishing software (www.brebook.com)

Casper Stürenburg

Der Vertrag von Alt-Ranstaedt

Bilder

aus dem

Amerikanischen Leben

von

Deutschen in Amerika

✿ Zweiter Band ✿

New York

E. Steiger & Co.

1886

Klein-Deutschland

Bilder

aus dem

New Yorker Alltagsleben

Von

E. Stürenburg

New York

E. Steiger & Co.

1886

Vorwort.

„Greif nur hinein ins volle Menschenleben!"

Nach diesem ermunternden Worte des weltkundigen Alt=
meisters hat der Verfasser aus dem bewegten Leben
der amerikanischen Großstadt einzelne Bilder und Figu=
ren, die nach seiner Ansicht das Interesse eines größeren
Kreises wohl in Anspruch nehmen dürfen, zu zeichnen unternom=
men. Besonders sind es aber die charakteristischen Eigenthümlich=
keiten, Verhältnisse und Gestalten des deutsch=amerikanischen Lebens,
die Revue passiren sollen. Da führt der Weg nicht durch die Salons
der Reichen, sondern durch das bunte, laute, gemüthvolle „Klein=
Deutschland" der gewaltigen Metropole, wo mehr als in den vor=
nehmeren Stadtvierteln Contraste sich jagen, wo das Volk zu gleicher
Zeit Lustspiele und Trauerspiele aufführt, wo man mit den fröh=
lichen lachen und mit den Traurigen weinen kann. Und weil in den
Typen dieses Volkslebens seine Eigenart plastisch hervortritt, sind
auch dialectische Anklänge nicht unterdrückt worden: wer das Volk
kennen lernen will, wird auch zu schätzen wissen, wie das Volk seine
Gedanken und Gefühle in Worte einzukleiden pflegt.

Diese Federzeichnungen, unter den unmittelbaren Eindrücken des
Tages verfaßt, sind zunächst in der „New Yorker Staats=Zeitung"
zum Abdrucke gelangt, und erscheinen jetzt, auf Veranlassung der
Verleger gesichtet und gesammelt, als ein abgeschlossenes Ganzes.

New York, im December 1885.

Der Verfasser.

Inhaltsverzeichniß.

VII

Unser Haus.

Unser Haus.

Was es ist, und wer ich bin.

Unser Haus!

Wie wohlhabend das klingt! Man könnte daraus fast entnehmen, daß ich selber der Landlord sei oder vielleicht eines von den Häuptern seiner Lieben, die dermaleinst sich in sein Hab und Gut zu theilen gedenken.

Ach nein, so hoch will ich nicht hinaus, obgleich ich dem Himmel um ganze fünf Stockwerke näher bin, als der Millionär, der in seiner Office die Zeit nutzbringend mit Couponabschneiden verbringt, und der unsere Straße wol nur aus gelegentlichen Polizeiberichten in seiner Zeitung, oder blos von Hörensagen kennt. Jedenfalls sind die Räder seiner Carosse niemals über das holperige Straßen=pflaster gerollt, zu dessen beiden Seiten der Rinnstein Jahr aus Jahr ein seinem Namen Unehre macht, indem das Wasser darin niemals rinnt, sondern von hohen Kehrichthaufen, Küchenabfällen und altem Schuhzeug abgedämmt, stagnirende Pfützen beinah vor jeder Hausthür bildet, und ich weiß nicht, ob der älteste Einwohner der Straße sich erinnert, daß überhaupt jemals auch nur eine Miethkutsche vorbeigefahren ist — abgesehen von Leichenbegäng=nissen, deren es genug gibt in unserem Viertel.

Aber ich will nicht vom Tode reden, sondern wahrheitsgetreu berichten, daß ich fünf Treppen hoch, bescheiden hintenaus, die Thür links, in einem Hause wohne, welches alle charakteristischen Merkmale der Arche Noah's und des babylonischen Thurmes in sich und seinen Insassen vereinigt.

Oder ist etwa nicht jede Species des Menschengeschlechts in „unserem Hause“ durch ein paar liebenswürdige Exemplare ver=

3

treten? Und dann erst die Sprachverwirrung! Es ist eine Mi=
niaturausgabe — ohne Goldschnitt freilich! — des großen, gewalti=
gen Buches, welches auf seinem Titelblatte die stolzen Worte trägt:
„Die Weltstadt New York."

Kosmopolitisch wie das riesige Häusermeer, welches an der
Hudson=Mündung der allmächtige Geist des Handels und Wandels
aus der Einsamkeit des Urwaldes hervorgezaubert hat, ist auch „unser
Haus", zu dessen Bevölkerung aller Herren Länder ihr Scherflein
beigetragen haben. Unter seinem Dache sind zwanzig getrennte Haus=
haltungen, nicht mitgezählt die Familien der beiden Kleingewerb=
treibenden, die im Basement ihr Lädchen aufgeschlagen haben. Und
wo so viele Menschen nebeneinander wohnen, essen und trinken,
schlafen, und, wenn's geht, auch zufrieden und glücklich sein müssen,
da heißt es sparsam sein mit dem vorhandenen Raum!

Wenn der Doctor die nicht eben breite, aber viel benützte und
deshalb mit Metallplättchen oder Läufern beschlagene Treppe hinauf=
steigt, um irgendwo oben einen Patienten aufzusuchen, muß er, um
sich zu orientiren, und wenn ihn unterwegs nicht etwa ein Kind oder
eine ortskundige Frau an die rechte Thür verweisen sollte, wol zu
einem Streichhölzchen seine Zuflucht nehmen, denn es ist finster im
Hause, und die Glasscheiben über den vier Thüren auf jedem Flur,
die zu ebenso vielen Wohnungen führen, brauchen zur Abwehr neu=
gieriger Blicke nicht einmal mit Gardinenstücken verhängt oder mit
buntem Papier verklebt zu sein, um ihrer Luft und Licht spendenden
Bestimmung in „unserem Hause" zu spotten.

Wenn die Menschen sich nicht so leicht afklimatisirten, würden
wir diese Schattenseite viel schlimmer empfinden, als es in der That
der Fall ist. Und wir befinden uns, Gott sei Dank, ganz behaglich
und wohl in Dem, was auch wir „unsere vier Pfähle" nennen dürfen,
so lange die Rente pünktlich im Voraus bezahlt wird und der Friede
mit dem Nachbar zur Linken oder zur Rechten, oder mit dem lieben
Landsmann über oder unter uns ungetrübt bleibt.

Das müssen Narren sein, die eine Weltsprache einführen und alle
Menschen abrichten wollen, einer Universalmundart sich zu bedienen.
Wer in so einem New Yorker Tenement=Hause wohnt und Augen

und Ohren auf dem rechten Flecke hat, der weiß es viel besser, daß
nur das Mundwerk der Anfang vom Uebel ist. Und wenn jetzt schon
bei gelegentlichen Grenzstreitigkeiten zwischen Nachbarn und dem Auf=
gebot von Bundesgenossen beider Parteien englisch=irisch, deutsch,
böhmisch, französisch, hebräisch und chinesisch — in der einen Hälfte
des Basements hat nämlich Hop Lee eine Waschanstalt eingerichtet —
aneinanderplatzen, daß ein vergleichender Sprachforscher seine wahre
Freude haben würde an den geflügelten Worten, die wie Wurf=
geschosse und Bomben hin= und herüber fliegen, aber Dank der Sprach=
verwirrung zum guten Glück nicht immer treffen und ihr Ziel errei=
chen: — was sollte daraus erst werden, wenn unter dem Fluch der
eindeutigen Weltsprache Jedermann gleich wüßte und ganz begriffe,
was Jedermann in solchen gefahrdrohenden Augenblicken einer Flur=
fehde im Hause ihm an den Kopf geworfen habe!

Wir sind gewiß lauter friedfertige Menschen, und wenn ich be=
denke, daß hier weit über hundert Personen verschiedener Abstammung,
verschiedenen Geschlechtes, verschiedenen Alters und ganz verschiedener
Erziehung auf dem kleinen Flecke von 25 bei 60 Fuß so nahe bei ein=
ander hausen, daß die intimsten Angelegenheiten einer Familie wohl
oder übel zum Unterhaltungsstoff für die ganze Nachbarschaft dienen
müssen, und daß Jeder des Andern Sonntagshuhn in der Pfanne
riechen muß, wenn er es nicht gar durch das Oberlicht in der Sauce
brodeln sehen kann: dann ist es nur zu verwundern, wie das gute
Einvernehmen in „unserem Hause" nicht öfter durch ärgerliche Zwi=
schenfälle und Conflicte gestört wird.

Natürlich fehlt es nicht an Klagen über Dieses und Jenes in der
Einrichtung und Eintheilung des Hauses, über so manche nothwendige
und immer noch hinausgeschobene Reparatur, über schadhafte Wände
und Zimmerdecken, die gewiß noch einmal „herunterkommen", und
über die täglich schlimmer werdende Wassernoth. Sagt man's dem
housekeeper, der eigentlich eine Schneidersfrau ist und mit der Zunge
doch sonst ebenso flink umzugehen weiß wie mit der Nadel, so predigt
man tauben Ohren; verlangt man am Ersten, wenn der „Agent"
pünktlich auf die Minute die Rente zu holen kommt, sein gutes Recht,
so streicht der Mann bedächtig das Geld ein, hört die gemachten Be=

ſchwerden ſtillſchweigend an, legt das Geſicht in ernſte Falten, notirt ſich den Fall und ſagt im Fortgehen: „Werd's dem Landlord beſtellen — good morning!"

Den Landlord kennt „unſer Haus" aber nur von Hörenſagen, nicht einmal dem Namen nach, und über ſeine Perſon ſind die wunderlichſten Geſchichten in Umlauf. Unten der Bierwirth, der eine lease hat und der dieſes Umſtandes viel lieber Erwähnung thut, als er ſich an die mortgage ſeines Brauers auf die saloon-fixtures erinnern läßt, meint gewichtig, „der Landlord iſt gar nicht was man ſo einen gewöhnlichen Menſchen nennen kann, ſondern ein estate, wo noch minderjährige Kinder dazu gehören, und wo ſchon ſeit Jahren in die Court iſt."

Von Anderen wird dies aber eifrig beſtritten: „Wir wiſſen es beſſer," heißt es da, „das Haus gehört einem alten Geizhals, der es ſich aus der Hölle zuſammengeſchnitten hat! Ja, ja, für ſo 'nen Zuſchneider in einem großen Kleidermagazin am Broadway fällt manches Stück Tuch unter den Tiſch, das des Aufhebens noch werth iſt!"

Dann gibt es viele Leute, welche meinen, der Landlord habe einen guten Grund, weshalb er ſich ſeinen tenants nicht zu er= kennen gebe, denn ein Mann, der auch gar nichts im Hauſe machen laſſen wolle, der aber immer bei der Hand ſei, die Rente zu ſteigern, wenn die Zeiten noch ſo ſchlecht wären; ein ſolcher Mann könnte doch nicht wohl ſelber offen eingeſtehen, daß er von Profeſſion ein Paſtor ſei und jeden Sonntag von der Kanzel herab Gottes Wort und die chriſtliche Nächſtenliebe ſalbungsvoll predige. Schönes Chriſtenthum das, ſein Geld in tenement-house property anzulegen, daß es von dem ſauren Verdienſt der armen Einwohner Wucherzinſen trage, noch höher, als ſie der Pfandjude nebenan einſackt!

Wenn mein alter Landsmann und Gaſtfreund dieſe und andere Variationen auf das beliebte Landlord=Thema hört, ſchüttelt er bedächtig und überlegen den Kopf.

„Schnickſchnack," ſagt er, „was die alten Weiber im Hauſe wol vom Landlordſpielen wiſſen! Wer es auch ſein mag, der

Mann versteht sein Geschäft, und auf Rosen ist er auch nicht ge=
bettet. So ein Haus zu verwalten, daß beim Jahresabschluß die
Rechnung stimmt, ist eine Sache, die gelernt sein will, und in
welcher schon mancher Gernegroß ein Haar gefunden hat. Da sind
die Hypotheken und die Steuerzettel, die nicht vergessen sein wollen,
und ich sage Dir, Junge, es ist noch ein Wunder, daß das Haus
bei alledem in so gutem Zustande und so proper gehalten ist, wie
wir es sehen. Der Landlord müßte die Hand aber beständig im
Geldsack haben, wenn er selber käme und alle Klagelieder Jeremiä
anhören müßte, mit denen die Weibsleute sich nun einmal so
gerne die Zeit vertreiben!"

Und vor den Worten meines Landsmannes hab' ich großen
Respect, denn es weiß doch Niemand besser als ich, was für ein
braver, rechtschaffener, guter Kerl er ist. Was wäre wol aus mir
geworden in jener fürchterlichen Nacht, wenn er nicht seine ret=
tende Hand nach dem Unglücklichen ausgestreckt hätte, über dessen
verzweifelndem Kopf die Wogen des Lebens in der großen frem=
den Stadt schon zusammenbrechen wollten!

Ein Obdachloser, der seit vierundzwanzig langen bangen Stun=
den ohne Nahrung und ohne Hoffnung in den Straßen planlos
umhergeirrt, faßt endlich den Muth, einen Vorübergehenden um
ein Almosen anzusprechen. Bei Gott! es war das erste Mal, und
wird es hoffentlich auch bleiben! Aber der Hunger thut unsäglich
weh in einem Leibe, welchen Mangel an Ruhe und seelische Auf=
regungen Zoll um Zoll gebrochen haben.

„Donnerwetter, das Gesicht sollt' ich kennen!" Der Mann, der
auf die schüchterne Anrede des — des „Tramp" — weshalb nicht
das Kind beim rechten Namen nennen, denn er war doch ein
Vagabund! — mit diesem Ausrufe antwortete, trug das Habit
eines Arbeiters und in der Hand einen kleinen Blechkessel. Ein
Filzhut war tief über die Augen gedrückt, aber im Scheine der
Gaslaterne, welche die Straße matt erleuchtete, sah man die Züge
eines Mannes, der sein Leben lang in der Armee der Arbeit ge=
dient haben mußte.

„Laß Dich doch 'mal bei Lichte betrachten, Landsmann!" Da=
mit drängte der Arbeiter den Anderen näher an die Laterne heran,
daß die flackernde Flamme die Angst und die Scham und das
ganze Elend im Antlitz des Halbverhungerten deutlich erkennen
ließ.

„Ach, verhöhne mich wenigstens nicht, wenn Du mir Nichts
geben willst," war Alles, was er zitternd hervorzubringen wußte.

„Weiß Gott, 's stimmt Alles aufs Haar!" und dabei maß
sein erstaunter Blick mich vom Kopf bis zu den Füßen. „Aber
welcher Wind hat denn Deines Vaters Sohn übers Meer ver=
schlagen in das Land Amerika?"

Ich wollte mich gewaltsam losmachen und verwünschte im
Stillen das Schicksal, welches mich dazu getrieben hatte, mein
Bettel=Debut gerade einem so zudringlichen, sonderbaren Menschen
gegenüber zu machen.

„Kennst mich wol gar nicht, Landsmann, wie ich Dich gleich
wieder erkannt habe! Aber wie sollte das feine, stolze Oberamt=
mannssöhnchen aus X. sich auch noch des ruppigen Schlossergesellen
erinnern, den man zu Haus ja nicht einmal mit der Feuerzange
anzurühren gewagt hätte!"......

Und so brachte der blinde Zufall in einer nächtlichen Straße
New York's zwei Kinder einer kleinen Stadt in Deutschland wieder
zusammen: der Eine, wol zehn Jahre älter als der Andere, seit
Jahren schon in Amerika, vom Schicksal hart mitgenommen frei=
lich, aber doch in verhältnißmäßig gesicherter Erwerbsstellung, war
Locomotivführer auf der Hochbahn. Sein jüngerer Landsmann,
der in so unerwarteter und beschämender Weise sich erkannt und
zugleich als Bettler sich ertappt sah —: ja, wozu hatte ich es ge=
bracht?....

Jedenfalls zu einer warmen Mahlzeit in der nächsten Volks=
küche und zu einem ordentlichen, sauberen Bett in jener Nacht,
die mir unvergeßlich bleiben wird mein Leben lang!

Sonst ist meine kleine Geschichte auch bald erzählt. Ich hatte
in meiner Jugend eine so glänzende Erziehung genossen, daß ich
in der alten Geschichte gut und in den alten todten Sprachen noch

beffer Befcheid wußte, als ich mit dem Gymnafialzeugniß der Reife in der Cafche und mit vielen großen Raupen im Kopfe den Kampf mit dem Drachen des Lebens heldenhaft aufnehmen wollte. Wie ich darin unterlegen und nach diefem Lande verfchlagen wor= den bin, ift Nebenfache; genug, daß ich meiner felbft mich nicht zu fchämen brauche. Nur gereicht es mir zu einer gewiffen Be= ruhigung, daß ich Niemand anders, als mich felbft, für den ver= hängnißvollen Schritt der Auswanderung verantwortlich zu halten habe, denn fo wahr Gott lebt, exotifche Treibhauspflanzen einer Cultur nach dentfchem Profefforen=Zufchnitt müffen in der rauhen Luft der Wirklichkeit, wie fie hier Einen anweht, elendiglich ver= kümmern und zu Grunde gehen.

Und da ftand ich eines guten Tages auf dem New Yorker Pflafter, welches, wie ich bald erfahren follte, nicht nur ein fchlechtes, fondern auch ein fehr theures Pflafter ift. Die guten ehr= lichen deutfchen Stiefel hatte ich mir bald abgelaufen auf den vergeblichen Gängen nach Arbeit und Verdienft, bis ich mir meiner Lage als abfolut unbrauchbares Stück Möbel in der wirthfchaft= lichen Einrichtung diefes ungeheuer praktifchen und nüchternen Volkes endlich voll bewußt geworden war. Diefe Erleuchtung kam aber über mich an dem nämlichen Tage, an welchem der Gaft= hauswirth den Schlüffel zu dem Kämmerlein, welches ich bislang innegehabt, in feiner Tafche vergrub, mit einem bedeutungsvollen Achfelzucken mir die Thür wies und als Fauftpfand für die un= bezahlte Rechnung der letzten Woche meinen Koffer in Verfatz behielt.

In den furchtbaren Tagen und Nächten, die jener Kataftrophe folgten, führte mein Weg mich oft hart an die Pforten des Todes —

„Glück muß der Menfch haben, mein Junge," tröftete der ehrliche Landsmann den Aermften, der ohne fein Dazwifchenkommen in jener Nacht wol den letzten Schritt der Verzweiflung gethan haben würde. „Es wäre doch ein Jammer gewefen, wenn Deines Vaters Sohn draußen auf dem Potter's field zu der ganz unver= dienten Ehre des Grubenbefitzes gekommen fein würde! — Siehft

Du, in uns deutschen Arbeitsleuten steckt doch noch immer eine merkwürdig große Portion Gefühl und Weichherzigkeit oder Anhänglichkeit an alte dumme Erinnerungen. In der Jugend ist mir das Haus Deines Vaters immer wie so 'ne Art Königsschloß vorgekommen, und wenn Ihr auf der Straße vorüberginget, konnte Unsereiner nur gleich die Mütze in der Hand haben. Und jetzt thut es mir ordentlich wohl, daß ich dem Sohne aus jenem stolzen Hause Gutes erweisen kann, nicht eben weil ich Dich besonders liebe! Hab' drüben ja kaum ein paar Worte mit Dir gewechselt. Nein, 's ist nur von wegen der alten pudelnärrischen Erinnerung an Deine Familie, die ja doch immer zu den großen Thieren in unserem alten Neste drüben gehörte."

Und was würden die Frau Basen in der Heimath erst sagen und klatschen, wenn sie mich in meinem neuen Wirkungskreise sehen und bewundern könnten!

Der Landsmann, dessen bescheidene Wohnung im obersten Stockwerk „unseres Hauses" ich theile, führt eine Art geheimnißvoller Junggesellenwirthschaft. Sein Hausrath scheint complet in allen Stücken, die zur Führung eines kleinen Haushaltes nothwendig sind. Nur die Frau fehlt. — Ist sie gestorben?

Aus gewissen Andeutungen glaube ich zu der Annahme gezwungen zu sein, daß der arme Kerl in seiner Ehe einen Roman erlebt hat, der ein Ende mit Schrecken genommen, wie das in einer großen Stadt ja nicht selten vorkommen soll, wenn den Mann der Beruf oft vom Hause forthält und die Frau

„Lassen wir die Todten ruhen," sagt mein Gastfreund mit einem merkwürdig weichen Ton in der Stimme. „Uns Beiden kann geholfen werden, so wie es ist. Halte die Wirthschaft hier in Ordnung, Junge, während ich auf meiner Locomotive hocke."

Und so ist es geworden. Die ganze Litanei des Mädchenchors in der „Martha" übersetze ich täglich in die Praxis, indem ich wasche, koche, flicke und wer weiß wie sonst noch in der Wirthschaft mich nützlich mache. O, der Mensch ist gelehrig wie ein Hausthier, und läßt sich gar leicht zu allerlei Hanthierungen abrichten, wenn er nur will, oder wenn er muß.

Selbst zu einem kleinen Verdienst hat es der junge Mann mit dem deutschen Gymnasialzeugniß der Reife in New York schon gebracht. Wenn er das Bett gemacht und die einfache Küche besorgt hat, kleistert er großweise Drachen für die liebe Jugend und schneidet ganze Armeen von Papiersoldaten aus oder er bemalt Larven und Masken mit schönen zinnoberrothen und kienrußschwarzen Klecksen, daß die Fratzen ihn ordentlich dämonisch angrinsen und der Besitzer des Spielwaarengeschäftes, welcher die Arbeit ausgibt, seine Freude daran hat.

Die hübsche junge Wäscherin, die auf dem Flur unter uns wohnt und in einer „Troy Style Laundry" Kragen und Manschetten bügelt, rümpft freilich die Nase darüber und meint schnippisch, „das Kleistern und Klecksen sei gar keine Arbeit nicht für einen ausgewachsenen Mann," aber ich weiß es besser und bin ganz zufrieden mit meinem Loose.

Möge das schöne Mädchen nie erfahren, was Alles der Hunger zu Wege bringen kann in dieser harten Welt!

Bilder aus der Mietkaserne.

Der Wäscherin Hochzeit.

Im vorigen Sommer, bei einem Ausfluge ins Grüne, haben sie einander zuerst gesehen, und da er, als wohlbestallter Zweiter Porter in einem großen Importgeschäft, mit seinen 28 Jahren an den Bau eines eigenen Nestes schon längst gedacht hatte, so war es gar kein Wunder, daß der Anblick des sauberen Mädchens ihn in seinen Heirathsgedanken nur bestärken konnte.

Ihren Namen erfuhr er gleich am ersten Tage, und nachdem John auch über seine Herkunft und Stellung, und seine Absichten und Aussichten im Leben, ganz zufällig natürlich, manch' Wort mit hatte einfließen lassen, brachte er es im Laufe der Unterhaltung bald heraus, daß Emma in einer feinen laundry als Büglerin von Kragen und Manschetten den ersten Tisch vorn am Fenster, ihr gutes Auskommen, das Herz — und auch den Mund! — auf dem rechten Flecke und sehr feste Grundsätze habe. Die Aeltern sind todt, und deshalb wohnt sie bei einer verheiratheten Schwester in „unserem Hause". Der Schwager ist seines Zeichens ein ehrsamer Schuster und ein guter Kerl obendrein.

John ist seit jenem Tage viel häufiger, als gerade nöthig gewesen wäre, durch jenen Block gegangen, in welchem sich eine gewisse Laundry befindet. Von der Straße kann man gerade ins Fenster hineinblicken, und dort an dem weißbedeckten Bügeltische steht immer das schlanke Mädchen, dessen wirklich elegante Figur in einem hellen, enganliegenden Waschkleid sich auf das Vortheilhafteste präsentirt. Die aufgestreiften Aermel zeigen einen vollen runden Arm, der aus einer zierlichen Hand emporwächst, um den Nacken windet sich kokett ein schwarzes Sammetband, und das

weiche braune Haar ist einfach gescheitelt und bildet den Rahmen für ein Gesicht, das sich überall sehen lassen darf.

Das meint auch John, und mit dem Gedanken: „Diese oder Keine," betreibt er seine Werbung so energisch, daß es gar nicht lange währt, bis er weiß, woran er mit dem Mädchen eigent= lich ist.

„Aber lange zu warten, ist meine Sache nicht," hat er gesagt, nachdem sie mit Freuden eingewilligt, sein Weib zu werden.

„Meine auch nicht," entgegnete sie lachend. Und dann ist sie mit der Schwester eifrig darangegangen, ihre kleine Aussteuer zu besorgen. Die ist nun fix und fertig, in einem gut gehaltenen Hause an der andern Seite der Straße hat John ein kleines Logis gemiethet — für junge Anfänger in der Ehe thun's erst ein paar Zimmerchen — und heute soll die Hochzeit sein.

John, der so etwas von einem Freigeist ist, hatte anfänglich von einer Trauung in der City Hall durch den Mayor gesprochen, denn das kostet Nichts, und für das ersparte Geld kann man Abends zur Feier des Tages ins Theater gehen.

„Das paßte mir gerade!" Mit diesem Ausrufe der Entrüstung schnitt Emma dem sparsamen Bräutigam kurz das Wort am Munde ab, und die Schwester stimmte ihr bei:

„Verschimpfirt sollst Du nicht werden an Deinem Ehrentage, mein Kind! Was hat der Mayor mit Eurer Hochzeit zu schaffen? Nein, Ihr werdet eingesegnet vom Pastor, wie sich's geziemt für Christenmenschen, und das hier in meinem Hause, und damit Basta!"

„Basta!" tönte es, wie ein Echo, aus dem Munde des ehrsamen Schusters, der einem traurig schief getretenen Absatz unter einem alten Stiefel wieder eine möglichst gute Façon gab und dem zu= künftigen Schwager dabei verstohlen zublinzelte, als wollte er sagen: „Frauen haben immer Recht, das wirst Du auch noch erfahren."

Jedenfalls verstehen die beiden Schwestern sich aufs Arbeiten, und es ist erstaunlich, in wie kurzer Zeit und mit welchem Geschick unter ihren Händen heute — es ist Samstag Abend — in der Schummerstunde die kleine Werkstatt sich in einen Hochzeitssaal ver=

wandelt, während auch in den beiden dunklen Kammern dahinter, nachdem die Betten in die Ecke gerückt sind, schon Tische und Stühle stehen und das Aussehen der Küche handgreifliche Beweise dafür liefert, daß die erwarteten Gäste nicht hungrig oder durstig nach Hause zu gehen brauchen.

„Schade um das schöne Geld, das da unten wieder verthan wird," meint oben in „unserem Hause" eine gute Frau Nachbarin zu einer anderen, der sie zufällig an der Pumpe auf der dunklen Treppe begegnet.

„Die Schustersleute müssen immer was Apartes haben, und, Du lieber Gott, sie haben's doch gar nicht so dicke!"

Die beiden guten Seelen wurden bei den Einladungen zum Hochzeitsfest übergangen. Man kann aber doch auch nicht alle Welt bei sich sehen, wenn es schon Mühe kosten wird, die Leute unter=zubringen, welche Einem näher stehen, und welche nun einmal ge=laden werden müssen.

Da hat auf Emma's ausdrückliches Verlangen der Bräutigam das jüngste, unverheirathete Mitglied der Firma, in deren Geschäft John nun schon seit Jahren als Porter „schafft", aufgefordert, das Ehrenamt eines Trauzeugen zu übernehmen. Das gehört sich so, und kommt der Herr nicht selbst, was am Ende kein großes Malheur ist, so wird er jedenfalls ein Hochzeitsgeschenk senden. Daß von John's Arbeitscollegen die meisten dabei sein werden, versteht sich von selbst, und unter dem Mädchenvolk in der Laundry wird schon seit einer Woche von nichts Anderem geredet, als von Emma's Hoch=zeit. Dazu gesellen sich endlich ein paar erprobte Freunde der Schustersfamilie, denen man bei den Einladungen Rücksicht schuldig gewesen ist, und so müssen die Gäste sicherlich eng aneinander rücken, damit an den Tischen auch für die Kinder hier und dort noch ein Plätzchen frei bleibt.

Der Erste, welcher auf der Bildfläche erscheint, als die Schwestern auf den mit weißen Tüchern säuberlich gedeckten Tischen große Schüsseln mit Kuchen und eine Menge von Tassen und Tellern in allen möglichen Größen und Mustern gestellt haben, ist natürlich der Bräutigam im Sonntagshabit und mit einem faustgroßen Blumen=

strauß im Knopfloch. Ein ebenso großes Bouquet überreicht er
mit einem verliebten Grinsen der Braut, deren Augen von den
Blumen aber bald nach dem Pakete hinübergleiten, welches John
vorsichtig unter dem linken Arm trägt. Es ist das Präsent des
„Bosses", der sich entschuldigen läßt, dem Bräutigam aber durch das
bei solchen Gelegenheiten übliche Symbol eines Dutzends silberplat=
tirter Gabeln und Löffel Glück und Segen in die Ehe wünscht.

Emma, die über den Werth des Angebindes etwas enttäuscht
scheint, legt die Gabeln und Löffel klirrend auf den zur Ausbreitung
der Hochzeitsgeschenke bestimmten Tisch hart am Eingang, wo alle
Gäste, wie an einer Zolleinnehmer=Stelle, vorbeipassiren müssen,
und legt dann in fliegender Eile den Brautstaat an. Das ist bald
geschehen und erfordert nicht einmal, daß sie zur Toilette sich in ihr
jungfräuliches Gemach zurückziehe. Ein yardlanges Stück Tüll,
welches, um im bestimmten Augenblick rasch bei der Hand zu sein,
schon früh am Nachmittage über eine Stuhllehne im Zimmer gehängt
worden ist, wird mit dem einen, kunstgerecht zusammengerafften Zip=
fel hinten im Haar befestigt, daß der Stoff, der Länge nach herunter=
fallend, die Rückenbahn des schwarzen Alpaccakleides durchsichtig
bedeckt. Die bis jetzt zur Arbeit aufgestreiften Aermel des Kleides
sind im Nu glatt gestrichen, an Stelle der Papilloten im Haar treten
die unvermeidlichen Stirnlöckchen, am Busen erscheint das faustgroße
Bouquet, und die Braut ist fertig für den Segen des Priesters.

Und rasch füllt sich nun auch das Gemach mit den Hochzeits=
gästen, von welchen jeder seine kleine Gabe für die Braut beim
Eintritt unter den prüfenden Augen der Schustersfrau pflichtschul=
digst abliefert, um sodann dem Brautpaar, das inzwischen eng
verschlungen, aber in möglichst gerader Haltung, wie etwa beim
Photographen, auf dem Sopha Platz genommen hat, den der feier=
lichen Gelegenheit angemessenen Knix zu machen. Feierlich ist auch
die Stille, welche die nach den Geschlechtern streng sich abscheidende
Gesellschaft noch beobachtet, und wäre es nicht um ein schüchternes
Kichern, das hin und wieder aus der Mitte der Mädchen vernehm=
bar wird, so könnte man eine Stecknadel zu Boden fallen hören.

Pünktlich auf die Minute erscheint mit seinem salbungsvollen: „Guten Abend beisammen!" der Herr Pastor, und während er sich seines Ueberziehers entledigt und das Schreibzeug in Ordnung bringt, welches dieser äußerst gewissenhafte Geschäftsmann im Dienste des Herrn auf seinen Gängen zu den Kunden stets bei sich führt, um gleich an Ort und Stelle die vorgeschriebenen Eintragungen in das Register über Personal-Statistik besorgen zu können, waltet die würdige Schustersfrau mit Umsicht ihres Amtes als Festordnerin: „denn ich bin doch die Nächste dazu," sagt sie, gerührt mit der Hand über beide Augen fahrend. „Kommt, Kinder, nu kann's losgehn."

Und John und Emma treten vor die versammelten Gäste, und dicht hinter dem Brautpaar nehmen zwei junge Mädchen und zwei junge Burschen Aufstellung, welche der besonderen Auszeichnung für werth gehalten sind, als Trauzeugen zu fungiren, und der Herr Pastor sagt mechanisch eine der kleinen Reden her, die er für Copulationen schon vor vielen Jahren auswendig gelernt hat, und die nun schon so viele Leute in ähnlichen Lagen aneinandergekettet und glücklich gemacht haben; und als er dann endlich an die große Frage kommt, ob die Verlobten vor dem allmächtigen Gott und vor ihm, als einem ordinirten Diener der Kirche, hier bekennen wollen, daß sie von der redlichen Absicht beseelt sind, einander anzugehören als Mann und Weib, und Freud und Leid zusammen zu tragen und nicht voneinander zu lassen, bis der Tod sie scheide: — da hält es die Schustersfrau nicht mehr länger aus vor Wehmuth, und ihr lautes Schluchzen gibt den anderen Damen das Zeichen, daß es nun Zeit ist, die Taschentücher an die Augen zu führen.

Mit dem „Amen" des Priesters wird der Bann des Ernstes aber gehoben, in welchem während der Ceremonie alle Anwesenden sich befanden, und in die Glückwünsche für das frisch gebackene Ehepaar fließt schon manch keckes Wort mit ein. Der Pastor, der eine verbindliche Einladung, noch etwas zu verweilen und wenigstens eine kleine Erfrischung zu sich zu nehmen, ebenso verbindlich ablehnt, überreicht der jungen Frau den schon vorher ausgefertigten Trau-

schein mit den schön verschlungenen Händen und dem flammenden
Herzen in Buntdruck, steckt dagegen seinerseits das im Voraus be-
stimmte Honorar, welches John ihm darreicht, dankend in die
Tasche und überläßt mit einem obligaten „Guten Abend beisammen!" die Hochzeiter mit ihren Freunden dem festlichen Ge-
lage.

An der Mitte der langen Tafel im Vorderzimmer nehmen die
jungen Eheleute den Ehrenplatz ein, und das junge Volk findet
sich bald in bunter Reihe zusammen, während die älteren Männer
und Frauen die Tische im Hintergrunde besetzen und mit Scherz-
worten den Ton der manchmal noch stockenden Unterhaltung an-
geben. Ein paar flinke Mädchen, welche als Freundinnen Emma's
freiwillig dazu sich erboten, helfen der Frau vom Hause bei der Bedienung der Gäste, und sie haben alle Hände voll zu thun, denn
Jeder hat nicht nur den guten Willen mitgebracht, lustig zu sein,
sondern auch einen guten Appetit.

Die Gastgeber lassen sich aber auch nicht lumpen; dafür sind sie
in ihrem kleinen Kreise längst bekannt, und bei dieser Gelegenheit
soll die Bewirthung extra-fein ausfallen. Die Schustersfrau hat, wie
man munkelt, den letzten Spar-Dollar gespendet, und auch John
mußte aus seiner Tasche noch ein hübsches Sümmchen drauflegen,
damit die Sache Schick bekommt. Emma's Schwester würde gar zu
gern mit einem Braten, einem feinen Turkey oder einer knusperigen
Gans aufgewartet haben, schon um der lieben Nachbarschaft willen,
die natürlich vor Neid geborsten wäre, aber ihr Mann wollte von
einer solchen Großthuerei nun einmal nichts wissen, und so ist es
denn bei kalter Küche geblieben.

Daß man mit dem „Lunch" Ehre einlegt, beweisen die Unmassen
von Kuchen und Aufschnitten, die kaum aufgetragen, auch schon
wieder verschwinden und die Herbeischaffung von neuen Zufuhren
nöthig machen. Dazu machen die Kaffeekannen beständig die Runde
an den Tischen, und in einer Ecke des Vorderzimmers liegt ein Faß
Bier auf, daß auch in dem dunklen Zwischengemach die durstigen
Männerkehlen leicht und schnell mit dem labenden Trunk versorgt
werden können. Und Kaffee und Bier erfüllen bald ihre Herzen-

und Zungen= lösende Pflicht, dort bei den Frauen und Mädchen, hier bei den Herren der Schöpfung. Ein würdiger alter Gentleman, der im nächsten Block schon seit Jahren einen Fancy Store hält und in seinem geschäftsmäßigen Umgang mit den Damen der Straße die Worte so fein und zierlich zu setzen gelernt hat, daß er bei allen Feierlichkeiten freudiger und trauriger Art als Redner im ganzen Viertel zu einer Art Nothwendigkeit geworden ist, hat seinem Herzen mit dem ersten Toaste des Abends — auf das junge Ehepaar natür= lich — in schönen Redensarten, verziert mit ein paar harmlosen Anzüglichkeiten, wie sie auf einer Hochzeit Einem so von ungefähr in den Mund kommen, wirkungsvoll Luft gemacht.

Nachdem John für sich und im Namen seiner Neuvermählten dem geehrten Vorredner für die guten Wünsche, manchmal stotternd vor innerer Erregung, aber doch ohne im Redefluß stecken zu bleiben, wie sich's gehört, gedankt hat, gibt ein junger Bursche, welcher den ganzen Abend schon eine große Ziehharmonika auf den Knien in viel verheißender Weise zur Schau getragen hat, ein sentimen= tales Lied zum Besten, in welchem sehr viel von Mondschein und Liebe die Rede ist. Das gibt nun auch seiner Nachbarin zur Rechten, einem drallen Mädchen mit einem Paar Augen im Kopfe, daß der Mann mit der Ziehharmonika ganz weg darin ist, den Muth, das Ihrige zur Unterhaltung beizutragen, indem sie plötzlich von ihrem Stuhl in die Höhe schießt, um singenden Tones ein komisches Hochzeitsgedicht zu declamiren, während ihre Finger nervös an den Falten des Kleides zupfen.

Reicher Beifall von allen Seiten lohnt die kühne That des Mädchens, und die Stimmung ist jetzt schon so animirt geworden, daß man bereits einen Rundgesang wagt. Und weil Alle doch gar so lustig und guter Dinge und überdies auch gute Deutsche sind, so versteht es sich ganz von selbst, daß die allgemeine Lust Ausdruck sucht in dem so schönen fröhlichen Liede: „Ich weiß nicht, was soll es bedeuten, daß ich so traurig bin."

Man schenkt sich keinen Vers davon, sondern singt die gewal= tige Melodei langsam und immer langsamer bis an das tragische Ende, welches die Nixe dem Schiffer und seinem Kahne so hämisch

bereitet, und trinkt auch manches Glas Bier dabei. Mittlerweile
hat sich eine der älteren Frauen stillschweigend aus der Gesellschaft
entfernt und nach der Küche begeben, deren Thür sie hinter sich
ins Schloß drückt. Als der Gesang nun verstummt und die Sän=
ger die trockenen Kehlen aufs Neue für die Unterhaltung ange=
feuchtet haben, die ungezwungen und laut durcheinander geführt
wird, erscheint in der Küchenthür eine fremdartige Gestalt: ein
altes Weib in sonderbarem Aufputz, eine gewaltige Haube auf dem
Kopfe und das aufgesteckte Kleid von einer riesigen Schürze bedeckt.
In der einen Hand hält sie einen großen Badeschwamm in die Höhe,
und auf dem anderen Arme wiegt sie gravitätisch ein zusammen=
gewickeltes Bündel Tücher, an welches die Alte mit lauter Stimme
einige Knüttelverse richtet, die an Deutlichkeit durchaus nichts zu
wünschen übrig lassen.

Das gibt ein Halloh an der Tafelrunde! Die Herren stampfen
Beifall mit den Füßen, der junge Ehemann am lautesten, so daß
seine Frau ihm bereits die erste Gardinenpredigt halten muß, und
nur unter den Mädchen gibt es einige, die in den Jubel nicht
einstimmen, weil sie den Scherz nicht verstehen und gar nicht be=
greifen können, weshalb die Andern alle lachen.

In dieser harmlosen Weise nimmt das Fest seinen Verlauf, nur
daß mit der Zeit die Freude einen etwas geräuschvolleren Ton
annimmt, denn an Stelle der Kaffeetassen für die Damen sind schon
vor etwa einer Stunde Punschgläser getreten, deren süß würziger In=
halt willige Abnehmerinnen und überall Anklang findet.

Auch die Abgeschlossenheit gegen die Straße hat aufhören müssen,
seit der Tabaksqualm in den Zimmern es wünschenswerth erscheinen
ließ, daß die Ladenthür ein wenig geöffnet werde, um „einen Mund=
voll frische Luft" einzulassen. Da ziehen zufällig Straßenmusikanten
vorbei, deren Anführer mit raschem Blick die Situation erkennt und
sich zu Nutze zu machen nicht verfehlt. Gerade vor „unserem Hause"
läßt er einen Walzer aufspielen, daß die Kinder der Nachbarschaft,
welche der Festlärm mit zauberischer Gewalt längst angezogen und
vor der Thür der Schusterwerkstatt neugierig versammelt hat, auf
dem engen Bürgersteige lärmend zum Tanze antreten und auch die
Gesellschaft innen aufmerksam wird.

„Gebt der Musik Eins zu trinken," ruft ein junger Mann, der nicht ganz nüchtern mehr zu sein scheint, und sein Vorschlag findet begeisterte Aufnahme. Im nächsten Augenblicke sitzen die Spiel= leute wirklich an einer Ecke der Festtafel, und nachdem sie eine Herz= stärkung bekommen, revanchiren sie sich gern, indem sie noch ein echtes deutsches Volkslied zum Besten geben. Der Chor fällt ein, aber der Straßenjunge draußen, der die ihm angeborene Lust an Schabernack und Unfug nicht mehr bezähmen kann, macht seine unliebsame Anwesenheit vor der Thür nicht nur durch lautes Ge= johl, sondern auch dadurch bemerkbar, daß er frech an das Laden= fenster klopft und die inzwischen von innen wieder geschlossene Thür gewaltsam aufstößt. Ein Mal läßt man sich solches Gebahren wol ge= fallen, obwol der Zorn in Einem anwallt, als aber die bösen Buben, die inzwischen aus der Nachbarschaft Verstärkung bekommen haben, immer frecher werden, daß sogar eine Fensterscheibe klirrend zu Boden fällt, da ergreift den Schuster die Wuth, daß er mit einem Satze hinausspringt, um den Missethäter zu züchtigen.

"Dutchie!" — "Old fool!" brüllt die Menge draußen auf der Straße, und von einem Steinwurfe getroffen, sinkt der Aermste blu= tend zu Boden. Im Zimmer hat man's gesehen, laut kreischen die Frauen, aber die Männer stürmen hinaus, den Freund und Gast= geber zu retten und Rache zu nehmen an den Störenfrieden.

Es hätte sicherlich noch blutige Köpfe gegeben, wenn nicht gerade in diesem Augenblicke der Polizist an der Ecke unerwartet zum Vorschein gekommen wäre. Die Buben nehmen Reißaus, und nachdem der Mann des Gesetzes sich davon überzeugt, daß die Verletzung des Schusters nicht ernstlicher Art, macht er auch gar keine Anstalten zur Verfolgung der Unholde, durch deren Schuld der Wäscherin Hochzeit ein so gewaltsames. trauriges Ende nimmt.

Eine schlimme Geschichte.

An der Hausthür flattert im Winde eine schwarz-weiße Schleife. Eine Schaar Kinder, welche leise flüsternd und mit großen Augen dem breitschultrigen Manne zusahen, wie er den fadenscheinigen Fetzen Krepp und die bauschige Rosette mit einem Drahtstifte am Holzwerk des Thürrahmens befestigte und die Enden dann sorgfältig glattstrich, schleichen ganz leise die Treppe hinauf, und über den zweiten Flur hüpfen sie eilig dahin mit verhaltenem Athem, wie wenn sie sich fürchteten. Eine unheimliche Ruhe herrscht in dem sonst so lärmvollen Hause, und es gibt Buben und Mädchen, die um alle Welt nicht die Treppe wieder hinuntergelaufen wären, nachdem es dunkel geworden. Selbst der dreizehn Jahre alte, vierschrötige Junge des Schneiders, der das übliche Pint Bier zum Abendtrunk für den Vater holen muß, summt halblaut einen Gassenhauer vor sich hin, als er auf den Zehen an einer gewissen Thür vorbeigeht: es ist ihm gar nicht lustig ums Herz, welches fast hörbar klopft, und er singt blos, um sich Muth zu machen, und weil die Stille auf der dunklen Treppe ihm gar so schauerlich vorkommt......

Würde in diesem Augenblicke die Thür zu jener Wohnung auf dem zweiten Flur sich öffnen, so würde der Knabe mit dem Bier-kessel in der Hand drinnen im Zimmer ein Bild wahrnehmen, das Einer so bald nicht wieder vergißt.

In der Mitte steht auf ein paar niedrigen Holzschemeln eine längliche Kiste, über welcher ein schwarzes Tuch gebreitet ist. Neben der Kiste hockt ein etwa zweijähriges Kind — ein Mädchen mit langen, dichten braunen Locken und großen dunklen Augen — auf dem Boden und macht sich spielend mit dem Inhalt einer kleinen Bauschachtel zu schaffen, aber an dem schmalen Tisch, welcher den Raum zwischen den beiden Fenstern des sauber aufgeräumten Zim-mers einnimmt, sitzt ein noch junger Mann, das Haupt auf dem

Ellenbogen gestützt, den stieren Blick unverwandt auf jene Kiste ge=
richtet. Auf seinen Knieen ist ein Knabe von fünf Jahren, der mit
seinen Händchen instinktmäßig den Schein der Lampe, die auf dem
Tische brennt, von seinem Gesicht abzuhalten weiß, endlich vor
Müdigkeit eingeschlummert, und der Kopf des Kindes ruht nun zu=
frieden an der Brust des Vaters.

„Papa!" Das kleine Mädchen hat den Namen wol schon ein
Dutzendmal gerufen, ohne gehört oder beachtet worden zu sein, aber
jetzt läßt es sich nicht mehr durch sein Spiel fesseln, und die kleinen
Bauklötzchen nach Kinderart durcheinander werfend, ist es nach eini=
gen vergeblichen Versuchen, mit den Aermchen sich aufzurichten,
glücklich auf die Füßchen gekommen und steht nun an der schwarzen
Kiste und ruft immer dringender:

„Mama, aufsteh'n, Mama! Lulu hungrig!"

Da stürzen dem Manne, der durch die Bewegungen der Kleinen
aus seinem dumpfen Schmerz zum Bewußtsein der Wirklichkeit er=
wacht ist, die Thränen aus den Augen. Er faßt den schlafenden
Knaben vorsichtig in seine Arme und trägt ihn auf das Bett im
dunklen Nebenzimmer, schwankt dann mechanisch an die unheimliche
Kiste, auf welche das Baby, laut ächzend vor Eifer und Anstrengung,
zu klettern versucht, und fällt, von Gram und Verzweiflung über=
wältigt, in die Kniee, die Arme über den Deckel ausbreitend und laut
und krampfhaft weinend.

„Ist es denn wahr, daß Du mich verlassen hast?" Die Kleine,
welche scheu und zitternd zurückgewichen ist, schreit jetzt aus Leibes=
kräften und schmiegt sich ängstlich an den Vater an, der sie ganz
vergessen zu haben scheint: denn wie das thränenerfüllte Auge, so
weilt auch das ganze Herz des Mannes bei dem todten Körper in
der schwarzen Kiste.

Ja, der qualvolle Traum, der in den letzten beiden Jahren ihm
so oft die Nachtruhe geraubt, ist nun zur fürchterlichen Wahrheit ge=
worden, und doch kann er's kaum fassen und glauben, daß er ganz
allein in der Welt dastehen soll mit seinen beiden kleinen Kin=
dern......

Als der junge Clerk vor sechs Jahren mit dem blühenden Mäd=
chen seiner Wahl so hoffnungsfreudig und muthvoll an den Trau=
altar trat, sah er ein Leben vor sich, das eine ununterbrochene Kette
von glücklichen Erfolgen im Geschäft und in der Familie zu sein
schien. Beide waren jung und verständig, häuslich und sparsam,
ehrlich, treu und brav: wie konnte es da fehlen, daß das glückliche
Paar nicht Etwas voran bringe im Leben?

Dann kam das erste Kind, und wenn der alte Arzt seine Besuche
in der Wochenstube viel länger ausdehnen mußte, als man wol für
nöthig gehalten hatte, und wenn auch die Rosen auf den Wangen
der jungen Mutter gar nicht wieder zum Vorschein kommen wollten,
so herrschte doch der freundliche Sonnenschein von Glück und Zufrie=
denheit in dem bescheidenen Heim, und man baute lustig und guter
Dinge weiter an seinen Luftschlössern. Schade nur, daß der schöne
Traum einer hart erarbeiteten Selbstständigkeit im eigenen kleinen
Laden gar nicht in Erfüllung gehen wollte: im Kampf um die Exi=
stenz hat in unseren Tagen der Einzelne so viele Chancen gegen sich!

So verstrichen die Jahre, ohne daß die am Tage nach ihrer
Hochzeit mit Stolz gemachte Spareinlage der jungen Frau sich sonder=
lich vermehrt hätte. Aber der liebende Gatte, welcher den Ernst des
Lebens erst voll zu begreifen anfing, als die Vaterfreude ihm neue
Verpflichtungen auferlegte, hatte sich inzwischen in einen Kranken=
unterstützungsverein nebst Sterbekasse aufnehmen lassen, „um für
alle Fälle vorbereitet zu sein“.

Es hatte ihm wahrlich Mühe gekostet, ein Lächeln zu unter=
drücken, als er eines Abends der Gattin sich als Logenbruder vor=
stellte; so komisch kam es ihm vor, daß ein Mensch in seinen
Jahren schon so ernstlich an den Tod und den Kirchhof denken
konnte.

Seit das Baby auf der Welt war, ist in der kleinen Familie
aber eine große Veränderung vor sich gegangen. Allerdings wurde
die Katastrophe glücklich überwunden, bald jedoch stellte sich bei
der Mutter ein böser Husten ein, den anfänglich Niemand be=
achtete — außer der Doctor. Dieser nahm nach einer seiner Visiten
den jungen Mann hinunter in die Bierstube und erzählte ein

Langes und Breites von dem wechselvollen Klima New York's, von rauhen Nordwestwinden und von einer arktischen Strömung, die sich zwischen den Golfstrom und die atlantische Küste des Continents wie ein eisiger Keil einschiebe — zum Verderben für Leute, die in Brustkasten und Lungen nicht ganz capitelfest sind.

„Apropos! Ihre liebe Frau darf das Baby nicht selber nähren." Das war die erste Andeutung, daß nicht Alles so sei, wie es sein sollte, aber es blieb nicht allein bei wohlgemeinten Anspielungen, sondern der alte Arzt rückte näher und that mit schwerem Herzen, was seine Pflicht war. Eine Luftveränderung mochte den Zerstörungsprozeß, dessen erste Spuren schon auf das erste Wochenbett zurückwiesen, aufhalten und zum Stillstand bringen. War denn gar keine Möglichkeit vorhanden, in einem milderen Klima sich eine Existenz zu schaffen: in Florida oder in Süd-Californien?

„Du lieber Gott!" die Stimme des armen Clerks zitterte, und in beiden Augenwinkeln zeigten sich Thränentropfen. „Wir leben ja nur aus der Hand in den Mund!"

Eine andere Antwort hatte der Arzt auch nicht erwartet, dessen Wirkungskreis in der großen Stadt dort sich ausbreitet, wo die Menschen durch die Sorgen ums liebe Brod an die Scholle gefesselt sind.

Das war eine böse Zeit, und wäre die Liebe nicht so groß und mächtig gewesen im Herzen des jungen Mannes, er hätte schier verzweifeln müssen. Aber er trug sein hartes Loos wie ein ganzer Held. Sein armes Weib hat an keinem Zucken seines Gesichtes ihr Schicksal wahrgenommen oder die Gedanken errathen können, die sein Innerstes bewegten. Das Bewußtsein der Pflicht hat ihn aufrecht erhalten und seinen Körper gestählt, daß er nicht nur Brod ins Haus schaffen, sondern auch den Seelenschmerz beim Anblick der Leiden des Wesens, das ihm das Theuerste war auf Erden, ohne einen Laut der Klage still ertragen konnte. Zu wie viel Nothlügen hat er seine Zuflucht genommen, um ihr Muth einzuflößen, so lange ihre schwindende Lebenskraft noch an die Möglichkeit einer Wendung zum Bessern Glauben fassen konnte!

Wie hat er der Kranken die Sorge um den kleinen Hausstand zu
erleichtern verstanden, am frühen Morgen, ehe er ins Geschäft
ging, und spät am Abend, wenn er wieder daheim war!

Alles umsonst! Das Verderben nahm seinen Lauf, bis es mitleidslos sein Werk vollbracht hatte. Und laut weinend lag er am
Sarge der geliebten Gattin, die ihn hatte allein lassen müssen mit
seinen armen Kindern......

So trifft ihn die Nachbarin, welche in diesem Augenblicke die
Stubenthür leise öffnet, um nach den Kindern zu sehen. Das hat
sie der armen Mutter noch auf dem Todtenbette in die Hand versprochen. Und das Baby, das mit den Händchen sich fest an die
Gestalt des Vaters klammert, und, wie es diesen so laut schluchzen
und wehklagen hört, nun auch krampfhaft zu weinen anfängt, auf
den Arm nehmend, legt sie theilnehmend die andere Hand auf die
Schulter des ganz gebrochenen Mannes und spricht:

„Sie dürfen dem Schmerz nicht die Zügel schießen lassen,
Mann! Denken Sie an die beiden Kinder, für deren Wohlergehen
Sie nun doppelt aufzukommen haben......."

Aber er scheint die fremde Stimme nicht zu hören, die nun
eindringlicher fortfährt:

„Bis nach dem Begräbniß bleiben die Kleinen bei uns. Du
lieber Gott, auf das Bischen Essen kommt es ja nicht an und
auch ein Bett sollen sie haben. Ich schicke Ihnen meinen Mann
für die Nacht herüber, damit Sie Gesellschaft haben und nicht
wieder ganz allein die Wache zu halten brauchen bei der Leiche
wie gestern. Und jetzt kommen Sie, Mann! Das Abendbrod wartet
schon auf Sie in unserem Stübchen."

Und mechanisch erhebt sich der junge Wittwer, und unverwandt
das thränengefüllte Auge auf das bleiche Todtenantlitz gerichtet,
bekundet nur ein Druck seiner zitternden Hand der guten Nachbarin seinen Dank für die ihm und den armen, so früh schon
der Mutter beraubten Kindern erwiesene Theilnahme.

Die gute Frau, auf deren Arm das kleine Mädchen sich inzwischen wieder beruhigt hat, führt den Zipfel der Schürze an die
Augen und sagt:

„Es ist nicht, daß wir, mein Mann und ich, Ihnen nicht gerne helfen und thun, was unsere Mittel erlauben. Man müßte ja kein Herz im Leibe haben, wenn man über ein so großes Unglück nicht das innigste Mitleid empfände! Aber es ist nur von wegen der Ordnung, denn Sie müssen doch einen bestimmten Plan fassen für die Zukunft.“

Er sieht sie mit großen Augen an und murmelt mechanisch die Worte: „Ja, ja, die Zukunft!“

„Haben Sie denn gar keine Menschenseele hier in der Stadt — eine Schwester oder sonst eine nähere Verwandte, welcher Sie die Kinder übergeben könnten? So ein Baby“ — und die treue alte Seele drückt die Kleine an den Busen — „bedarf der weiblichen Pflege ja ebenso nothwendig, wie der täglichen Nahrung!“

Da entringt sich der Brust des Mannes ein tiefer, tiefer Seufzer:

„Ich stehe ganz allein in der Welt und habe keine Bluts=verwandte in diesem Lande. Auch die da“ — sein Finger deutet auf die Leiche im Sarge — „war als Mädchen allein nach Amerika gekommen, eine verlassene Waise, um hier ihr Glück zu suchen!“

„Das ist eine schlimme Geschichte,“ meint die Nachbarin mit bewegter Stimme, und um die Thränen zu verbergen, welche sie nicht länger zurückhalten kann, geht sie in die dunkle Kammer, wo der ältere Knabe in seinen Kleidern auf dem Bette ruhig schläft. Soll sie das Kind wecken? Wozu? Es träumt vielleicht von der Mutter, und es kann ihm ja nichts widerfahren, während sie die Anderen zum Abendessen in ihre Wohnung führt. Der Mann läßt sie ruhig gewähren, folgt ihr wortlos aus dem Zim=mer und nickt nur seine Zustimmung, als die Frau den Schlüssel in der Thür umdreht......

Später am Abend wird der noch immer schlafende Knabe, ohne daß er es merkt, nebenan in die Wohnung der guten Nach=barsleute getragen, wo er mit dem Schwesterchen die eine Hälfte des großen Bettes des kinderlosen Ehepaares theilt. Neben ihnen legt die alte Frau sich nieder, und der Mann begleitet, wie sie's versprochen, den Wittwer zurück in das Leichenzimmer, um am

Sarge die letzte Wacht zu halten. Einen Trunk hat man mit=
gebracht, und damit die Müdigkeit Einen nicht am Ende über=
wältigt, will man eine Pfeife rauchen.

Vorläufig halten die beiden Männer aber die Gedanken wach,
deren Mittelpunkt natürlich der Todesfall in der Familie des Clerks
bildet. Das gibt nicht allein viel zu denken, sondern auch viel zu
sprechen. Die langwierige Krankheit, welche sich ja fast auf den Zeit=
raum von zwei Jahren erstreckte, hat sämmtliche Ersparnisse dahin=
gerafft und — was noch schlimmer unter den Umständen — den
Lebensmuth des Familienvaters ganz gebrochen. Unter den Trüm=
mern seines Eheglückes liegt sein Ehrgeiz begraben, und der Traum
geschäftlicher Selbstständigkeit ist zu Ende. Sein Einkommen, gerade
ausreichend zur Bestreitung der bescheidensten Bedürfnisse des täg=
lichen Lebens, war nicht groß genug, um zu verhüten, daß die
schreckliche Katastrophe, welche langsam aber unaufhaltsam sich
näher und näher schlich und endlich Alles in den Abgrund riß, ihn
auch in Schulden stürzte. Und hätte er nicht in diesem Augenblicke
einen letzten Rückhalt an dem Logengelde, das für den Todesfall
der Lebensgefährtin jedem Mitgliede ausgezahlt wird, so wäre
nichts Anderes übrig geblieben, als den kleinen Hausrath zu ver=
kaufen oder die geringen Werthsachen ins Pfandhaus zu tragen,
damit der armen, theuren, unvergeßlichen Gattin „die letzte Ehre"
in Wahrheit erwiesen werden könne.

Der Leichenbesorger ist nämlich ein vorsichtiger Geschäftsmann,
der dafür sorgt, daß das Wort vom „theuren Tode" ein wahres
Wort bleibe. So hat er sich in aller Form Rechtens die Forderung
an die Logenkasse überschreiben lassen.

„Für die Lumperei von hundert Dollars kann ich natürlich kein
feines Begräbniß herstellen, ich komme in der That bei dem Preise
kaum auf meine Auslagen," hat er gemeint, als er das Papier,
säuberlich gefaltet und glatt gestrichen, in die dicke Brieftasche steckte —
zu den anderen. Der Sensenmann ist doch ein guter Socius: ich glaube
wirklich, so eine Partnerschaft muß ihren Mann ernähren, und es
bleibt sich dabei ganz einerlei, ob die stille Kundschaft mit dem ganzen

fünebren Pomp aus dem Viertel abzuholen ist, wo die Millionäre
wohnen, oder ob sie in „unserem Hause" wartet, wo für die Leben=
den oft genug Schmalhans Küchenmeister.

Bei einer Auslage von runden hundert Dollars, welche für unsern
Clerk, wenn er in diesem traurigsten Augenblicke seines Lebens über=
haupt rechnen und calculiren könnte, eine schwere Arbeitsleistung von
anderthalb Monaten darstellen, geht am nächsten Mittag das Be=
gräbniß einfach genug von statten. Dieser Ansicht sind auch mehrere
alte und junge Weiber in der Nachbarschaft, die schon vom frühen
Morgen an den Fenstern auf der Lauer sind, um den Leichenwagen
mit kritischen Augen zu mustern, über die geringe Zahl der Kutschen
sich aufzuhalten und ihrer Verwunderung darüber Ausdruck zu ver=
leihen, daß der Wittwer an die todte Gattin auch gar keine. show
gewendet.

„Habt Ihr das lumpige kleine Kreuz aus gemachten weißen
Blumen gesehen mit dem Worte "Rest" in Gelb?"

„Er ist wol nur zu froh, daß das schwindsüchtige dürre Ding
endlich den Rest gekriegt hat," spöttelt eine böse Zunge. „Geht mir
doch weg mit den Männern!"

„Und ehe sechs Wochen ins Land gezogen sind, nimmt er sich 'ne
Andere, sure!"

Mit solchen und anderen Beweisen des Mitgefühls gibt die Nach=
barschaft dem kleinen Trauerzuge das Geleit, bis der zweite und
letzte Wagen um die nächste Straßenecke den profanen Blicken der
Weiber entschwunden ist. So trägt der junge Wittwer in dumpfem
Schmerz sein Liebesglück zu Grabe, aber die beiden Kinder, die wol
zum ersten Male in ihrem Leben in einer Kutsche fahren, sind glück=
lich, genießen die Augenweide des bunten Straßenlebens und be=
trachten die lange Fahrt nach dem Friedhofe als ein köstliches Ver=
gnügen.

Aber auch ein Leichenbegängniß nimmt ein Ende, und als der
Vater am Abend seine Kinder wieder in die öde, leere Wohnung führt,
wo jetzt kein Lämpchen freundlich und traulich auf dem Tische zwischen
den Fenstern brennt, wo kein Feuer im Ofen glüht und das Wasser
im Theekessel nicht singt, da machen auch die beiden Kleinen große

Augen, als wenn sie nicht begreifen könnten, weßhalb Alles so ganz anders geworden ist, wie es war, und das Baby drängt sich furchtsam an die Kniee des Vaters, der sich müde und abgespannt auf einen Stuhl geworfen hat, nachdem er zuvor Licht gemacht, und sagt mit der ganzen Innigkeit eines hülflosen bittenden Kindes:

„Mama wiederkommen!"

Das Brüderchen zeigt aber rasch seine Ueberlegenheit, indem es belehrenden Tones dem Schwesterchen zuruft:

„Weißt Du denn nicht, Baby, daß Mama todt ist und in der schwarzen Grube schläft?"

Der Vater hört das Geplapper der Kinder nicht, sein Auge stiert in das Leere, der Kopf brennt ihm zum Zerspringen, und der Sturm, der sein Innerstes durchwühlt, wirbelt im Hirn nur immer die eine Frage wieder auf: Was nun?

Wenn er am nächsten Morgen die alte Stellung hinter dem Ladentisch seines Principals wieder einnimmt, um Kunden zu bedienen: was wird dann aus Diesen hier? Keine Mutter mehr, die ihrer wartet! Nicht einmal ein gemiethetes Wesen, um die kleine Wirthschaft in Ordnung zu halten! Wie lange wird es noch währen, daß die gute alte Nachbarin die Kleinen des Tages über zu sich in ihre Wohnung nimmt?

Ja, und was dann?

Er findet keine Antwort auf die Frage, die doch gelöst werden muß, denn es ist ja die einzige Lebensfrage, die für ihn in Betracht kommt. Was aus ihm selbst wird, ist gleichgültig, aber die Zukunft der Kinder! Das Waisenhaus wird sich vielleicht ihm nicht einmal erschließen, wenn er dort anklopfen wollte, denn der Vater ist noch am Leben. Dem ließe sich rasch genug abhelfen: aber pfui! über den feigen Gedanken. Er kann die Wirthschaft aufgeben und mit den Kindern bei einer glücklicheren Familie Kost und Logis nehmen; dazu reichen die kleinen Einnahmen des armen Clerks wieder nicht aus, wie er bald ausrechnet, indem er einen Kostenüberschlag macht. Oder wie ist es mit einer Haushälterin? Die ist leichter gesucht als gefunden, wenn man nicht eine angenehme Häuslichkeit zu bieten

vermag nebst einem glänzenden Honorar, oder wenn die bezahlte Stellung nicht blos als eine Station auf dem Wege zum Traualtar betrachtet werden soll.

Wohl hatte die Nachbarin Recht, als sie gestern Abend am Sarge der jungen Frau mit einem traurigen Blick auf die Verlassenen theilnehmend und ahnungsvoll sagte: „Das ist eine schlimme Geschichte!" —

Schlimm — doch nicht zum Verzweifeln, und was in der Stunde der schwersten Prüfung, die einem ehrlichen Manne vom Schicksal auferlegt werden kann, dem Gramgebeugten die größte Sorge macht, das gibt ihm auch die Kraft, den Kampf mit dem Dasein aufs Neue zu beginnen: — das Bewußtsein der Pflicht. Und erleichtert nicht das Mitgefühl, welches der Einsame bei freundlichen Nachbarn im Hause findet, die Erfüllung der heiligen Pflicht, die der Vater gegen seine Kinder hat? Ohne daß er darum zu bitten braucht, nimmt die alte treue Nachbarin die Kleinen in Obacht, während er seinem Geschäfte nachgeht, und sorgt selbst dafür, daß der kleine Hausstand nothdürftig in Ordnung gehalten wird. So vergehen Wochen und Monate, und wie in seinem Herzen das Bild der Einziggeliebten, verklärt durch die süß-traurige Erinnerung an das verlorene Glück, fortlebt und ihm neuen Muth einflößt, so gewinnt er unter dem lindernden Einfluß der Zeit allmälig auch wieder einen freieren Ausblick ins Leben.

Daß er keine zweite Mutter für seine Kinder sucht, findet die Nachbarin, welche nun einmal seine Vertraute geworden ist, ganz begreiflich. Aber lebt ihm nicht selber noch das alte Mütterlein drüben in Deutschland — gerade so einsam und verlassen, wie der Sohn in New York? Und in seiner Noth flehet der Sohn in Briefen so voll von innigen Bitten um Hülfe wieder an das Mutterherz, daß die alte Frau dem Rufe des Herzens Folge leisten muß und noch an ihrem Lebensabend zu der Fahrt über das große Wasser sich muthig entschließt.

Seit dem Tage, da er sein Liebstes hinaustragen mußte auf den Friedhof, ist gerade ein Jahr vergangen, da legt Großmütterchens zitternde Hand auf das Grab einen Kranz von Immortellen, die sie aus Deutschland mitgebracht.

„Dank Dir, Mutter, für Deine Liebe!" Der junge Wittwer drückt der alten Frau einen innigen Kuß auf die Stirn. Dann treten sie mit den Kindern den Heimweg an.

„Bis auch meine Stunde schlägt," sagt sie mit einem wehmüthigen Blick auf die Kleinen, „sollen diese hier nicht verlassen sein." —

Wohl Dem, der in seinem Herzeleid noch eine treue Mutter hat!

Krieg.

ein Herr! Bitte, wenn Eine über Einem wohnt und ärgert Einen dadurch, daß ihre ungezogenen Rangen Einem beständig über dem Kopf trampeln müssen und, wenn die Kinder dann endlich zu Bett gebracht sind, bei nachtschlafender Zeit immer mit Bügeleisen auf den Fußboden bumst, was sie nur aus angeborener Bosheit so thut, blos um Einen zu erschrecken oder um Einem die Decke herunterzubringen, was ich beweisen kann, wo man sich da an zu wenden hat — jedoch ohne Advokaten — denn Geld habe ich natürlich keines zum Fensterhinauswerfen. Geben Sie mir eine gute Antwort unter „Rosa". Frau Rosa Müller.

Nachschrift! Und wie lange Eine des Abends Maschinennähen darf, d. h. daß die Nachbarn, die doch auch schlafen wollen, nichts dagegen machen können — wenn Sie die Ehre haben wollen, mir das noch umgehend zu beantworten in dem werthesten Briefkasten. Die Obige.

Das obige Schreiben fand eines Tages mit vielen anderen Briefen und Postkarten seinen Weg in den „Briefkasten" der „New Yorker Staatszeitung".

Als Frau Rosa Müller aber zwei Tage lang vergeblich auf eine Antwort an bezeichneter Stelle gewartet hat, verliert sie wieder ein Stück von ihrem Glauben an die Menschheit, und es überschleicht sie ein Gefühl halb von Enttäuschung, halb von gerechter Entrüstung. Und hat sie nicht etwa einen guten Grund, der Schulzen, die mit ihrer Familie das Logis gerade über ihr in „unserem Hause" einnimmt, eine öffentliche, gedruckte Abfertigung zu besorgen, die man ihr unter die Augen halten kann, die sie dann aber gewiß nicht hinter den Spiegel stecken wird — I bet you!

Müller's und Schulze's waren die besten Freunde in der Welt — d. h. damals, als Müller's noch weit draußen in Morrisania wohnten, und Schulze's auf dem Berge hinter Hoboken eine kleine Wirthschaft betrieben.

Die große Entfernung zwischen den beiden Familien wirkte eben befestigend auf ihre Freundschaft. Einmal im Jahre tranken Müller's bei Schulze's ihr Sonntagsbier, und genau sechs Monate später

wiederholten Schulze's ihren Besuch bei den lieben Müller's in Mor=
risania. Bei diesen festlichen Gelegenheiten, die durch Anlegung des
besten Sonntagsstaates allerseits ein gewisses feierliches Gepräge er=
hielten, saßen Alle — Groß und Klein — so fröhlich beisammen und
hatten einander so lieb, gerade wie's im deutschen Volksliederbuche
steht. Die Männer kneipten und rauchten, die Frauen tauschten bei
Kaffee und Kuchen ihre Erfahrungen aus, die sie mit dem Mann
und den Kindern und der Welt im Allgemeinen inzwischen wieder
hatten machen müssen, und die kleinen Müller's und Schulze's wollten
sich vor lauter Zärtlichkeit beinahe auffressen.

An einem solchen unvergeßlichen Besuchstage überraschte Frau
Müller aber die liebe Schulzen mit der Ankündigung, daß die Woh=
nungsverhältnisse in Morrisania, bei Lichte betrachtet, doch recht viel
zu wünschen übrig ließen und man sich deshalb entschlossen habe, in
die Stadt zu ziehen, wo Alles um so viel bequemer zu haben sei.

„Mein Mann gleicht es auch gar nicht mehr auf dem Berge,"
hatte Frau Schulze da gesagt, „und wer weiß, ob wir nicht auch
wieder nach New York zurückkehren, wenn wir nur erst einen Käufer
für die Wirthschaft hätten."

Ihre nächste Visite machten Schulze's schon in „unserem Hause,"
wo Müller's inzwischen ein hübsches Logis — eine Treppe hoch und
nach vorn hinaus — bezogen hatten und des Lobes voll waren über
die praktische Einrichtung, über den anständigen Landlord und die
gute, stille Nachbarschaft. Um das Glück der Familie aber vollstän=
dig zu machen, brauchte man nur noch seine lieben Freunde in näch=
ster Nähe zu wissen, denn mit Schulze's unter einem Dach müßte
das Dasein zu einer endlosen Kette von Freude und Lust sich gestalten.

Auch dieser Wunsch ging in Erfüllung, ehe der nächste Besuchs=
tag herangekommen war. Herr Schulze hatte für seinen Saloon
hinter Hoboken wirklich einen zahlungsfähigen Liebhaber gefunden
und mit Sack und Pack Abschied genommen vom Berge, und weil
es sich gerade um diese Zeit so machte, daß in „unserem Hause" die
nette Wohnung über Müller's Logis leer wurde, so hatte Frau Schulze
natürlich nichts Eiligeres zu thun, als flugs zu miethen und ihren
Einzug zu halten.

So genossen sich denn die beiden befreundeten Familien tag=
täglich aus nächster Nähe und wurden mit der Zeit so intim, daß
Einer dem Andern die Bissen förmlich in den Mund zählen und
auch den wöchentlichen Verdienst bei Dollar und Cent ganz genau
nachrechnen konnte.

Bald kam es bei einer gemüthlichen Nachmittagsplauderei
zwischen den beiden Freundinnen heraus, daß Herr Müller, welcher
nun schon die langen Jahre den verantwortlichen Posten eines
head-porter in einem großen Geschäftshause down-town bekleidete,
sich monatlich um fünf Dollars besser stand, als Herr Schulze, der
nach dem Verkauf seiner Wirthschaft als geschickter Maschinist leicht
wieder eine passende Anstellung gefunden hatte. Darüber ärgerte
sich denn Frau Schulze im Geheimen nicht wenig, obgleich sie
ihren gerechten Zorn unter einer Menge gleichgültiger Redensarten
zu verbergen suchte.

Als aber unglücklicher Weise noch an dem nämlichen Tage
der kleine Johnny Müller dem kleinen Charley Schulze bei einem
Streit um einen bunten Marble seine Ansicht über die verletzten
Spielregeln durch einen Faustschlag auf die Nase so fühlbar ge=
macht hatte, daß einige Blutstropfen zum Vorschein kamen, und
der Junge heulend die Treppe hinaufstürmte, um der Mutter seine
Noth zu klagen, da rief Frau Schulze, die ihren erstgeborenen
Sohn natürlich nicht weinen und leiden sehen konnte, ohne aufs
Tiefste erschüttert zu sein, über das Treppengeländer nach unten,
wo mittlerweile auch der andere Junge mit seiner Darstellung
des Sachverhalts bei seiner Mama angelangt war:

„Wenn Du das noch einmal thust, Du frecher, ungezogener
Bengel, so verschlag ich Dir das Leder!"

Das sollte Frau Müller sich gefallen lassen? Da kennt Ihr sie
schlecht! Und mit einem Nachdruck, der ihre erregte Gemüthsstim=
mung nur zu deutlich erkennen ließ, parirte sie schlagfertig den
ihrem Kinde geltenden Hieb, indem sie sagte, daß Jedermann im
Hause es hören mußte:

"You 're no lady!"

Und „ha, ha, ha!" höhnte die Antwort von oben herunter, und „ha, ha, ha!" tönte es ebenso wieder nach oben hin. Das aber war das Ende der Freundschaft zwischen Müller's und Schulze's.

Jetzt stehen die beiden Familien auf dem Kriegsfuße.

Als die Männer am Abend von der Arbeit heimkehren, ohne zu ahnen, was in ihrer Abwesenheit daheim vorgefallen ist, von dem Stande der Dinge aber schon in Kenntniß gesetzt werden, noch ehe das Abendessen auf dem Tische dampft, redet Jeder zuerst zum Guten und sucht die Sache ins Lächerliche zu ziehen. Allein mit gänzlichem Mißerfolg, denn die Feindseligkeiten sind schon zu weit gediehen, als daß sie ohne Weiteres wieder abgebrochen werden könnten.

Das ganze Haus befindet sich nämlich im Aufruhr, beobachtet eine bewaffnete Neutralität, und in einzelnen Etagen ergreift man bereits Partei für die eine oder andere Seite. Gleich nach erfolgter Kriegserklärung waren die beiden Frauen mit dem ihrem Geschlechte eigenen Scharfblick natürlich darauf bedacht gewesen, Bundesgenossen unter den Nachbarn zu werben, und so manches harmlose Wort, welches in der Aera der Freundschaft über diese oder jene Familie im Hause gelegentlich einer gemüthlichen Plauderei über die kleinen Schwächen und Eigenthümlichkeiten der lieben Mitmenschen unbedachter Weise dem Munde entschlüpft war, wird jetzt perfid und geflissentlich dazu gebraucht, die Feindin in der Achtung der Hausgenossen herabzusetzen und der „bösen Sieben" die Maske der Gutmüthigkeit von dem falschen Gesicht zu reißen.

Was anderes kann die Folge dieser allgemeinen lästernden Rederei sein als eine riesige Klatscherei, welche, wie die größer und größer werdenden Kreise auf einer ruhig glatten Wasserfläche, die ein Knabe vom Uferrand durch einen Steinwurf veranlaßt, auf den Marble zurückgeführt werden muß, welchen beim Spiel auf der Straße der kleine Charley Schulze dem kleinen Johnny Müller wider-rechtlicher Weise vorenthalten wollte und dafür erhielt, was ihm zu-kam: einen Nasenstüber. Man mag wollen oder nicht, man mag die beiden kriegführenden Mächte bisher kaum dem Namen nach gekannt haben: ehe man sich's versieht, ist man hineingezogen in die Kreise dieser Klatscherei, deren Wirkungen sogar über das Haus hinaus bei allen Kleinkrämern im Block sich fühlbar machen.

Da heißt es, „der Teufel ist los in unserem Hause," und mit der Behauptung trifft man den Nagel auf den Kopf, denn einen solchen Kriegszustand kann auf die Dauer kein vernünftiger Mensch ertragen, ohne aus der Haut zu fahren. Die friedlichsten Leute, welche bis dahin nicht ein böses Wort gewechselt haben, gerathen hart aneinander, wenn sie sich auf der Treppe begegnen oder an dem Hydrant auf der dunklen Flur, wo die Nachbarinnen ihren Bedarf an Wasser für den kleinen Hausstand entnehmen müssen. Früher gaben diese Gelegenheiten Veranlassung zu Scherzreden und einem gemüthlichen gossip, jetzt werden nur noch spitzige Bemerkungen laut, oder die Frauen kramen gar ihre schmutzige Wäsche aus, zum Gaudium für die ganze weibliche Bewohnerschaft des Hauses, die dann mit angehaltenem Athem an den Zimmerthüren lauscht, um den Moment zu erhaschen, wo es nöthig sein wird, aus der Entfernung mit schwerem Geschütz in das Gefecht einzugreifen.

Und nicht immer bleibt es bei Worten allein, sondern der menschliche Erfindungsgeist sinnt nur zu bald auf allerlei Schelmwerk, um dem lieben Nachbar unvermerkt und hinterrücks Aerger und Ungemach zu bereiten. Mit dem anonymen Briefe — der in jeder Tenementhausfehde eine große und gefährliche Rolle spielt — läßt sich das reinste Familienglück und beste Einvernehmen zwischen Ehegatten so leicht in Bresche legen, weil es in der Menschen Natur zu tief eingewurzelt ist, an das Vorhandensein von etwas Schlechtem oder Schlimmem zu glauben, wo man selber gleichwol nur wahrgenommen hat, was gut und recht ist.

Und wo in anderer Weise Einer dem Andern zu schaden vermag, geschieht es mit einem Eifer und einer Ausdauer, daß über die Tiefe und Unerbittlichkeit der kriegerischen Stimmung Niemand im Zweifel sein kann. Hier wird der gute Ruf einer Frau in Stücke zerrissen, dort der Credit eines Mannes untergraben, und es gibt findige Köpfe, die Alles daran setzen zu wollen scheinen, um den Streit aus dem Hause an die Oeffentlichkeit zu zerren. Wäre die Polizei nicht aufzuhetzen, daß bei dem Nachbar der Knüppel

dreinſchlüge? Vielleicht fände auch der Sanitätsrath endlich einmal
ſich bewogen, der Dreckwirthſchaft nebenan ein Ende zu machen,
da doch die Cholera vor der Thür ſteht und jetzt mehr denn je Rein=
lichkeit die erſte Bürgerpflicht iſt?

Frau Meier ſoll ſich nur nicht wundern, wenn eines guten Tages
der Agent des Kinderſchutzvereins ihr einen amtlichen Beſuch macht,
um mit eigenen Augen zu ſehen, wie gut ſie ihre Pflichten als Stief=
mutter des kleinen Mädchens erfüllt, auf deſſen magerem Rücken ein
blutunterlaufener Striemen dicht neben dem andern liegt.

„Ich ſchlag' Dir noch einmal die Seel' aus dem Leibe,“ hat
das böſe Weib erſt neulich wieder das arme mißhandelte Kind wü=
thend angeſchrien, und da iſt es doch nur die Pflicht jedes Chriſten=
menſchen, die Aufmerkſamkeit der Geſellſchaft zur Verhütung von
Verbrechen auf den Fall zu lenken, ehe ſie die fürchterliche Drohung
ins Werk ſetzen kann.

So tritt die eigentliche Veranlaſſung des Krieges bald ganz in
den Hintergrund. Um das Zündholz, welches brennend in ein
Pulverfaß fällt, iſt es gleich geſchehen, aber das Pulverfaß explodirt
mit einem gewaltigen Krach, und wer kann das Ende des Unheils
abſehen, das auf eine ſo geringe Urſache zurückgeführt werden
muß!

Wie die Großen auf ihre Manier Krieg führen, ſo ſind auch die
Kleinen um die Wahl von Waffen durchaus nicht verlegen. Nach
dem plötzlichen Abbruch der freundſchaftlichen Beziehungen zwiſchen
Müller's und Schulze's ſtanden dieſe Montecchi und Capuletti unſeres
Hauſes kaum in Schlachtordnung einander gegenüber, als natürlich
auch über alle Kinder im Block die Kampfwuth kam. Hie Müller!
Hie Schulze! Das Fauſtrecht wird proclamirt.

Die Jungen gehen nur noch mit Herzklopfen die dunkle Treppe
auf und ab, denn bei jeder Biegung und vor allen Thüren jeder
Flur müſſen ſie eines feindlichen Ueberfalls gewärtig ſein. Wird
aber Einer mit dem Bierkruge fortgeſchickt, um dem Vater den
üblichen Nachttrunk zu holen, ſo pfeift er vorher ſich gern einen
guten Kameraden herbei, um nicht etwa der Uebermacht zu erliegen,
daß der Krug in Scherben geht und zu den Püffen der Feinde ſich am

Ende noch gar unverdiente Schläge von der Hand des um sein Bier
geprellten Erzeugers gesellen.   Einmal ist es sogar vorgekommen,
daß einem kleinen Mädchen, das von der Mutter zum Grocer geschickt ward, um Mehl zu holen, unterwegs von einem Wegelagerer
der ganze Inhalt der Düte über den Kopf geschüttet, das Papier mit
dem change aber aus dem Händchen geschlagen wurde, ohne daß
es später gelungen wäre, des Missethäters habhaft zu werden. Das
war sein Glück, denn als der Vater des Kindes am Abend von dem
Vorfall hörte, lief er spornstreichs zur Polizeistation, wo durchaus
eine Klage wegen Straßenraubes anhängig gemacht werden sollte.
Ein solches Ansinnen fand der dienstthuende Sergeant hinter dem Pult
allerdings nur komisch, was unsern Hausgenossen denn erst recht in
Harnisch brachte, daß er ausrief:

„Wie könnte ein ehrlicher Deutscher auch Recht und Gerechtig-
keit erwarten von dem dicken irischen Polizeischädel!"......

Endlich muß aber die Polizei in den Kampf, der „unser Haus"
bewegt, dennoch eingreifen mit bewaffneter Macht, gerade als auf der
Straße die entscheidende Schlacht auf- und abwogt. Nichts Böses ahnend,
kommt neulich Herr Müller von der Arbeit heim, als schon von ferne
seines hoffnungsvollen Sprößlings Hülferuf schmerzlich an sein väterliches Ohr dringt.   Johnny liegt nämlich besiegt auf den Steinen,
während der siegreiche Charley unbarmherzig noch immer auf ihn
einhaut, angefeuert durch den Zuruf der Menge, die um das
kämpfende Paar einen Kreis bildet.

"Give it to him!"

"Let go!"

Wer weiß, wie die Sache zu Ende gegangen sein würde, hätte
nicht in diesem kritischen Augenblicke der Zufall Herrn Schulze, ebenfalls auf dem Heimwege vom „Shop", von der entgegengesetzten
Seite her auf den Kampfplatz gebracht.   Auge in Auge stehen nun
die beiden Männer, die einstmals gute Freunde waren, einander
gegenüber: dann fliegen zwei Röcke auf den Boden, und in Hemdsärmeln dringen sie aneinander ein, wie zwei Klopffechter.   Hageldicht
fallen die Hiebe, laut auf kreischen die Weiber in allen Fenstern der
umliegenden Häuser, und im Nu ist der ganze Block so dicht besetzt

von neugierigen, drängenden, johlenden Menschen, daß die beiden
Polizisten nur mit Mühe, und indem sie rechts und links von dem
Knüppel Gebrauch machen, zu den Raufenden sich durcharbeiten
können.

Diese stehen jetzt da, keuchend, zitternd an allen Gliedern, mit
zerzaustem Haar, zerrissenen Kleidern und der bekannten Armen=
sündermiene, die ganz von selbst sich einzustellen pflegt, wenn der
Mensch einen recht dummen Streich begangen hat und vor Schimpf
und Scham nicht aus den Augen sehen mag. Ob Müller und Schulze
auf dem Wege nach dem Stationshause, wohin sie den würdevoll
dreinschauenden Blauröcken folgen müssen, begleitet von einem end=
losen Schwarm großer und kleiner Straßenjungen, wol des Marble
gedenken, der all' diesen Trubel verursacht hat?

Während sie die Nacht als Polizeigefangene in schmutzigen
Zellen neben dem Auswurf der bürgerlichen Gesellschaft verbringen
müssen und über die Thorheiten des Lebens nachzudenken vollauf
Gelegenheit haben, will auch daheim bei Frau und Kindern der
Schlaf die wachende Sorge um den Gatten und Vater nicht ver=
scheuchen, und als endlich der ersehnte Morgen dämmert, leiden
sämmtliche Theilnehmer des gar nicht mehr lustigen Kriegs an
selbstverschuldetem Kopfweh, Gewissensbissen und jenem abscheulichen
Gefühl, welches man nicht mit Unrecht einen moralischen Katzen=
jammer genannt hat.

Für den Friedensbruch vom vergangenen Abend büßen Müller
und Schulze mit dem landesüblichen Sühnopfer eines Zehndollar=
scheines auf dem Altar der Obrigkeit und gehen dann ihres Weges,
zwar nicht als Freunde, wie ehemals, aber um eine Erfahrung
reicher.

Ihre Prüfung ist noch nicht zu Ende, denn zu Hause angelangt
bei Weib und Kind, wartet ihrer eine Ueberraschung, an welche sie
gar nicht gedacht haben. Sie sollen ziehen.

Die housekeeper, welche die Entwickelung des Krieges mit
Augen der Besorgniß verfolgt hat, weil doch der Ruf des Hauses
unter dem schrecklichen Scandal leiden könnte, ist schon vor einigen
Tagen beim Agenten des Landlords gewesen, um ihn von dem

Stande der Dinge in Kenntniß zu setzen. In dieser geheimen
Conferenz der Mächte, welche dem unnahbaren Herrn „unseres
Hauses" für den Hausfrieden wie für die volle Rente verantwort=
lich sind, wurden Müller und Schulze aber als die Hechte im
Karpfenteich erkannt und erklärt, und das besiegelte ihr Schicksal.

Zum Ersten nächsten Monats müssen sie 'raus: so steht es auf
dem gedruckten Zettel, welcher schon früh am Morgen sowol bei
Müller's abgegeben, wie auch Frau Schulze mit einer gewissen
Förmlichkeit überreicht ward.

Dieser heimtückische, niederträchtige Angriff von Seiten der
ganz ordinären Person, die sich als honsekeeper aufspielt, weil sie
zu bettelarm ist, um selber ihre Rente zu zahlen, wie ordentliche
Leute es thun, setzt flugs wieder einen Flicken auf das zerrissene
Freundschaftsband zwischen Frau Müller und Frau Schulze, die
nun voller Entrüstung sich darüber ereifern, ob sie der Kündigung
folgen müssen oder ob sie bleiben können, wo sie sind. Man ist ge=
theilter Ansicht, und deshalb greift Frau Müller noch einmal zur
Feder und schreibt an den „Verwalter des Briefkastens":

„Mein Herr! Obgleich ich als eifrige Leserin, und außerdem Dame, mich natür=
lich nur darüber wundern kann, daß meine erste Frage gar nicht beantwortet wurde,
wahrscheinlich weil kein Platz war? wegen den vielen anderen Militärpflichtigen und
=Flüchtlingen aus Deutschland, Bürgerrechten und sonstigen w i c h t i g e n Recepten
oder „zwei Wettenden", möchte ich doch heute fragen, ob, bitte, der Landlord hier
denn wirklich ein so großer Großmogul ist, daß er Einem mir nichts Dir nichts das
Logis kündigen kann, während man doch immer seine Rente p ü n k t l i ch zahlt und
sich auch sonst nichts zu Schulden kommen läßt. Also, bitte, diesmal keine Entschuldi=
gung unter „Rosa".

Von der Antwort, auf welche „Rosa" diesmal nicht lange zu
warten brauchte, ist sie leider gar nicht erbaut gewesen. Aber sie
fügt sich in das Unvermeidliche und sucht sich jetzt eine andere
Wohnung. Dasselbe thut Frau Schulze, doch nicht unter dem
nämlichen Dache. Und in „unserem Hause" herrscht nach dem
Kriege wieder Friede und Freundschaft.

Nichts Ungewöhnliches.

Auf dem Bürgersteige, gerade unserer Hausthüre gegen=
über, und hart am Rinnstein, so daß die Leute unge=
hindert vorbeigehen können, liegt die ganze Habe der
Familie, welche heute Morgen — wie man zu sagen
pflegt — auf die Straße gesetzt werden mußte.

Dem Agenten des Landlords hat's weh gethan, daß er die
arme Frau mit den fünf kleinen Kindern, von denen noch keines
erwerbsfähig ist, nicht länger in dem Logis belassen konnte, aber
die Rente war schon seit einem halben Jahre im Rückstande, und
an eine Wendung zum Bessern in den Verhältnissen der Leute
vorläufig wenigstens nicht zu denken. Da blieb ihm denn kein
anderer Ausweg, als vor Gericht zu gehen und zu thun, was im
Interesse des Hausbesitzers schon längst hätte geschehen sollen.
Und im ganzen Hause war Niemand, der ihn darum getadelt
hätte, nicht einmal das Opfer des gerichtlichen Verfahrens, welches,
nicht unerwartet, jetzt endlich zum Austrage gebracht ward.

Als der Marschall mit einem Gehülfen in das Zimmer trat,
um auf Grund des richterlichen Befehles die Exmission vorzunehmen,
fand er die Frau mit ihren Kindern in einem so trostlosen Zustande
gänzlicher Armuth, daß der Mann, dem das Elend des Menschen=
lebens doch sonst ein alltäglicher Anblick ist, sich nicht zu sprechen
getraute, sondern in stummem Staunen über das, was er in dem
öden und leeren Gemache n i c h t sah, seinem Gehülfen einen Wink
gab zum Beginn der traurigen Arbeit.

Das hätte er allein besorgen können — ohne Mühe und im
Handumdrehen. Nicht einmal ein Bett war vorhanden, und zum
gemeinsamen Lager der Familie mußte der Strohsack dort in der
Ecke gedient haben. Ein verdächtiger alter Tisch, ein zerbrochener
Stuhl ohne Lehne, ein kleiner Kochofen, in welchem schon seit meh=
reren Tagen kein Feuer gebrannt zu haben schien, eine Kaffeekanne

von Blech und ein paar irdene Schälchen und Taffen: mehr
konnte die Familie ihr eigen nicht nennen. Während der Plunder
die Treppe hinabgetragen wurde, ließ sich von den Hausbewohnern
kein neugieriges Weib, nicht einmal eines der Kinder blicken, die
doch sonst immer dabei sein müssen und helfen, wenn eine alte
Miethspartei auszieht oder eine neue ihren Einzug hält.

Kaum zehn Minuten sind vergangen, bis der Marschall und
sein Gehülfe der Majestät des Gesetzes die landesübliche Geltung
verschafft haben und, ohne ein Wort zu reden, wieder davon schleichen.
Die sie obdachlos gemacht, kauern aber, eine bejammernswerthe
Gruppe, neben dem kleinen Häuflein ihrer fahrenden Habe auf
dem Bürgersteige, wo nun rasch eine Schaar neugieriger Menschen
zum Kreise zusammentritt, um zu sehen, „was es denn schon wie=
der gibt."

Man weist mit Fingern auf den Gegenstand der allgemeinen
Neugier, und im Laufe des lauten Austausches von Gedanken und
Meinungen über das, was man mit so großem Interesse beobachtet,
fällt wol manch' hartes Wort über die Grausamkeit und Geldgier
von Blutsaugern, die sich Landlords nennen und kein Erbarmen
kennen mit Armuth und Noth. Wie leicht und rasch ist die Welt
mit einem Verdammungsurtheil bei der Hand!

Und an dem Unglück, welches hier in so entsetzlich tragischer
Weise ans Tageslicht gezogen wird, trägt doch der Besitzer des
Hauses ebensowenig die Schuld wie auch die Frau, welche schon oft
sich selber gesagt hat, daß in diesem Hause nicht länger ihres
Bleibens sei....

Der Vater ihrer Kinder ist nicht todt, aber für die Familie
wäre es vielleicht besser gewesen, wenn er damals ins Grab ge=
kommen wäre — anstatt in das Zuchthaus. Tritt das Schicksal
in Gestalt des Todes an eine arme Familie heran, so sucht die
Nächstenliebe oftmals den Schmerz zu lindern und der Verlassenen
nach Kräften sich anzunehmen. Nicht so in Fällen, wo ein Ver=
brechen oder ein begangenes Unrecht den Vater und Ernährer von
Frau und Kindern getrennt hat.

Und ein Unrecht war es gewiß, daß der Mann seinem Jähzorn die Zügel schießen ließ, als er den Schurken und Ehrabschneider, der bei dem gemeinsamen boss ihn in so niederträchtiger Weise verleumdet und verdächtigt hatte, um ihn ums liebe Brod für Weib und Kinder zu bringen, neulich erwischte. Bei Gott! er wußte nicht, wie er dazu gekommen war, zu dem Messer zu greifen, das so verführerisch glänzend auf dem Tisch in der Werkstatt lag, wo der Kampf zwischen den Todfeinden ausgefochten wurde. Erst, als die That geschehen war und der Gegner, aus einer Kopfwunde blutend, mit einem Fluch zu Boden sank, gewann der Unselige die Besinnung wieder. Was hätte er in jenem Augenblicke darum gegeben, wenn an Stelle des Anderen er selber das Opfer und nicht der Thäter gewesen wäre, und zitternd vor Aufregung und keuchend von der Anstrengung ging er, gefolgt von den Arbeitsgenossen, freiwillig dem Polizisten entgegen, welcher von der blutigen Rauferei schon in Kenntniß gesetzt worden war und zur Verhaftung des Thäters herbei eilte.

Er wurde ruhiger, als man ihm sagte, die Wunde sei nicht so gefährlich, wie anfangs befürchtet worden war, und er gestand sich selbst, daß er Strafe verwirkt habe für das, was er mit frevelnder Hand vollbracht. Aber er war kein Verbrecher von Profession, sonst hätte der Gefangene sich nicht so leichtfertig aller der Vortheile begeben, die dem Angeklagten zur Vertheidigung oder zur Ausrede vor Richter und Geschworenen bei dem Strafverfahren in New York zu Gebote sind. Zu ehrlich und zu rechtschaffen, um auf das Unrecht, das er in der Hitze des Affectes einem Nebenmenschen zugefügt, noch die Lüge zu häufen, und zu unerfahren, um sich des Beistandes eines jener Advokaten zu versichern, die mit ihren Finten jedem Verbrecher in den Assisen secundiren, wenn der Angeklagte gut zahlt, oder wenn sein case als Mittel zur Reclame in den Zeitungen, sowie in den Kreisen jener Menschen sich verwerthen läßt, die mit ihrem Thun und Treiben das Licht der Oeffentlichkeit scheuen: mußte er des ihm zur Last gelegten Verbrechens der Körperverletzung reumüthig sich schuldig bekennen, sein Schicksal dem humanen Ermessen des Richters anheimstellend.

An dem Tage, an welchem er sein Urtheil empfangen sollte,
wurden mehrere Fälle erledigt; und der Angeklagte, dem der Pro=
zeß gemacht wurde, ehe der Gerichtsdiener seinen Namen aufrief,
ein oft bestraftes Subject, dessen Portrait schon vor Jahren dem
Album der rogues gallery hatte einverleibt werden müssen, ein
Gewohnheitsdieb, der der Mithülfe bei einem Einbruch in einem
Kaufmannsladen dringend verdächtig war, sah sich von seinem An=
walt so brillant vertheidigt, und wußte den Angriffen des Staats=
anwaltes selber so geschickt auszuweichen, daß die Geschworenen
den Gauner diesmal nicht halten konnten. Darüber sprach der
Richter mit einigen derben Worten sein Bedauern aus, als man
ihm rasch schon die neuen Acten unterbreitete.

Gebeugten Hauptes trat ein Mann vor die Schranken, und mit
zitternder Stimme antwortete er mechanisch auf alle an ihn ge=
richteten Fragen. Und der Richter ließ ebenso mechanisch die Fin=
ger durch die Papiere gleiten und sprach dabei monoton und ge=
schäftsmäßig von der Schwere der Schuld, die Einer auf sich lade,
wenn er in der Wuth sich an einem Nebenmenschen vergreife,
und von dem blinden Zufalle, dem der Angeklagte allein es zu
danken habe, daß er nicht als Mörder hier vor ihm stehe. Und
wenn der Richter ihm nicht die schwerste Strafe fühlen lasse, mit
welcher das Gesetz das Verbrechen der Körperverletzung bedrohe,
so habe der Angeklagte die richterliche Milde nur seinem bisher
unbescholtenen Namen und ferner dem Umstande zuzuschreiben,
daß sowol sein Arbeitgeber, wie auch seine Hausgenossen ihm
das Zeugniß eines braven Mannes und guten Familienvaters aus=
gestellt hätten. Und in Berücksichtigung dieser und anderer mil=
dernder Umstände, die für seine schlimme Sache zweifellos sich an=
führen ließen, verurtheile er ihn nur zur Einsperrung von zwei
Jahren in — —

„Herrgott im Himmel!" Ein gellender Schrei aus dem Audi=
torium erstickte die salbungsvolle Sentenz des Richters, darin mischte
sich das Weinen von Kindern, und während der alte Gerichtsdiener
vergeblich: „order, order!" rief, trug man ein ohnmächtig' Weib, an
dessen Gewand sich fünf kleine schluchzende Kinder klammerten, aus

dem Saale in ein Nebenzimmer. Und auf der Armfünderbank
wälzte sich verzweiflungsvoll der angehende Zuchthausfträfling. —

Das ist nichts Ungewöhnliches in New York!

Von Gewissensbissen gefoltert, ein Genosse des verworfensten
Gesindels, welches die Stammgäste der Strafanstalten bildet, war
sein Loos hinter Schloß und Riegel dennoch leichter als dasjenige seiner
Familie. Das war fast unerträglich und bejammernswerth. Ist es
doch Menschenart, für die Sünden des Einen Andere büßen zu lassen!

Wie die lieben Nachbarn die Köpfe zusammensteckten und flüster=
ten, als das arme Weib mit ihren fünf weinenden Kindern vom
Gericht allein nach Hause wankte und vor Scham und Schimpf kaum
die Augen aufzuschlagen wagte! Die Knaben und Mädchen im Hause
weisen aber wol gar mit den Fingern auf die Familie des Zuchthäus=
lers und meiden jeglichen Verkehr mit den früheren Spielgefährten.
Groß war aber die allgemeine Freude und Genugthuung, als man
am Morgen nach dem Gerichtstage in den Zeitungen es schwarz
auf weiß zu lesen bekam, wie es sich mit der Sache denn eigentlich
verhalten hatte. Das Blatt wanderte von Hand zu Hand, denn
Jedermann wollte sich durch eigenen Augenschein davon überzeu=
gen, daß in der betreffenden Notiz Name und Adresse richtig an=
gegeben war und stimmte. O, man nahm regen Antheil an dem
Schicksal der Hausgenossen, wenn es bei Vielen auch der Antheil
der Schadenfreude war!

Was sie ohne den Gatten nun beginnen würde: diese Frage
beschäftigt das ganze Haus, und weil die dabei zu allermeist Be=
theiligte selber keine Antwort darauf wußte, blieb die Existenzfrage
der ihres Ernährers beraubten Familie ein ungelöstes Räthsel. Die
Leute hatten in besseren Tagen weder leichtfertig gelebt und ver=
schwendet, noch einen Nothpfennig auf die Seite legen können. Von
der Hand in den Mund hatte der Wochenlohn des Arbeiters gerade
gereicht, wenn man bei der Jahresrechnung die Zeit in Anschlag
bringt, wo infolge von Arbeitslosigkeit die Familie auf die kleinen
Ersparnisse aus besseren Wochen zurückfallen muß. Es ist einmal
nicht anders bei den Erwerbsverhältnissen der großen Mehrheit des
Volkes in unserer Zeit.

So besiegelte der Urtheilsspruch des Richters, welcher einen jäh= zornigen Menschen nach Recht und Gebühr für eine unentschuldbare That in das Zuchthaus brachte, zugleich auch den Ruin einer ganzen Familie. Wol sah die Frau und Mutter das Ende lange voraus, doch die Katastrophe abzuwenden lag nicht in ihrer Macht, wie sie sich auch mühte, das Unheil aufzuhalten. Von ihren Kindern war, als der Vater nicht mehr nach Hause kam, noch keines so weit empor= gewachsen, daß es eine Kleinigkeit hätte verdienen können, und des= halb behinderte die Sorge um die Kleinen die Mutter auf Schritt und Tritt, so daß sie auf der Suche nach Arbeit und Erwerb sich niemals frei zu bewegen im Stande, vielmehr stets an das Haus gefesselt war.

Unter solchen erschwerenden Umständen verfällt ein Weib zuerst auf die Nadel, um nur zu bald die trübe Erfahrung zu machen, daß, wenn sie selbst vom frühen Morgen bis tief in die Nacht hinein sich keinen Augenblick der Ruhe gönnt, das Erträgniß des auf= opferndsten Fleißes doch nicht ausreicht, den Hunger von sich und den Ihren abzuwenden. Und mit einem tiefen Seufzer legt sie die Nadel fort und versucht ihr Heil als Wäscherin. Kaum mit besse= rem Erfolg, denn die Concurrenz ist so groß und Kundschaft so schwer zu erlangen. Ja, wenn die zwei kleinsten Kinder nicht so viel Wartung und Pflege verlangten! Ist aber nicht unter den vielen Anstalten und Asylen, von deren menschenfreundlichem Wirken zum Wohle der Armen und Elenden sie ja oft erzählen gehört und in der Zeitung gelesen hat, nicht eine da, die in der Noth sich nun auch ihrer annehmen würde?

Und das unglückliche Weib wandert von einem Asyl zum andern, ohne daß sie mit ihrem Hülfegesuch Erfolg gehabt hätte. Man hört ihre traurige Geschichte, hat aber als Antwort nur ein be= dauerndes Achselzucken: in einem Hause sind alle Stellen besetzt, in einem anderen werden nur Waisenkinder genommen, und die Thür der dritten Anstalt verschließt sich statutengemäß der Familie des Sträflings. So muß sie tagtäglich erfahren, wie die fromme christliche Gesellschaft der Väter Sünden auch heute noch heim= sucht an den unschuldigen Kindern. Und als letzten Versuch wendet sie sich endlich schweren Herzens an den Verein, der sich die Aufgabe

gestellt hat, die Lage der Gefangenen zu bessern. Dort nimmt man den Namen des Sträflings und alle Nebenumstände seiner verbrecherischen That bereitwillig zu den Acten und verspricht, des Mannes nach Kräften sich annehmen zu wollen, wenn die Straf= zeit verflossen sein wird, doch für sein verzweifelndes Weib und für seine hungrigen Kinder kann hier inzwischen nichts gethan werden.

Unter der Wucht solcher Enttäuschungen müßte eine größere Energie erlahmen, als die Frau aus dem Volke besitzt, die, als eine natürliche Folge der weiblichen Erziehung, von jeher gewohnt war, sich leiten zu lassen, zu dulden und zu klagen, aber Andere für sich denken und handeln zu lassen. Wol haben Mutterpflicht und Selbsterhaltungstrieb die Macht der trägen Gewohnheit zu be= meistern gesucht, als die Noth um das tägliche Brod sich nicht mehr abweisen ließ, doch die Noth, die ja erfinderisch ist, zeigte hier nur immer als einziges Rettungsmittel gegen den Hunger das Pfandhaus.

Der Credit bei Grocer, Bäcker und Fleischer ist bald zu Ende, wenn die Leute wissen, daß der Vater der Familie im Zuchthause sitzt, und der Hausherr wird dann noch viel mißtrauischer als sonst, wenn die Rente nicht pünktlich auf den Tag bezahlt wird. Ging die Frau des Sträflings am Ende des ersten Monats ihrer Verlassen= heit ins Pfandhaus, um bei den Nachbarn und Lieferanten ihre hülflose Lage und Mittellosigkeit nicht gleich sichtbar werden zu lassen, so erwies sich schon im zweiten Monat die Wiederholung des nämlichen Ganges als eine unabänderliche Nothwendigkeit. In der ersten Zeit wurden nur die kleinen Luxusgegenstände des Hausrathes veräußert, die man leichter entbehren kann und die sich auch unter dem Shawl aus der Wohnung fortschaffen lassen, ohne daß das prü= fende Auge der Nachbarin auf der Treppe es gewahr wird, aber bald kam die Reihe auch an andere Sachen, und was zu Anfang heim= lich geschah, besorgt man endlich offen und am hellen Tage. Ist der letzte Funken von Zartgefühl in eines Menschen Brust ver= glommen, macht sich das nackte Elend geflissentlich breit: Was küm= mert Einen die Welt, der sich so oft hat sagen müssen, daß die Welt sich auch nicht kümmert um das, was ihn bewegt!

Allen Vorstellungen wohlmeinender Hausleute, mit den Kindern sich ein billigeres Logis zu suchen, setzte die Frau anfänglich einen gewissen stoischen Gleichmuth, bald aber jenen störrischen Trotz entgegen, der absichtlich jeden Vernunftgrund in den Wind schlägt. Oder mußte die Familie, ohne davon gesprochen zu haben, am Ende auch schon d i e Erfahrung machen, daß Weib und Kind eines Sträflings in keinem Hause eine wünschenswerthe Miethpartei sind, zumal wenn die Verlassenen ohne Geld und Gut an die Thür pochen? So erwarteten sie denn in dumpfer Verzweiflung das Ende, das Niemand mehr abwenden konnte, und welches in ihrer gewaltsamen Entfernung aus dem Hause heute zu Tage treten mußte.....

Was nun?

Durch der Neugierigen Kreis, welcher die exmittirte Familie auf dem Bürgersteige umschließt, drängen sich gewaltsam ein Polizist und ein Mann in Civil.

"Move on!" schreit der Blaurock und hebt zugleich drohend den Knittel, daß die Menge nach allen Richtungen rasch auseinander stiebt, und sein Begleiter richtet leise ein paar Fragen an das unglückliche Weib und ihren ältesten Knaben.

„Es ist ein Agent des Vereins zur Verhütung von Grausamkeit gegen Kinder," sagt Einer der Umstehenden, und der Mann hat Recht. Die bürgerliche Ordnung ist mit der organisirten Wohlthätigkeitspflege pünktlich zur Stelle, um Protest zu erheben, daß Elend, Armuth und Verworfenheit ein öffentlich' Aergerniß geben. Auf der Straße kann man die Leute unmöglich liegen lassen, obwol es sich nicht verhindern ließ, daß es dahin mit ihnen kommen mußte.

Wie es ehemals in den Sclavenstaaten nichts Ungewöhnliches war, daß durch die Laune eines harten Schicksals die heiligsten Familienbande der Schwarzen gewaltsam zerrissen wurden, so weiß das große, reiche, wohlthätige New York heutigen Tages noch kein Mittel, ähnliche Katastrophen von seinen Pflegebefohlenen abzuwenden. Mit ihren beiden kleinsten Kindern wird für die Mutter in einer städtischen Anstalt gesorgt, die drei ältesten Kinder werden

drei Asylen zugetheilt, wo sie getrennt erzogen werden sollen. So lautete das Urtheil des Richters, der in dieser kleinen Familiengeschichte das letzte Wort zu sprechen hat.

Und die Zeit vergeht, und es kommt der Tag, wo für den Zuchthaussträfling wieder die Stunde der Freiheit schlägt. Sein Betragen in der Anstalt war musterhaft, weßhalb ihm einige Monate seiner Strafzeit erlassen werden konnten. Bei seinem Abschied aus dem Gefängniß wünschten die Beamten freundlich ihm Glück auf den Weg, denn auch in der gestreiften Jacke hat man den ernsten Mann lieb gewonnen und seinen Charakter achten gelernt. Man hat ihm auch versichert, er dürfe wieder gehobenen Hauptes unter seinen Mitbürgern einhergehen. Und dennoch kehrte er schweren Herzens und gramgebeugt nach der Stadt zurück, wo seine Lieben weilen.

Ja, wo weilen Weib und Kinder des entlassenen Sträflings? Er weiß es nur zu gut! Der Fluch der bösen That reicht weit über das Zuchthaus hinaus.

Als es dunkel geworden ist, wagt er sich in die wohlbekannte Straße, wo unser Haus steht. In diesem Hause verlebte er ja so frohe, herrliche Tage, als er noch unbescholten war. Und unwiderstehlich zieht es ihn nach der Stätte, wo sein Familienglück begraben liegt. Ein tiefer Seufzer entringt sich der gepreßten Brust: Einsam und verlassen!

Das ist tragisch, aber durchaus nichts Ungewöhnliches in New York. — —

Sonntag.

Die Nacht war er nicht heimgekommen.

Und mit wie viel heiligen Schwüren und brennen=
den Küssen hat er es dem jungen Weibe in die Hand
gelobt, daß es ganz gewiß nimmermehr wieder vor=
kommen sollte, als er das letzte Mal — am Samstag Abend vor drei
Wochen — aus der Fabrik, in welcher er „schafft", mit dem Wochen=
lohn in der Tasche einigen guten Kameraden in die Wirthschaft
gefolgt war, um vor dem Nachtmahl und zur Vorfeier des Sonn=
tags nur ein Gläschen zu leeren. Einmal im Zuge, war aber
dem Manne, der sonst der tüchtigste Arbeiter im shop und der
pünktlichste Mensch im ganzen Hause ist, Alles einerlei, und im
Taumel des Augenblicks vergaß er sein Liebstes auf Erden.

Bei den meisten Familien unter unserem Dache ist der Sams=
tag als Zahltag roth angestrichen im Kalender und als Merkmal
im raschen Kreislauf des Jahres wichtiger, als der Mutter Ge=
burtstag oder selbst der Todestag eines Kindes. Aber für das
junge Weib, welches, nur dürftig bekleidet, die mit jedem Glocken=
schlage der nahen Thurmuhr steigende Aufregung und Angst an
dem Fenster wie festgebannt hält, bis die dunklen Schatten der
Nacht endlich dem werdenden Tage weichen, ist in ihrer kurzen
Ehe so mancher Samstag förmlich zur Qual geworden. Fröstelnd
zieht die zitternde Hand das dünne Shawltuch fester um die ent=
blößten Schultern, und sie preßt die heiße Stirn gegen die Fenster=
scheibe, und aus den übernächtigen, müden Augen rinnt Thräne um
Thräne.

So schlimm wie heute war es noch nie gewesen. Hatte sie sonst
auch lange, bange Stunden vergeblich warten müssen, so hörte sie
den Trunkenen doch stets vor Mitternacht die Treppe hinauf=
taumeln, bis er dann vor ihr stand und schwankend Entschuldi=
gungen stammelte und ihre Verzeihung erflehte. In solchen Augen=

blicken der Zerknirschung und Reue gab er die besten Worte, allein sie wußte nur zu gut, daß der Hang zum Leichtsinn bei der ersten Gelegenheit wieder die Oberhand gewinnen werde über all die guten Vorsätze und Versprechungen. Deshalb hatte die weibliche Klugheit ein Mittel gesucht und, wie sie glaubte, gefunden, welches ihn auf der rechten Bahn erhalten müsse, ohne daß er den Zwang gewahr werden sollte. Ist es nicht ganz natürlich, daß die Frau, welche noch kein Kind zu warten und zu pflegen hat, am Samstag Nachmittag ihrem geliebten Manne entgegengeht, wenn die Dampfpfeifen im Viertel den Schluß der Arbeitswoche verkünden?

Sie wollte ihm eine Freude bereiten und hatte sich die Begegnung an der nächsten Straßenecke von der Fabrik so ganz anders ausgemalt, als es dann in Wirklichkeit eintraf. Schon von weitem sah sie ihn, lachend und guter Dinge inmitten einer ebenso lustig lärmenden Schaar von Arbeits- und Altersgenossen daher kommen. Jetzt ward auch sie erkannt, und wie sie harmlos ihm in den Weg trat, rief aus der Menge eine höhnende Männerstimme:

"Johnny! here's your policeman, to take you home!"

Und unter dem rohen Gelächter seiner Gefährten nahm er die Zitternde, die nicht wußte, ob sie über die Beleidigung reden, so recht vom Herzen weg reden oder weinen sollte, unsanft am Arm und zog sie an die andere Seite der Straße, um sodann auf dem ganzen Heimweg sie mit den bittersten Vorwürfen zu überhäufen: er brauche keinen Aufpasser und fühle sich Mannes genug, seinen Wochenlohn selber in der Tasche zu verwahren.

Seit jenem Streite ist sie ihm nicht wieder entgegengegangen; sie läßt den Dingen ihren Lauf und fügt sich still in ihr Schicksal. Daß er auch gestern einen Theil seines Lohnes verjubeln würde, hat sie kaum noch überrascht, obgleich zur Bestreitung der Kosten des kleinen Haushaltes nicht ein Cent entbehrt werden kann, zumal „der Erste" vor der Thür steht und die Rente noch nicht ganz beisammen ist. Er weiß das so gut wie sie, und mag er nun zusehen, wie er mit dem Landlord fertig wird.

Und wie er dann zum Nachtmahl nicht heimgekommen ist, hat sie, wie sich's geziemt, die Schüssel auf dem Ofen warm gestellt, selber

aber nicht einen Bissen gegessen. Der Zorn vertreibt den Hunger. Wie aber Stunde um Stunde verrinnt, ohne daß er kommt, gesellt zu dem Zorn sich die Angst. Man liest in der Zeitung so oft von geheimnißvollen Mordthaten und Verbrechen aller Art, und er ist ja ein solcher Hitzkopf, daß er, nachdem der Alkohol seine Leidenschaften entfesselt, die Gefahr lieber aufsucht als sie meidet. Deshalb hat sie keine Ruhe finden können, als sie des langen Wartens müde, endlich zu später Stunde halb entkleidet sich niedergelegt.

Ein Lärm unten auf der Straße scheucht sie aus dem Bett an das Fenster, denn in dem Stimmengewirr, welches undeutlich an das horchende Ohr dringt, hat sie seine Stimme zu erkennen geglaubt. Beim flackernden Schein der Laterne, die der Hausthür gerade gegenüber an der anderen Seite der Straße steht, gewahrt sie einige Nachtschwärmer in lautem Wortstreit, aber ihr Mann ist nicht dabei, und ein Stein fällt ihr vom Herzen.

Was kann ihm am Ende auch begegnen? Ist er doch aufgewachsen in der großen Stadt, wo er jede Straße und jeden Schlupfwinkel kennt. Wer weiß, in welcher Gesellschaft er sich wohler fühlt, als bei seinem jungen Weibe, die seinen Worten nicht mehr glauben darf! Das will sie ihm sagen, mag es sich nun zum Guten wenden oder zum Schlimmen, denn es soll klar werden zwischen ihnen Beiden, -- wenn er nur erst wieder hier ist......

Die Laterne gegenüber ist längst erloschen, und auf der Straße wird es immer lebhafter. Hier und dort öffnen sich Thüren und Fenster, und geputzte Männer und Frauen folgen dem Rufe der Glocke zur Frühmesse. Im Herzen der jungen Frau kämpft aber der Zorn mit der Angst um die Herrschaft, und während die Thränen ihr aus den Augen schießen, legt sie in nervöser Hast das Kleid an; sie muß hinaus, sich Gewißheit verschaffen über das Treiben ihres Gatten, und als sie schon auf der Treppe angelangt ist, kommt ihr ein fremder Mann entgegen. Der nennt ihren Namen, und sie schreit auf, daß die Nachbarsleute es hören:

„Ist er todt?"

„Dummes Zeug! Er sitzt, und Sie sollen kommen und ihn auslösen: Zehn Dollars oder zehn Tage auf dem Eiland!"

Und durch den Schrei der jungen Frau aufmerksam gemacht,
läuft das halbe Haus auf der Treppe zusammen, um zu hören,
was wieder los ist, und um seine Sympathie oder auch seine
Schadenfreude zu zeigen.

„Das arme Ding! So jung noch und einen solchen Lüderjahn
zum Mann haben, dem das Geld in der Tasche juckt, bis der letzte
Dollar durch die Kehle gejagt ist. Aber es geschieht ihm ganz recht,
daß die Polizei ihn endlich erwischt hat."

Das ist die allgemeine Ansicht der Frauen, aber ein älterer,
bedächtiger Mann, der in Hemdsärmeln und mit der Haarbürste
in der Hand von seiner Thür aus dem Auftritt bis jetzt stillschweigend zugeschaut hat, meint kopfschüttelnd, es sei eine Schande,
daß Johnny von seinen Kameraden im Stich gelassen worden sei,
da er nicht allein mehr den Weg nach Hause habe finden können.

„Aus dem spricht die Erfahrung," höhnt ein Weib; er läßt
sich jedoch nicht irre machen, vollendet vielmehr rasch seine Toilette
und bietet der jungen Frau, die hysterisch weinend auf der Treppe
Platz genommen hat, während die anderen Frauen in leisem Flü-
stern umherstehen, seinen Beistand an.

Nur mit Mühe gelingt es, durch Anleihen hier und dort das
vom Richter verlangte Lösegeld zusammenzubringen, und so ist es
beinah Mittag geworden, als Johnny in traurigem Aufzuge, die
Kleider zerfetzt, den Hut zerdrückt und fast umkommend vor Scham
und Reue, der Gattin in die Wohnung folgt. Was sie dann ernst
miteinander verhandeln — wir wollen sie nicht belauschen. Wenn
ihm der Sonntag-Morgen nur in Erinnerung bleibt, zur Warnung
und zum Beispiel!

Das einsame ältliche Mädchen, welches bei den Schneidersleuten
nebenan zur Miethe wohnt und von ihrem Stübchen aus unfrei-
willig all' die Vorstellungen und Vorwürfe anhören mußte, welche
der arme Sünder lautlos über sich ergehen ließ, ist heute gar nicht
unzufrieden mit dem ihr beschiedenen Loose; sie freut sich sogar im
Stillen, daß ihre Feiertagsstimmung nicht wie bei der Nachbarin,
die ihr oft so beneidenswerth erschien, durch eines Mannes Schuld

in bitteres Herzeleid verwandelt werden kann. Was sie im Laufe der Jahre in unserem Hause von den Schicksalen der Menschen in der Ehe wahrzunehmen Gelegenheit hatte, hat sie mit dem früher fast unerträglichen Gedanken einer Einsamkeit wider Willen vollständig ausgesöhnt.

„Und ich tausche nicht mit Dir,“ sagt sie sich immer wieder von Neuem, wenn ein lautes Wort aus dem Redestrom der beleidigten Nachbarin im Nebengemach an ihr Ohr dringt. Freilich ist diese stille Resignation theuer erkauft mit vielen, vielen Thränen und nach einer langen Reihe bitterer Enttäuschungen.

Von frühester Jugend sah sie sich vom Unglück verfolgt, und wenn sie ihre Lebensschicksale einen Roman nennen wollte, so wäre sie die Heldin einer Leidensgeschichte, wie sie nur unter den tiefen Eindrücken des großstädtischen Treibens durch den unbarmherzigen Zufall sich zusammenfügen kann.

Oder ward es ihr vielleicht an der Wiege gesungen, daß sie den Gipfel der Zufriedenheit dermaleinst in einem stillen Sonntag erblicken würde, an welchem sie wie eine Prinzessin die Hände in den Schooß legen oder in der Verkleidung einer wohlhabenden Lady die fashionable Kirchenparade mitmachen könnte? Ihre Ältern waren gerade lange genug am Leben gewesen, um durch eine gewissenhafte Erziehung der Tochter den Stachel des Ehrgeizes in die Seele zu drücken. Als das ebenso begabte wie strebsame, aber gar nicht hübsche Mädchen die höchste Klasse im Normal College erreicht hatte, raffte den Vater der Tod dahin, und ein unglücklicher Prozeß sein kleines Geschäft und den ganzen Nachlaß. Dann war auch die lange kränkelnde Mutter gestorben, und aus dieser dreifachen Katastrophe hatte die verwaiste Tochter nur die eine Lehre ziehen können, daß im Leben manchmal die schönsten Wahrscheinlichkeitsrechnungen in die Brüche gehen.

Das arme Mädchen, dessen schönster Traum ein Lehrerin-Diplom gewesen war, durch dessen Besitz sie sich eine Stellung in der Gesellschaft zu erkämpfen gehofft hatte, mußte, so nahe dem Ziele schon, umkehren, weil der Hunger eben mächtiger ist als der Ehrgeiz. Und weil sie nicht nur hungrig, sondern auch stolz war, so

litt es sie nur noch um so weniger in der alten Umgebung, und zum
Gelingen der Metamorphose, die sie sich nicht ersparen konnte, bot
die Großstadt die allerbeste Gelegenheit.

Die Leute, welche früher ihren Umgang bildeten, werden sie
kaum vermißt haben, als die junge Waise bald nach dem Begräb=
niß der Mutter aus ihrem Gesichtskreise eines Tages spurlos ver=
schwand. Und wenn es bemerkt ward, so zuckte der Eine wol mit
den Achseln: „Wieder Eine!" — Und die Anderen meinten gleich=
gültig: „Sie muß eben sehen, wie sie sich nun durchs Leben
bringt!"

Sicherlich! Daß das einst so fröhliche Mädchen aber in un=
serem Hause als Kostgängerin bei der armen Schneiderfamilie
wieder auftauchen würde, um als Näherin mühsam ihr Leben zu
fristen und eine alte Jungfer zu werden, daran hat von ihren alten
Freunden bis auf den heutigen Tag noch keiner gedacht.

Aus den Augen, aus dem Sinn! So dachte sie freilich nicht,
und es bereitet ihr sogar eine gewisse heimliche Freude, wenn sie
hin und wieder einer ihrer Jugendgespielinnen auf der Straße be=
gegnet und sich von derselben nicht erkannt sieht. Solche Begeg=
nungen finden übrigens nur an Sonntag-Nachmittagen statt, wo sie
sich eine kurze Erholung gönnen kann, denn in der Woche ist sie die
Sclavin der Nadel.

Wer würde aber auch in der Modedame, welche am Sonntag=
Nachmittag stolz und mit koketter Grazie über die Fünfte Avenue
rauscht, wo die feine Welt nach der Kirche sich ein Rendezvous
gibt, die arme Nätherin aus unserem Hause erkennen! Diese
Promenade entschädigt sie für alle Entbehrungen, die sie während
der Woche gern erduldet, um nur ein paar Stunden die Mode
mitmachen zu können, — wenn es nicht anders sein kann, selbst
auf Kosten der Gesundheit.

Und es gibt in der That Augenblicke, in denen das bleich=
süchtige, blutarme Geschöpf mit dem schwachen Kreuz sich an der
Maschine kaum noch aufrecht zu halten vermag, so daß ihre alte
Kostwirthin den Arzt, der gerade im Hause zu thun hat, schon
mehr als einmal hereinrufen mußte. Wohl erkennt Dieser auf den

erſten Blick den Sitz ihres Leidens und deſſen einzige Urſache, aber
aus den Eiſenpräparaten, die er verordnet, geſtalten ſich keine
Blutkügelchen in den verkümmerten Adern, wenn zu gleicher Zeit
der Körper nicht beſſer genährt wird. Zu einer Pflege des Körpers
durch kräftige Speiſe und Trank auf Koſten der theuren Mode
hat Eva's eitle Tochter ſich aber nie entſchließen können, und an-
ſtatt auf eine Hutſchleife, verzichtet ſie lieber auf das Gefühl von
Geſundheit und Wohlbefinden.

Vanity Fair! Du betrügſt die Welt und Dich ſelbſt durch eine
Illuſion, die unter dem grellen Aufblitzen einer bengaliſchen Flamme
momentan ein Bild erheuchelten Glanzes zeigt und Nichts zurück-
läßt, wenn der Theater-Effect ſeine Schuldigkeit gethan hat.

Zufrieden in dem Gedanken, daß die geputzten Herren und
Damen, die gleich unſerer Freundin am Sonntag-Nachmittag ihre
Eitelkeit ſpazieren führen, auch hier den Schein für Wahrheit
hinnehmen müſſen, kehrt ſie am Abend von der Promenade heim.
Sie weiß, daß ihre Erſcheinung bei dem weiblichen Theil der Bevölkerung im ganzen Block wieder Bewunderung und Neid erregt
hat, und ſie iſt auch nicht im mindeſten ungehalten darüber, daß
aus der Gruppe von Knaben und Mädchen, welche, wie gewöhnlich, gerade vor der Thür unſeres Hauſes herumtollen, wie ſie
die Treppe hinaufſteigt, eine helle Kinderſtimme ruft:

"Halloh, Dudene!"

Und mit dem ganzen Stolz, deſſen nur ein Mädchenherz beim
Anblick ihrer Modeſchätze fähig iſt, wird ein Stück des Sonntags-
ſtaates nach dem andern, ſäuberlich geglättet und gefaltet, in dem
Kaſten geborgen, und die rauhe Wirklichkeit macht wieder ihre
Rechte geltend — in recht aufdringlicher Weiſe.

Es iſt niemals ſtill in unſerem Hauſe, deſſen vieltheiliger
Bau ja einem Bienenſtocke vergleichlich, wo das geſchäftige, fleißige
Volk unaufhörlich ſummt und unermüdlich arbeitet. Aber am
Sonntag-Abend, wenn Alles daheim hockt und feiert und raſtet,
da herrſcht ein luſtig lautes Treiben von der Wirthsſtube im
Kellergeſchoß bis unter den Giebel. Wer nicht Freunde bei ſich

sieht, der vertreibt sich allein die Zeit in seiner Wohnung, Jeder
auf seine Art, doch bei allen Hausgenossen spielt der Bierkrug
eine bedeutende Rolle. Dem Wirth hat die Polizei schon am Abend
vorher angekündigt, daß der „Cäpt'n" ihn nicht zu schützen ver=
möge, wie sonst, wenn er am Sabbath sich beim Ausschank er=
tappen lasse, denn der Temperenzler Spione gingen umher wie
Wölfe in Schafskleidern. So blieb die Thür nach der Straße den
ganzen Tag fest geschlossen, und wer, angelockt durch den verdäch=
tigen Widerschein der innen hoch brennenden Gasflammen an den
dicht verhängten Fenstern, in das Lokal sich Einlaß verschaffen
wollte, ohne die Hausgelegenheit zu kennen, mußte unverrichteter
Sache wieder von dannen gehen. Nicht so die Kunden des Wirthes,
welche durch die nämliche Seitenthür über die hall, durch welche
auch der Krug unablässig Trepp' auf und ab wandert auf dem Gange
zum Quell und wieder zurück, ebenso ungehindert wie ungenirt
aus= und eingehen.

Wie gut doch verbotene Früchte schmecken! Am Stammtisch
trinken die Gäste ein Glas ums andere, nicht nur dem Sonntag
zu Ehren, sondern auch über den Durst, weil das Löcken wider
den Stachel des albernen Polizeiverbotes eine ganz eigene Befrie=
digung gewährt. So geht das fünfte „Viertelchen", welches durch
eine sinnreiche Flaschenzugeinrichtung vor kaum einer Stunde aus
dem Keller mühelos auf den Zapfblock gehoben ward, schon stark
auf die Neige, als ein Mann in Hemdsärmeln, dem Aussehen
nach ein Fabrikarbeiter, mit einem Blechkessel in der Hand, durch
jene Seitenthür und recht behäbig an die Bar tritt.

„Was soll's sein, Landsmann?" fragt der Wirth leutselig.

„Ein Pint in den Kessel, aber vorher will ich Eins packen,"
lautet die Antwort, und im nächsten Augenblicke steht auch das
schäumende Glas schon auf dem Tisch vor dem durstigen Gaste.
Dieser setzt es ruhig an die Lippen, thut einen mächtigen Zug,
stellt es bedächtig wieder an seinen Platz, wischt sich den Schaum
aus dem Schnurrbart und zieht anstatt kleiner Münze ein Detective=
Schild aus der Tasche.

"You 're my prisoner!"

„Pfui Teufel über den Spion!" So schallt es aus vielen
Männerkehlen vom Stammtisch her, doch der Wirth macht sich,
zitternd vor Aufregung, aber ohne ein Wort der Widerrede, fertig
für den unvermeidlichen Gang nach dem Stationshaus. Nach fünf
Minuten ist das Lokal von den Gästen geräumt, dunkel und fest=
verschlossen......

Ich glaube, es ist der Schuster von nebenan, der, von einem
Ausfluge heimkehrend, es sich in den schon etwas schweren Kopf
gesetzt hat, den letzten Schoppen bei seinem Freunde und Nachbarn
zu trinken. Doch so viel er auch rüttelt und stößt, die Thür geht
nicht auf, und tiefsinnig seufzt er:

„'s ist doch 'ne Affenschand', so'n trockner Sonntag in der
Stadt New York!"

Eine schwüle Nacht.

Die große Stadt stöhnt seit mehreren Tagen unter der Last, welche ein sogenannter "hot spell" in den Hunds= tagen den Menschen mitleidslos aufbürdet. Hatte an= fangs das Quecksilber im Thermometer beständig die Linie der Neunzig überschritten, so war nach dieser Zeit der klaren trockenen Glühhitze, deren Strahlen, wie sicher treffende Pfeile aus dem Köcher des Sonnengottes, Menschen und Thiere zu Boden strecken, daß sie kaum noch zu leben vermeinen, jenes schwere, eigen= thümlich gefärbte Gewölk heraufgezogen, welches zur unendlichen Qual von Jung und Alt unschlüssig darüber zu sein scheint, ob es zu einem, die drückende Atmosphäre gewaltsam reinigenden Ge= witter sich entwickeln oder in einen Landregen sich auflösen soll. Ganz New York ist buchstäblich in Schweiß gebadet, und weil das mörderische Wetter stündlich neue Opfer fordert, so rettet sich wer kann aus dem Bann der Stadt in die Sommerfrische der Berge oder an den Meeresstrand.

In unserem Hause denkt Niemand an eine solche Flucht: Zeit ist Geld, und unter den etlichen zwanzig Familien, die der Zufall als gute Nachbarn unter sein gastliches Dach gebracht hat, befindet sich auch nicht eine, die von dem Einen oder Andern so viel übrig hätte, daß sie den tollen Streichen des Wetterclerks anders als mit stiller Ergebenheit begegnen könnte. Dank der Macht der Gewohn= heit, die uns als etwas Selbstverständliches hinnehmen läßt, was reichen Leuten schier unerträglich erscheinen will!

Und so lange das Tageslicht in das bescheidenste Heim scheint, glaubt man nicht einmal gerechten Grund zur Klage über das Wetter zu haben. Ist doch die Hälfte der Einwohnerschaft ausge= flogen, damit das alte Bibelwort Recht behalte: Im Schweiße seines Angesichts soll der Mensch sein täglich Brod verdienen! und für die

Daheimgebliebenen fehlt es nicht an Ellenbogenraum. Wohl stimmen die Weiber ihr Klagelied an, wenn sie, nur mit dem Aller= nothwendigsten bekleidet, einander auf der Treppe begegnen oder auf der Nachbarin Einladung durch die offen stehende Thür eintreten zu einer harmlosen Plauderei; denn jegliche Hausarbeit ruht, bis am späten Nachmittag die Sorge um das Abendbrod für die von der Arbeit heimkehrenden Familiengenossen der Klatscherei ein Ende macht. Wie manche Frau denkt selbst vor dem knisternden Holz= feuer, welches im Ofen rasch entfacht ist, um für Mann und Kinder das einfache Mahl zu bereiten, im Stillen daran — ob sie's nach= her auch nicht Wort haben will — um wie viel leichter ihr Loos sei als das des Gatten, der halb gebrochen von der Müh' und Last des Tagewerks die Treppe hinaufschleicht. Freundlich besorgt um seine Bequemlichkeit, wischt sie mit der Schürze die perlenden Schweiß= tropfen von der Stirn des Müden, der sich mit sichtlicher Anstren= gung des Rockes entledigt und dann am gedeckten Tische Platz nimmt, wo die Kinder mit hungrigen Gesichtern schon lange auf ihn gewartet haben. Während des Essens fällt wol manch kräf= tiges Wort über das abscheuliche Wetter, allein es ist nicht halb so schlimm gemeint, wie es gesprochen wird: denn vor Krankheit und Tod hat das Schicksal den kleinen Kreis noch gnädig bewahrt......

Thür und Fenster sind weit geöffnet, um jeden Lufthauch aufzu= fangen, der sich möglicher Weise in die enge Straße verirren mag. Eitle Hoffnung! Von unten steigen blos Dünste empor, die dazu geeignet sind, die Atmosphäre in dem kleinen Zimmer nur noch dicker zu machen. Gerade der Hausthür gegenüber hält auf dem Pflaster der Einspänner eines Hausirers mit halb verfaulten Ba= nanen und Ananas. Um Kunden anzulocken, schmauchen an dem Wagen zwei große Petroleumlampen, während die heisere Stimme des Pedlars unermüdlich seine Waaren anpreist. Der Mann rührt sich nicht von der Stelle, obgleich von den Menschen, die im dichten Gewühl auf dem Bürgersteige zu athmen versuchen, Keiner ihn zu beachten scheint. Selbst die Kinder widmen ihre ganze Auf= merksamkeit der Musikbande, die mitten im Block mit wahrer Todesverachtung alle Stücke ihres wohlbekannten Repertoires zum

Besten gibt und das junge Volk, trotz der Schwüle des Abends, selbst zu einem improvisirten Tanz aufreizt, so oft der Rhythmus eines Walzers den Mädchen und Buben durch die Ohren in die Glieder fährt. Das ist eine Nacht, wie der Musikant sie sich wünscht: die Menschen denken mit einem geheimen Grauen an das Bett und campiren, so lange nur die matten Augen den Dienst nicht versagen, im Freien auf der Straße, wo bei der Kurzweil von Musik und Tanz auch der Bierkrug die Runde macht. Heute Nacht blüht der Weizen des Bierwirths und des Straßenmusikanten.

Dann und wann klingt durch den vielstimmigen Lärm, welchen das nächtliche Treiben auf der Straße verursacht, ein leiser Klage= ton, der aber von den Leuten gar nicht beachtet wird. Du lieber Gott, in den Hundstagen wird das Gewimmer von kleinen kranken Kindern zu einem Geräusch, an das sich alle Ohren in unserem Hause rasch gewöhnen! Wer von den Kleinen kräftig genug ist, um die Gefahren des ersten und zweiten Sommers zu bestehen, wird aus diesen Anfangskämpfen ums Dasein siegreich hervorgehen, und wer darin unterliegen muß — nun, das ist wol sehr traurig für die Ältern, aber es ist auch so der Lauf der Welt und nicht zu ändern.

Der jungen Frau dort oben im engen Stübchen gibt jeder Ton, der von der Straße zu ihr hinaufdringt, freilich einen Stich durchs wunde Herz. Sie hat ihren Schaukelstuhl hart ans Fenster gezogen, wo die Luft, wie sie meint, doch vielleicht ein klein wenig reiner ist, als in dem kleinen dunklen Schlafzimmer, wo neben ihrem Bett die leere Wiege steht. Seit dem Tage, da vom Westwind gejagt, die heiße Luftwoge an dem Häusermeer der Stadt brandete, ist das Baby kaum von der Mutter Schooß gekommen. Dort liegt es auch jetzt, nicht ruhend im süßen Schlaf, sondern ein Bild des Jammers, die weit geöffneten Augen so gläsern und starr, müh= sam athmend und die welken Ärmchen schlaff am Leibe hängen lassend.

Der Mutter Hand wird nicht müde, dem Kindlein Kühlung zuzufächeln und Alles zu thun, was die Erfahrung sie gelehrt hat, um ihren Liebling über die schlimme gefürchtete Sommerzeit

glücklich hinwegzubringen, —glücklicher als das letzte Mal! Ist es
doch nicht das erste Kind, bei dessen Pflege sie die ganze Macht
der Mutterliebe und auch die ganze Ohnmacht des Menschenherzens
kennen lernte. Dreimal hat sie geboren: zuerst den prächtigen
Jungen, in dem das stolze Mutterauge nicht blos des geliebten
Vaters Ebenbild, sondern auch schon der Mutter kräftige Stütze
in ihren alten Tagen erblickte, als sie den Säugling an die Brust
drückte. Zusehends gedieh der Knabe, bis er nach Jahr und Tag
entwöhnt werden mußte, und als sein herziges Mündchen die ersten
Laute verständlicher Sprache als Vorboten des dämmernden Lebens=
bewußtseins zu lallen versuchte, da ward er den Ältern entrissen,
da wandelte sich die große Freude der glücklichen Gatten in bitteres
Leid und Traurigkeit.

Das zweite Kind war ein Mädchen, rund und gesund, als es
zur Welt kam, und es ward wieder Sonnenschein im Hause. „Du
hast bei dem unvergeßlichen Söhnchen in Deinem Unverstande
vielleicht Manches versehen, was hätte geschehen müssen bei seiner
Wartung, Du warst ja selbst noch ein halbes Kind." So sucht
sich die Mutter durch eigene Anklage den Verlust des Erstgeborenen
zu erklären und verdoppelt die zärtliche Aufmerksamkeit, welche
dem Töchterchen in den Windeln gewidmet wird. Weiß die
Mutter doch jetzt, was auf dem Spiele steht. Und wieder kommt
es zum zweiten Sommer. und mit den ersten heißen Tagen stellt
auch der erste Zahn sich ein.

„Der hätte auch bis zum Herbst auf sich warten lassen können,"
meint sie, erfreut über das große Ereigniß und doch auch so
besorgt wegen der Ungunst der Jahreszeit, deren Gefahren sie nur
zu wohl kennt.

„Mach' Dir das Herz nicht schwer, Kind," tröstet der glückliche
Vater, der sein Ohr an Baby's Gesichtchen legen mußte, damit
der Ungläubige den ersten Zahn wenigstens hören solle, wenn die
Mutter eifrig mit dem Theelöffel daran klapperte; denn deutlich
sehen konnte man das weiße Spitzchen natürlich nicht, welches,
nur für das scharfe Auge der Mutter bemerkbar, gerade aus dem
geschwollenen Zahnfleisch hervorlugte.

Und er nimmt ihr das Kind aus den Armen, herzt es und küßt es und tanzt durch das Zimmer, bis Baby laut aufjauchzt vor Lust und mit den Ärmchen und Beinchen nach Leibeskräften strampelt.

„Lach' Du die alberne Mama aus!" ruft er aus voller Ueberzeugung, indem er das Kind der Gattin wieder hinreicht. „Siehst Du nicht aus wie das ewige Leben?" —

Am nächsten Morgen, ehe der Mann auf die Arbeit mußte, sprach er unterwegs beim Arzte vor. Sein Kind läge im Zahnfieber und scheine entsetzlich auszuhalten.

Hätte der alte Doctor seinen Kunden nicht als ehrlichen Arbeiter gekannt, der leider keine Seide spann zum Kleide eigenen Wohlstandes, so würde er gleich zum Aufbruch ins Land als der besten Arznei für das kranke Kind dringend gemahnt haben. Als erfahrener Mann, der mit Thatsachen rechnet und Unmögliches nicht anstrebt, machte er seinem Herzen nur in dem Ausrufe Luft:

„Daß auch die verwünschte Hitze gerade wieder dazwischen kommen muß!" Er sah wohl den Angstblick im Auge des Vaters, denn er legte ihm wohlwollend die Hand auf die Schulter, indem er sagte: „Lieber Kerl! in einer Viertelstunde bin ich in Ihrer Wohnung."

Wohl hielt er Wort, allein seine Kunst vermochte gegen die Ungunst der Verhältnisse nichts auszurichten, nachdem mit dem Fieber der Würgengel, welcher Kindercholera heißt, sich gegen das Leben des Kindes verschworen hatte. Schwächer und immer schwächer wurden die Klagelaute der kleinen Dulderin, bis sie endlich den letzten Athemzug that.

„Gott sei Dank, daß es vorüber ist!" Der alte weißköpfige Doctor, welcher in seiner langjährigen Praxis in unserer Ward bei so manchem Trauerspiele zugegen war, von welchem die Welt nichts erfährt, wischte sich unbemerkt eine Thräne aus dem Auge, denn er war nicht nur mit seinem Verstande, sondern auch mit einem warmen Herzen für das Wohl und Wehe der Menschen bei seinen Patienten....—

„Aller Dinge sind drei!" Das alte Wort verfolgt die junge Frau dort auf dem Wiegenstuhl am Fenster im Wachen und Träumen. Unverwandt ruht ihr Auge auf der kleinen Gestalt des dritten Kindes, dem sie das Leben geschenkt, und das wieder ihr einziges Kind ist. Ihr Mann hat von der Zuversicht und Hoffnungsfreudig- keit, die ihn beseelte und aufrecht erhielt, als die beiden ersten Kinder von der Krankheit ergriffen wurden, nicht einen leise glim- menden Funken sich zu bewahren vermocht, denn schlimme Erfah- rungen machen mißtrauisch. Und weil er das Schlimmste befürchtet, weicht er keinen freien Augenblick, welchen die Pflicht des tägli- chen Broderwerbes ihm läßt, von der Seite der Gattin. Mit ihr theilt er sich in die Wartung und Pflege, und wenn im Hause sonst Alles schläft, halten die Ältern besorgt die Wacht am Kranken- bettchen.

Heute aber ist die Nacht so schwül und drückend, daß auch von den anderen Bewohnern des Hauses die dunklen Schlafstellen, in welchen die Hitze der letzten Tage sich förmlich festgesetzt zu haben scheint, ängstlich gemieden werden. Nur auf der Straße ist der wüste Lärm verstummt, doch aus der Bierwirthschaft im Base- ment dringt noch lange das Geklapper von Gläsern, vermischt mit dem Geräusch einer lebhaft geführten Unterhaltung, nach oben. Das im Schooß der Mutter halb bewußtlos daliegende Kind zuckt zuweilen krampfhaft zusammen, wenn das gewohnte Getöse ein fremder Laut übertönt, und dann treffen die Blicke der Ältern sich so verzweiflungsvoll und traurig, als wollten sie sagen: Wie stumpf und gleichgiltig ist die Welt gegen die Leiden und Schmerzen des Einzelnen!

Wäre es nur erst wieder Morgen, daß die Mutter ihrem Herzblatt die Wohlthat einer kühlen Seebrise zu Theil werden lassen könnte! Sie selber kennt ja keine Müdigkeit, und ihre treuen Augen verlangen nicht nach Schlaf, wenn nur das Kind schlummern will in sanfter Ruh. Jede Stunde gesunden Schlafs gibt ihm neue Kraft und stärkt die Widerstandsfähigkeit des kleinen kran- ken Körpers. Von diesem Gedanken beseelt, hat sie von dem ersten Augenblicke an, da der gefürchtete Würgengel wieder an

ihre Thür klopfte, gehandelt. Noch ehe ihr Mann von der Reveille
der Fabrikpfeifen an die Arbeit gerufen wird, hat sie in aller
Herrgottsfrühe mit dem kleinen Patienten das Haus verlassen und
den ersten Tag auf der Spitze des nächsten Docks verbracht, wo
vom Sunde her oder aus der Bai immer ein kühler Wind weht,
wenn in dem engen Straßengewirr kein Lüftchen sich regt.

Der zweite Krankheitstag traf Mutter und Kind auf einem
der Fährböte, welche von Ufer zu Ufer einen möglichst langen Curs
zurückzulegen haben. Die Bootsmannschaft hat den strengsten Be=
fehl, solche „blinde" Passagiere unter keinen Umständen an Bord
zu dulden, vielmehr darauf zu achten, daß sie das Schiff verlassen,
sobald es an der Brücke festgemacht ist. Hat der Matrose viel=
leicht selbst ein krankes Kind zu Haus? Oder hat der flehentliche
Blick, welchen die junge Frau ihm zuwarf, als er mit dem Mahn=
worte: ''All a-shore'' an ihr vorüberging in der Krjüte, sein Auge
blind gemacht? Er läßt sie gewähren und empfängt am Abend,
als die junge Frau endlich durch die Sorge um das Essen für
ihren Mann zum Aufbruch getrieben wird, einen so dankbaren
Blick aus ihren thränenfeuchten Augen, daß er im innersten Her=
zen fühlt, er habe zwar eine Vorschrift des Dienstes verletzt, jedoch
ein Werk der Barmherzigkeit geübt, das bei der großen Abrech=
nung jene kleine Sünde wohl auswischen wird.....

Es wetterleuchtet schon seit mehreren Stunden in allen Him=
melsrichtungen, denn der Dunstkreis, der mit bleierner Schwere
die ganze Stadt einhüllt, ist wie eine gewaltige Batterie geladen
mit Elektricität, die des Wetterstrahls harrt, um entladen zu werden.
Hin und wieder zuckt schon ein Flächenblitz über den Nachthimmel
und erhellt mit seinem falben Schein das Stübchen und durch die
geöffnete Thür nach dem Hausflur auch die Treppe.

Steht dort nicht an dem Geländer innig umschlungen ein jun=
ges Paar? Bei dem nächsten Blitz wird für die beiden Beobachter,
welche mit dem Gesicht gerade der Thür gegenüber sitzen, so daß
sie beim Widerschein des Phänomens sehen müssen, was auf dem
Hausflur geschieht, die Vermuthung zur Gewißheit. Es ist eines
der vielen Liebespaare, welche, begünstigt vom Zufall und durch

die Macht einer täglichen Begegnung, in unserem Hause sich finden und sich wieder trennen, nachdem der erste Rausch vorüber ist. Man läßt seinen Gefühlen freien Lauf in einem Hause, wo so viele Menschen dicht nebeneinander wohnen, und zeigt seine Neigungen ebenso ungenirt und öffentlich vor den Leuten, wie Haß und Feindschaft. Da ist denn das Treppengeländer im Flur zur Nachtzeit ein gar bequemer Platz für ein zärtliches Stelldichein.

Das Mädchen hängt am Halse des Jünglings, als wäre ein heißer Kuß der Endzweck alles Lebens. Das haben auch die beiden Menschenkinder einst gedacht, die, ohne es zu wollen, beim geisterhaften Licht der Blitze Augenzeugen dieses Ausbruchs jugendlicher Leidenschaft geworden sind. Ihre Liebe ward geheiligt durch das feierliche Gelöbniß, sie wollten einander angehören in Freud und Leid und in guten und in bösen Tagen treu und ehrlich zu einander halten als Mann und Weib. Und weil sie gute Menschen waren, so gestaltete sich ihr eheliches Leben in Wahrheit zu einem Himmel auf Erden. Und hätten sie einander nicht gar so lieb, wie würden sie das fürchterliche Unglück tragen können, das sie so bald heimsuchen sollte, wie zum Beweise, daß die Menschen nicht geboren sind für einen ewigen Liebesfrühling!

Da folgt auf einen Blitzstrahl, dessen bläuliches Licht das dumpfe Stübchen und den Hausflur dahinter phantastisch erhellt, fast im selben Moment der erste Donnerschlag. Wie wenn eine Stahlbombe dicht über dem Dach unseres Hauses, Verderben und Tod sprühend, geplatzt wäre, gibt es einen schrillen Krach. Mit einem lauten Schrei fährt das Liebespaar an der Treppe auseinander.

„Es hat eingeschlagen!" kreischt das Mädchen, und dann läuft das halbe Haus, vom panischen Schreck ergriffen, auf der Treppe zusammen, wo im wirren Durcheinander Weiber und Kinder zu der Begleitung des Gewitters, welches mit einem gewaltigen Platzregen jetzt im vollen Gange ist, lamentiren und auf den Ruf einiger besonnenen Männer, daß nur ein falscher Feuerlärm die Leute alarmirt habe, in ihrer Angst kaum zu hören scheinen.

„John, John! Unser Kind stirbt!" Der Klageruf des
geängsteten Mutterherzens erstirbt beinah auf den Lippen, die
gleich das entstellte Gesichtchen des kleinen Dulders mit Küssen
bedecken, als könnten die Zeichen der Liebe das schwindende Leben
zurückhalten. Ob durch das heftige Gewitter erschreckt oder durch
den nächtlichen Lärm im Hause: das Kind liegt in Krämpfen auf
dem Schooß der Mutter, der selber die Sinne schwinden vor Ent-
setzen über den kläglichen Anblick.

„Hülfe! Um Gottes Willen Hülfe!" ruft der Mann, indem
er außer sich an der Thür des Nachbars rüttelt, welche sofort
von einer älteren Frau geöffnet wird. Sie ist noch in den Kleidern, denn sie war vor wenigen Minuten unter den Leuten,
die das hysterische Mädchen in so alberner Weise erschreckt hatte.
Mit raschem Blick sieht sie, was hier zuerst Noth thut, und energisch greift sie zu.

Dem kranken Kinde kann Niemand helfen, als sein guter Engel,
der über seinem Schicksal wacht. Die verständige Frau, welche mit
einem gewissen Stolze versichert, auf die Behandlung von Kin-
derkrämpfen verstehe sie sich, denn sie habe selbst 'mal einen
Jungen daran verloren, legt das Baby flach auf das Bett, nachdem sie rasch sein Nachtkleidchen lose genestelt, und widmet sich
dann ganz der ohnmächtigen Mutter.

Der Mann hatte zum Arzt laufen wollen, allein sie hielt ihn
zurück mit den Worten, daß ihr Gatte ihm den Gang gern ab-
nehmen würde. Dieser ist denn auch wirklich gegangen, wenn auch
ein wenig brummend über die Freiheit, mit der sein braves Weib
über seine Nachtruhe verfügt, und als er nach Verlauf einer halben
Stunde mit dem alten Doctor zurückkommt, ist die junge Frau
längst wieder bei Bewußtsein.

„Wer heißt Sie denn solche Dummheiten aufführen, Frauchen,
in einer Höllennacht, wie diese?" Der Arzt läßt freundlich die
Hand los, deren Puls er gefühlt, und tritt dann an das Bett.
Auch hier ist er zufrieden mit Dem, was er sieht. Der Anfall ist
vorüber und das Kind, ermattet, in einen tiefen natürlichen Schlaf
gesunken, welcher seine Augen so lange geflohen.

Die Mutter wagt nicht zu sprechen, aber ihr Mann, an dessen Schulter ihr Haupt ruht, fragt gepreßten Herzens den alten bewährten Hausfreund nach dem Zustand des Kindes.

„Gerettet! für diesmal ist die Gefahr beseitigt, Leute!" sagt er bestimmt. „Das Donnerwetter hat die Luft gereinigt, und ich hoffe das Beste. Aber Sie müssen mir morgen in der Frühe auf das schwimmende Hospital. Die Seeluft thut dem Kinde wohl und auch Ihnen."

Die überglücklichen Ältern setzen volles Vertrauen in die Worte des Arztes, der sich nun rasch verabschiedet, aber sie suchen in dieser Nacht ihr Lager nicht auf. Hand in Hand bleiben sie am Bettchen ihres Lieblings sitzen, als könnten sie sich nicht satt sehen an dem Bilde des Friedens, der sich jetzt selbst in den von den deutlichen Spuren der Krankheit entstellten Zügen des Antlitzes widerspiegelt. Regelmäßig hebt und senkt sich die kleine Brust — das beste Zeichen für einen tiefen und gesunden Schlaf. Und wie das Kind am Morgen nach dieser schwülen Nacht die Äuglein aufschlägt, da schaut es so klar und beseligend lächelnd das Mütterlein an, das sich zu ihm herniederbeugt und einen langen, inbrünstigen Kuß auf diese schönen, lieben Äuglein drückt.

Und lachend und weinend zugleich wendet sich das junge Weib an den Gatten und sagt: „John, lieber John! Nun hab' ich wieder guten Muth!"

Vornehme Leut'.

Als Mr. Moritz W. Tigertooth, deſſen ſich ältere Einwohner der Ward vielleicht noch erinnern werden als des viel-ſeitigſten aller Agenten für Lebens-, Feuer-, Fenſter-glas- und Unfallverſicherung, des unermüdlichen flie-genden Lotterie-Collecteurs und allgemeinen Geſchäftsvermittlers, öffentlichen Notars und alleinigen Vertreters für ein untrügliches Mittel gegen die Epilepſie —: als dieſer Mann, der ſeinen Ehrgeiz darin zu ſetzen ſchien, Jedermanns Factotum zu ſein, eines Tages zu ſeinen Vätern verſammelt ward, beweinte den unerſetzlichen Verluſt des liebevollen Gatten ebenſo bitter wie aufrichtig die trauernde Gattin Eſther mit ihren unmündigen Kindern Millie, Cillie, Wallie und Mallie.

Zwei Tage nach der Kataſtrophe wurden außer den um ſtille Theilnahme gebetenen Verwandten und Bekannten die Mitglieder und Brüder von nicht weniger als ſieben Vereinen und Logen, in welchen der viel zu früh Verblichene all' die unſchätzbaren Tugenden werkthätiger Nächſtenliebe und Humanität mit ſeltener Ausdauer geübt hatte, zum Leichenbegängniß vom Trauerhauſe aus eingeladen.   Und weil zu der tiefernſten Feierlichkeit Alle, die erwartet werden konnten, pünktlich ſich eingeſtellt hatten, auch im Uebrigen die Arrangements nichts zu wünſchen übrig ließen, ſo wurde am nächſten Morgen allen Betheiligten der pflichtſchuldige Dank öffentlich ausgedrückt, den betreffenden Vereinen und Logen inſonderheit dafür, daß die Auszahlung der Gelder ſo prompt und ohne Knauſerei von ſtatten gegangen ſei, weshalb die Hinterblie-benen des Mr. Moritz W. Tigertooth kein Bedenken trugen, beſagte ſieben Vereine und Logen auch andern Familienvätern, die ihren Lieben gegenüber ihre Pflicht thun wollen, angelegentlichſt und hoch-achtungsvoll zu empfehlen.

Dann wuchs ein Jahr lang das Gras auf dem Hügel, unter
welchem die Gebeine dieses musterhaften Menschen, Gatten und
Vaters ruhen; als aber der Todestag sich jährte, wurde dem nicht
Vergessenen ein poetischer Nachruf gewidmet, so zart und tief empfunden, daß noch lange nachher, auch in weiteren Kreisen, die
Leute davon redeten. Unaufhaltsam jedoch rollt der Zeitball weiter,
und das Leben stellt täglich neue Anforderungen an die Menschen,
die nicht stille stehen dürfen bei einer traurigen Erinnerung und
nur zurückblicken in die Vergangenheit.

Daß Frau Esther nicht auf den Kopf gefallen sei, mußte der
guten Wittwe selbst der Neid lassen; allein die vielseitigen Geschäfte ihres verstorbenen Gatten mit ungeschwächten Kräften
unter Zusicherung reeller Bedienung fortzusetzen, erlaubten ihr doch
die Verhältnisse nicht. Deshalb verschwanden die Schilder und
Schildchen, auf denen der verstorbene Mr. Tigertooth sich bei der
Nachbarschaft in geschäftlicher Erinnerung zu halten gewußt hatte,
von der Mauer neben der Hausthür, und das war das Ende
einer Thätigkeit, welche bei einem weniger jähen Abbruch durch
die Hand eines traurigen Verhängnisses sicherlich dermaleinst zur
Begründung der „Ersten und Einzigen Wechsel- und Passage-
Agentur" in unserer Ward geführt haben würde.

Anstatt der Erfüllung dieses höchsten Lebenstraumes, welchen
sie sich mit dem Wahrzeichen eines riesigen Dampfschiffes auf dem
Geschäftsschilde und mit vielen großen und kleinen Häufchen von
allerlei Goldstücken, Silbermünzen und Papiergeld im Ladenfenster
so oft ausgemalt hatte, mußte die gute Frau nun selber ein Geschäft etabliren. Und Gottes Segen war sichtlich bei Allem, was
sie unternahm, erst allein und dann, als Millie, Cillie, Wallie
und Mallie, wer weiß wie schnell zu blühenden, züchtigen Jung-
frauen herangewachsen waren, unterstützt von den vier Mädchen,
daß es eine Freude war, zu sehen, wie gut die fünf Frauen in
der Welt fortkamen. Daß es in der Nachbarschaft auch an Nei-
dern und Lästerzungen nicht fehlte, welche an Mutter und Töchtern
dies und das auszusetzen hatten, war nur natürlich. Die Eine
nannte die ganze Gesellschaft hochnasig und patzig, die Andere

konnte den alten Drachen nicht ausstehen, einer Dritten gefielen die
jungen "flirts" nicht, und Alle fanden es ganz begreiflich, daß
von den vier Mädchen noch keine geheirathet habe, obwol auch
die jüngste wahrhaftig kein "spring-chicken" mehr genannt
werden könne.

Dennoch zählten sämmtliche alte und junge, hübsche und häß=
liche Weiber in der ganzen Ward zu der ständigen Kundschaft im
Laden der Wittwe. Und auch Das hatte seinen Grund, denn man
konnte auf mehrere Blocks in der Runde nicht so billig einkaufen,
wie bei Mrs. Esther Tigertooth. Bei der Einrichtung ihres fancy=
Store's hatte sie aber auch eine Genialität entwickelt, die mit sel=
tener Berechnung die kleinen Wünsche und Bedürfnisse des weib=
lichen Theiles der Nachbarschaft errieth und so billig wie möglich
zu befriedigen wußte. Wer Nadel und Garn, eine Yard Unter=
futter, Leinwand oder Shirting benöthigte, brauchte deshalb ebenso=
wenig seine Zeit in den großen Handlungen in Grand Street
vertrödeln und obendrein Gefahr laufen, betrogen zu werden, wie
Jemand, der seinem Schatz mit einer bunten Bandschleife am
Busen oder mit einer zierlichen Rüsche am Kleide in die Augen
stechen wollte. Man fand in der That alle Requisiten der weib=
lichen Toilette, so weit sie in die Abtheilungen der dry-goods und
fancy-goods fallen, in Esther's Laden, sowie eine stets freundliche
Behandlung und bei genauerer Bekanntschaft sogar Credit, wenn
der Rest des kargen Hausstandsgeldes — mit welchem die Männer
ja immer geizen — zur Anschaffung eines mehr oder minder noth=
wendigen Stückes aus den Vorräthen der Wittwe einmal nicht
reichen sollte.

Außerdem waren im Laden beständig mehrere Nähmaschinen in
Bewegung, denn wenn es keine Kunden zu bedienen gab, arbeiteten
die Töchter unermüdlich an Bestellungen für ein großes Weiß=
waarengeschäft, welches unermeßliche Mengen feiner Damenwäsche=
artikel schon seit Jahren von Frau Esther Tigertooth anfertigen ließ.
Oftmals mußte die Wittwe zur Ausführung einer großen Ordre so=
gar alle weiblichen „Hände“, deren sie nur habhaft werden konnte

im Block, für Geld und gute Worte engagiren; und die nähkundigen Frauen und Mädchen „schaffen" gern für die Wittwe, wenn sie die= selbe auch nicht „gleichen".

Die Zeichen des Wohlstandes und geschäftlichen Erfolges erregen in der Umgebung, wohin sie ihre Schatten schlagen, ja oftmals Ärgerniß. „Die alte Here ist gierig aufs Geld, wie der Teufel auf die arme Seele," kritisirten die Einen mit schlecht verborgenem Ingrimm. „Die Mädels donnern sich auf wie Modepuppen und kriegen doch keinen Mann," sagten die Andern vor heimlichem Ver= gnügen und barsten vor Mißgunst über den Staat, welchen die Mäd= chen an Feiertagen sich gestatten dürfen.

"They are always putting on airs!" lautete das allgemeine Urtheil in der Ward. Und es sind wirklich vornehme Leut' in ihrer Art. Aber aus welchem Grunde sollten sie eigentlich n i c h t zeigen, daß sie besser situirt sind, als die meisten Familien, mit welchen sie in Berührung kommen? Beruht ihr Wohlstand doch auf ganz so= lider Basis, und haben sie, was sie besitzen, doch nur dem eigenen Fleiß und einem wahrhaft angeborenen Geschäftstalent und Thätig= keitssinn zu danken! „Da braucht man sich doch wahrhaftigen Gotts nicht zu verkriechen vor den Leuten!" Das ist Esther's Ansicht vom Leben, und ebenso denken und handeln Millie, Cillie, Wallie und Mallie.

Wenn Jemand in unserem Hause, so cultivirt diese ewig weib= liche Familie den feinen Ton und nimmt direct oder indirect an Allem, was die große Welt bewegt, den lebhaftesten Antheil. Hört man die jungen Mädchen reden, so könnte man meinen, sie bewegten sich täglich in den fashinabelsten Gesellschaftskreisen der Stadt. Sie führen beständig die Namen der die Mode leitenden Schöngeister im Munde und lieben selbst ihrer Kundschaft gegenüber davon zu spre= chen, in welchen Häusern der echten oder falschen Aristokratie gestern große Gesellschaft war, und wer Alles dabei war, und in welchen Roben die Damen ihre Triumphe feierten. Kurz, sie studiren die "society-column" im "Evening-Telegram" mit der Gewissenhaftig= keit von Schülern, die Lehrern und Eltern durch ihren Fleiß eine Freude bereiten wollen. Bei den näheren Bekannten, welche durch

die Reden der Mädchen in die Geheimnisse der Gesellschaft einge=
weiht werden, sie mögen wollen oder nicht, findet dieses Interesse
allerdings ebensowenig Anerkennung, wie die Aufmerksamkeit, mit
welcher Theater, Musik und Kunst von Mutter und Töchtern be=
dacht werden.

Da kommt eine einfache Handwerkersfrau, die das Haus
voll Kinder und auch sonst im Leben ihre liebe Noth hat, so daß
sie, selbst wenn das Geld dazu langte, ihren Sinn nicht an Thea=
ter und Concertsaal hängen könnte, in den Laden, um ein paar
Knöpfe zu ersetzen, die bei der Wäsche von den Hemden verloren
gegangen sind. Während das sie bedienende Mädchen in Kästchen
und Schubfächern herumsucht, sagt eine der Schwestern, welche die
Frau wohl kennt:

„Sie sind gestern Abend auch wol gewesen bei der Patti?"

Die gute Frau hat den Namen der großen Sängerin noch
niemals gehört und verneint einfach die Frage, die sie nicht ein=
mal versteht.

„Sie kennen die Patti nicht?" ruft das Quintett von Mutter
und Töchtern vor maßlosem Erstaunen. „Wie kann man in
New York wohnen und die größte Künstlerin der Welt nicht gehört
haben in ihrer besten Partie!"

„Haben Sie auch nicht gelesen, was das ‚Papier‘ heute Morgen
sagt von der göttlichen Leistung?" In Frau Esther's Worten liegt
ein gewisser mitleidiger Ton, dem man es freilich nicht anmerkt,
daß auch die gebildete Wittwe mit ihren Töchtern ihre Kenntniß
von der Opernvorstellung nur der Zeitungslectüre verdankt. Den=
noch muß die ganze Nachbarschaft es sich erzählen lassen, daß die
vornehmen Leute durch ihre Gegenwart bei der denkwürdigen Auf=
führung der Kunst ein schuldiges Opfer dargebracht haben.

„Gott, was ist das bischen Leben auch werth ohne Kunst und
ohne Bildung!"

Und die anderen Leute in unserem Hause, die für ihre Lebens=
gewohnheiten und Liebhabereien einen weniger hohen Flug neh=
men, und die auch nicht vor der Nachbarschaft darüber zu reden
pflegen, wo und wie sie ihr Vergnügen suchen, wundern sich

vielleicht über die vornehmen Leute oder beneiden sie gar, aber für ihre Auffassung von Dem, was das Dasein verschönt und angenehm macht, fehlt ihnen doch jegliches Verständniß.

Darüber täuscht sich am allerwenigsten die Wittwe Esther Tigertooth selber. Sie fühlt, daß sie mit ihren Töchtern in den Dunstkreis des bescheidenen Blocks nicht recht hineinpaßt und hat oft darüber nachgedacht, wie es sich einrichten lasse, weiter oben in der Stadt ein genteeles Logis zu beziehen und daneben das Ladengeschäft in unserer Ward doch beizubehalten. Das will die kluge Frau nämlich weder aufgeben, noch auch in andere Hände übergehen lassen, denn es wirft ansehnlichen Profit ab und gewinnt von Jahr zu Jahr an Bedeutung und Ausdehnung, besonders die „Fabrikabtheilung", wie sie gern die Nähanstalt nennt, aus welcher eine Unmasse Damenunterkleider für eines der größten Magazine in der Stadt hervorgehen. Durch eine Veränderung im Betriebe könnte aber das Fundament des Geschäftes leiden, und deshalb bleibt bis auf Weiteres Alles beim Alten. Sieht man doch schon in nicht allzu weiter Ferne die Möglichkeit, sich ganz zur Ruhe zu setzen, und inzwischen gönnen die Frauen sich so manche Annehmlichkeit und Erleichterung, an welche Unsereiner nicht einmal denken kann. Aber wir bekommen es bei jeder Gelegenheit zu hören, was man für sein gutes Geld in der Welt haben kann.

Alle Leute in unserer Straße wissen es längst, daß Mrs. Tigertooth, die bei ihrer Anlage zur Fettsucht, namentlich in der heißen Zeit, an Athmungsbeklemmungen leidet, den Sommer auf dem Lande verbringt. Ihre Töchter leisten abwechselnd der Mutter Gesellschaft, so daß das Geschäft in der Stadt seinen ruhigen Gang nimmt. Wenn Millie und Mallie die Veranda eines ländlichen Boardinghauses, welchem Mutter Esther ihre Protection angedeihen läßt, durch ihre Gegenwart verschönen, passen Cillie und Wallie daheim auf den Laden, bis sie in der Mitte der Saison von den heimkehrenden Schwestern abgelöst werden. So ist es schon seit Jahren gewesen, und es gibt in der ganzen Nachbarschaft kaum eine Menschenseele, die über den Sommeraufenthalt dieser die Mode mitmachenden Familie nicht schon lange vor dem großen Augen-

blick der Abreise, die unter dem Zusammenlauf eines Haufens
bewundernder Kinder in einer Miethkutsche geräuschvoll von statten
geht, geflissentlich in Kenntniß gesetzt worden wäre.

"Mrs. Tigertooth and the Misses Tigertooth are going to
spend the Summer at.........." Frl. Millie, die federgewandte,
hätte eine Woche ihrer Ferien darum gegeben, wenn das Gesell=
schaftsorakel des Blattes, aus welchem die Familie ihre fashionable
Weisheit schöpft, eine kurze Notiz dieses Inhalts der Welt kund
und zu wissen gethan hätte. Als das wiederholte Gesuch um
Abdruck einer so interessanten Neuigkeit merkwürdiger Weise an
betreffender Stelle aber nicht berücksichtigt wurde, ließ man dem
Publikum auf anderem Wege von seinen Absichten für den Som=
mer Mittheilung werden.

An das Wetter läßt sich mit den Kunden im Laden ja so
leicht ein höfliches Gespräch knüpfen.

„Gott, was Sie schwitzen, liebe Madame!" Frau Esther, die
in der offenen Ladenthür, wo selbst am heißesten Tage ein wenig
Durchzug ist, mit einem gewaltigen Palmblattfächer es sich recht
bequem gemacht hat, begrüßt mit diesem bedauernden Ausruf eine
Nachbarin. „Sie scheinen die Hitze auch nicht vertragen zu können,
gerade wie ich."

„Gehen Sie n i c h t in die Country?" fragt Cillie erstaunt;
und dann bekommt die Frau eine lange Geschichte von den Rei=
zen und Annehmlichkeiten des Landlebens in den Kauf, daß sie
vor Neid beinah vergehen möchte.

Mutter und Töchter wissen über sämmtliche fashionablen
"watering-places" auf hundert Meilen in der Runde die genaueste
Auskunft zu ertheilen. Sie sind in Long Branch gewesen, dazumal,
als der Präsident Grant auch eine Cottage daselbst hatte. Nachher
ist Long Branch aus der Mode gekommen, und wie lange wird es
noch dauern, so denkt auch Niemand mehr an Coney Island. In
Manhattan Beach war es überhaupt niemals zum Aushalten, und
wer sich gerade für Gilmore's „Band" und für das Feuerwerk
interessirt, der kann doch auch den Leuten in Sheepshead Bay sein
Geld zu verdienen geben, anstatt von dem Wirth in Manhattan

sich das Fell über die Ohren ziehen zu lassen. Man hört des Nachmittags die Musik an, so viel man will — kostet nichts — und geht am Abend über die Brücke nach Hause: das Feuerwerk macht sich ebenso schön aus der Entfernung und kostet wieder nichts. Rockaway und die anderen Plätze auf Long Island kommen nicht in Betracht für feine Leute: zu viel Gedränge und zu viel Lärm! Ueberhaupt wird Einem die See und die sandige Beach am Ende doch langweilig und überdrüssig.

In Saratoga ist es viel schöner und viel feiner. Da sind sie auch schon gewesen, die vornehmen Leute, d. h. nicht in den gewaltig großen Hotels von Saratoga, wo die Ladies sich den lieben langen Tag blos anziehen und ausziehen, um den Leuten zu zeigen, wie viele Kleider sie im Koffer haben — wo bleibt da die Gemüthlichkeit? — sondern in der Nähe von Saratoga in einem ausgezeichneten Boarding-House, wo lauter gemüthliche Menschen einkehren. Es ist auch ein feiner Platz, aber nicht übermäßig fein und ganz in der Nähe der großen Hotels, so daß sie wissen, sie sind in Saratoga und sind doch nicht in Saratoga.

Frau Esther weiß es mit ihren weltkundigen Mädchen überhaupt immer so einzurichten, daß sie die Ferienzeit in einer Gegend verbringt, welche noch gerade in der Schattenlinie des Tempels liegt, wo die Kinder der Welt der Göttin Mode ihre Opfer darbringen. Von dem allmächtigen Magnet der Eitelkeit, welcher den Hochaltar in jenem Tempel bildet, werden sie mit magischer Gewalt in den Schwarm der fanatischen Pilger nach dem Mekka der Mode hineingezogen und sind glücklich und stolz in dem Bewußtsein, daß sie in der bunten Procession gesehen, vielleicht bewundert und gewiß von Vielen beneidet werden. Man könnte sie weibliche Derwische nennen, die vom Taumel der Modenarrheit ergriffen, willenlos, phantastisch und recht aufdringlich zugleich, vor den Augen der Welt ihre grotesken Sprünge machen.

Und das Ausflugsziel ändert sich mit jedem Sommer, wie die Laune eines eigensinnigen Weibes. Jetzt sind es die Berge, zu denen Mutter und Töchter sich hingezogen fühlen. Wer das Vergnügen ihrer Bekanntschaft genießt, hat die Namen sämmtlicher

fashionablen "mountain-houses" unzählige Male von ihnen nennen und preisen hören. Und in der allernächsten Nähe eines dieser Heiligthümer auf Bergeshöhen steht ein reizendes Kosthaus. Von seinen Fenstern sieht man die ragenden Thürme und Hallen dieses Hotels, man athmet hier dieselbe würzige Luft, wie die Gesellschaft dort oben, die nämliche Quelle tränkt — wie romantisch! — die nämlichen Kühe, an deren Milch die Gäste im Hotel und im Kosthause sich laben, und sie können mit derselben Berechtigung, wie die Aristokratie, welche ihr Geld zum Fenster des Hotels hinauswirft, aller Welt gegenüber sich rühmen, die Mode mitzumachen, wie es vornehmen Leuten geziemt.

„Glauben Sie mir," sagt Mrs. Tigertooth, indem sie sich auf der Veranda des Kosthauses in den Bergen mit dem unvermeidlichen Palmblatte Luft zufächelt, „'s ist auch dort oben nicht Alles Gold, was glänzt! Was mein Cousin ist, der Jewelry Broker am Broadway — ein netter Mann! — könnte eine Geschichte davon erzählen, wenn er die Geheimnisse von Leuten ausplaudern wollte, die ihre Diamanten versetzen, um ein paar lumpige Wochen in dem Hotel dort Aufwand zu machen, als hätten sie über Millionen zu verfügen! Das könnte mir einfallen! Ich schneid' mich nicht in den Finger, sondern streck' mich hübsch nach der Decke und weiß, wie weit ich gehen darf, um mir und den Mädchen für die Arbeit eines langen Jahres ein kleines Vergnügen zu bereiten. Gott, das Leben ist ja kurz genug, und wer weiß, wie lange wir's noch mitmachen: aber erst das Geschäft und dann das Vergnügen!"

Alte Bekannte.

Cäpt'n Meinswegen.

1. Wie man Wirth und berühmt wird.

Es war einmal ein Kupferschmied.

Das ist keine Theater-Reminiscenz, sondern ich meine einen echten, richtigen, leibhaftigen Kupferschmied, der seines Gleichen gesucht hätte an Fleiß und Tüchtigkeit. Und dennoch war auf ihn das Sprichwort nicht anzuwenden gewesen vom goldenen Boden des Handwerks. Der Kessel seiner zunftgemäßen Betriebsamkeit verlor diesen Boden leider bei jenem denkwürdigen Strike, welcher bekanntlich vor vielen Jahren eines Tages mehrere hundert Kupferschmiede in die Nothwendigkeit versetzte, für eine lange Reihe von Wochen „blau" zu machen und aus der Werkstatt sich in die Wirthschaft zu vertagen. Dort waren nämlich die Herren vom Comité, welches den Ausstand leitete, vom frühen Morgen bis in die tiefe Nacht hinein in Berathung, und Charley war immer einer der Ersten und Letzten am Platze.

„Meinswegen," hatte er, den Hammer in die Ecke der Werkstatt schleudernd, gesagt, als die Arbeitsgenossen ihm die Nothwendigkeit eines Ausstandes haarklein erklärt hatten, und mit demselben Ausrufe der Zustimmung hatte er dann auch die Ernennung zum Mitgliede des Strike-Comité's angenommen. „Meinswegen" war überhaupt sein Lieblingsausdruck, der bei jeder passenden oder unpassenden Gelegenheit ihm so von ungefähr über die Zunge kam, und deshalb — damit Ihr es nur gleich erfahrt — hatte er den Spitznamen „Charley Meinswegen" bekommen.

Um die Wahrheit zu sagen, war es aber nicht das Interesse an dem Strike allein, welches ihn, wie der Magnet das Eisen, mit

so unwiderstehlicher Gewalt nach der Bierbank zog, daß er kaum
noch zur Schlafenszeit sich gewaltsam wieder losmachen konnte aus
dem „Comité=Zimmer", sondern er fand überhaupt bald Gefallen
an der Geselligkeit des Wirthshauslebens. Jeder rechtschaffene
Kupferschmied hat ja auch einen rechtschaffenen Durst und weiß
einen guten Tropfen zu schätzen. Da aber der Ausstand ganz
wider alles Erwarten und gegen jede Berechnung sich in die Länge
zog, dämmerte im findigen Kopfe Charley's allmälig der Gedanke
auf, aus dem ungleichen Kampfe der Arbeit gegen das Capital
sich ganz zurückzuziehen und sein Heil selber als Wirth zu ver=
suchen.

Warum auch nicht? Zur ersten Einrichtung eines hübschen
kleinen Lokals waren die Mittel vorhanden, und was die sonstigen
Erfordernisse eines guten Wirthes betrifft, so meinte Charley mit
Recht, er könne es mit allen Concurrenten in der Ward auf=
nehmen. Oder stand er nicht seinen Mann an der Bar, im
Trinken sowohl, wie in der schwereren Kunstfertigkeit, nüchtern zu
bleiben und einen klaren Kopf zu behalten? Er war ein guter
Gesellschafter, stak voll von guten und schlechten Anekdoten und
Geschichten, kannte jedes Kartenspiel, wußte den Würfelbecher nicht
minder zu handhaben, hatte einen großen Kreis von Freunden
und Bekannten und fühlte sich stark wie ein kleiner Hercules.
Wer die gedrungene Gestalt des Mannes und die mächtige Mus=
culatur seines Armes sah, mußte Respect bekommen und sich
sagen, daß mit Dem schlecht Kirschen essen sei. Und in Respect
muß sich ein Wirth zu setzen wissen, zumal in New York, wo
Einem mitunter gar ungebetene Gäste unter die Finger gerathen
mögen.

Schon damals war Charley Familienvater, und er hatte seiner
Frau, die sein Vorhaben sonst gewiß mit allerlei Einwendungen
und einer langen Litanei von Wenn und Aber zu bekämpfen ge=
wußt hätte, wohlweislich erst Mittheilung davon gemacht, als er
eine Wirthschaft, die ihm schon lange in die Augen gestochen,
wirklich gekauft hatte. An der vollendeten Thatsache ließ sich
nichts mehr ändern, und wer die gute Dame heute so behäbig

und selbstzufrieden an dem Stammtisch in der gemüthlichen Ecke des
Lokales die Huldigungen der näheren Freunde des Hauses als etwas
Selbstverständliches entgegennehmen oder mit einer Handarbeit sich
die Zeit vertreiben sieht, der muß es begreiflich finden, daß die Frau
mit ihrem Loose eben so zufrieden ist, wie ihr Gatte, der dort an dem
runden Tische, einem Stammgast gegenüber, soeben die sechste
Nachmittags-Cigarre angezündet und die sechste Partie Sechsundsechzig gewonnen hat.

Nicht allein im Spiel lächelt ihm das irdische Glück, sondern
auch im Leben blieb es ihm treu, seitdem er die Wirthschaft in
unserem Hause übernommen hat. Dem Brauer, der ihm sein Bier
liefert, ist er weder Geld noch Dank schuldig; denn er zahlt, was
er schuldet. Und nicht anders ist es mit den anderen Lieferanten,
die ihn als guten Kunden zu schätzen und, wo sich nur eine Gelegenheit dazu bietet, seine Frau zu „pleasen" wissen. Wie ein
gut Gewissen das beste Ruhekissen für einen Menschen ist, so gibt
ihm ein gutes bank-account erst jenes schöne Bewußtsein von Unabhängigkeit, welche ihn in den Stand setzt, das Leben stets von
der gemüthlichen Seite zu nehmen.

In dieser Kunst des heiteren Lebensgenusses hat Charley es
aber zu einer gewissen Meisterschaft gebracht im Laufe der Jahre.
Nicht etwa, daß alle Menschen in der Welt auf die nämliche
Façon selig werden möchten, wie er, dem eigentlich Alles „Wurst"
ist, was um ihn her vorgeht; aber wenn er seine Gäste von
einer großen That, von einer bedeutungsvollen Begebenheit oder
von einem Ereigniß sprechen hört, das in der ganzen Nachbarschaft zu denken gibt, so denkt er blos: „Meinswegen! Mir kann's
schon recht sein!"

Dabei muß man nicht etwa glauben, daß dieses glückliche
Menschenkind keine Interessen habe oder gar jedes persönlichen
Ehrgeizes ermangele. Im Gegentheil, er entwickelt bei aller Be-
häbigkeit eine große Thätigkeit und ist fortwährend in Bewegung,
oder richtiger, sein Lebenslauf ist eine endlose Kette von Ver-
gnügungen. Die Wirthschaft geht von selber, wenn eine ausgezeichnete Hausfrau die Sache überblickt und den barkeeper im

Auge behält, und wenn — was die Hauptsache — der Name des
Wirthes nicht nur im eigenen Block, sondern in der ganzen Ward
und darüber hinaus einen guten Klang hat und bei Groß und
Klein als derjenige einer Respectsperson bekannt ist.

Um es aber dahin zu bringen, muß Einer unter die Leute
gehen, und das war gerade Charley's Fall. Hätte er nicht schon
mehr als einmal die Aldermans=Nomination von einer Partei er=
halten können, die im District ihren Candidaten immer mit Glanz
erwählt sieht? Doch sein Interesse an der Politik ging niemals
weiter als seine Wirthschaft: er ist zufrieden, wenn die Politiker
der Ward bei ihm ihre „Miethung" halten und zum Wohl der
Stadt sein Bier trinken und baar dafür bezahlen. Einen größeren
Reiz übte, in früheren Jahren wenigstens, der bunte Milizrock
auf seine männliche Eitelkeit aus, und wer weiß, ob er der Ver=
suchung, die Wahl eines Lieutenants in der Compagnie eines Re=
giments der tapferen Nationalgarde anzunehmen, auf die Dauer
erfolgreich hätte widerstehen können, wäre die Annahme der Haupt=
mannschaft über eine jener uniformirten „Guards", welche ehedem
im gesellschaftlichen Leben New York's eine so große Rolle spiel=
ten, neuerdings aber mehr und mehr in den Hintergrund gedrängt
werden, nicht um so viel bequemer gewesen. Aus jener Zeit des
harmlosen Scheiben=Sports, der seine „Independent Guard" jähr=
lich einmal, Musik voran und mit einer Wagenladung von Prei=
sen für jeden Schützen nach einem der damals noch zahlreichen
Parks in der Nachbarschaft brachte, ist außer der durchlöcherten
Ehrenscheibe, welche als Trophäe bis auf den heutigen Tag eine
Wand seiner Wirthschaft ziert, unserem Freunde als einzige Er=
innerung nur das Prädicat „Cäpt'n" geblieben.

Die Guard selbst hat sich längst — zwar nicht in Wohl=
gefallen — aufgelöst. „Meinswegen," sagte der „Cäpt'n," als er
sah, daß ein Streit um die Vertheilung der Preise nach dem letz=
ten Schießen die Leute auseinander bringen mußte, und fortan
widmete er seine geselligen Talente der Pflege anderer, dankbarerer
Blumen im immergrünen Garten des Vereinslebens.

In der neuen Sphäre sollte er aber wahrhaft Großes voll=
bringen. Oder glaubt Ihr etwa, es sei eine Kleinigkeit gewesen,
den „Gesangverein der Brummfliegen", der wegen chronischen
Mangels an activen Brummern und an nicht brummenden, aber
zahlungswilligen passiven Mitgliedern schon Jahre lang auf dem
letzten Loche gepfiffen hatte, wieder emporzubringen zu dem Blüthen=
flor, in welchem er sich heute präsentirt? Wer anders hat aber
das Wunder gewirkt, als „Cäpt'n Meinswegen", unermüdlich auf
der Jagd nach neuen Mitgliedern. als Präsident von einem Enthu=
siasmus für die gute Sache des Gesanges beseelt, der seines Glei=
chen nicht hat, und stets zu Opfern bereit, wenn es gilt, auf einem
Ball oder Pic=Nic die Honneurs der „Brummfliegen" zu machen.

„Meinswegen soll mich der Spaß noch hundert Dollars kosten,"
ruft der würdige Präsident so oft in stolzer Seligkeit beim Anblick
eines gelungenen Festes „seines" Vereins aus, wenn alle Welt ihm
die Hand drückt und selbst die anwesenden Präsidenten größerer
Vereine nicht umhin können zu gestehen, daß unter seiner kundigen
Leitung die „Brummfliegen" sich wieder einmal selbst übertroffen
haben. Und wie über das gutmüthige Antlitz der Frau Präsidentin
ein glückliches Lächeln sich ausbreitet, wenn in solchen schönen
Augenblicken die Activen auf einen Wink ihres Dirigenten näher
treten, um für die neue Auflage eines Fasses Frei=Bier dem freund=
lichen Geber ein melodisches: „Hoch soll er leben," dankbar steigen
zu lassen!

Hier ist Freund Charley groß, aber größer vielleicht noch in
seiner Eigenschaft als „Bruder" der vielen Logen und geheimen
Gesellschaften, in denen er ernst „arbeitet" zum Wohle der Mensch=
heit. Wie es Männer im öffentlichen Leben gibt, die aus dem
Studium des parlamentarischen Formenwesens eine solche Befriedi=
gung ziehen, daß sie für nichts Anderes mehr Sinn haben, als
für die haarscharfen Unterscheidungsmerkmale der verschiedenen Ar=
ten und Gruppen von Anträgen, Amendements, Substituten und
Sub=Amendements, so ist für Cäpt'n Meinswegen das Ordens=
wesen eine unerschöpfliche Fundgrube von Unterhaltung und würde=
voller Kurzweil. Daß bei einem Mann, der aus einem sicheren

Geschäft ein sicheres Einkommen und, wie man zu sagen pflegt, sein Schäfchen längst im Trockenen hat, der Unterstützungszweck der Logen=Verbindungen erst in zweiter Reihe in Betracht kommt, ist einleuchtend, und Charley machte auch niemals Hehl daraus, daß er nur deshalb zu so vielen verschiedenen Logen, Lagern, Hainen, Councils und Capiteln „belangt", weil es ihm Spaß macht, und weil er eine Ehre darin sieht, ein Wissender von all den geheimen Zeichen und Formeln zu sein, welche die ehrwürdigen Gründer zum allgemeinen Besten tiefsinnig sich ausgedacht haben, damit ihre Jünger es ihnen nun nur noch genau nachzumachen haben, um der „Palme des Sieges" oder der „Krone des Lebens" theilhaftig zu werden. Und wenn auch Freund Charley über die mögliche Be= deutung dieser mystischen Ausdrücke sich nie recht klar geworden ist, so schadet das seinem einstigen Seelenheile sicherlich nicht, wäh= rend es ihm hier in dieser Zeitlichkeit gewiß eine große Befriedi= gung gewähren muß, daß er die vorgeschriebenen Händedrücke der Reihe nach fehlerfrei appliciren kann und auch den ganzen Katechis= mus der Geheimbündlerei endlich seinem Hirnkasten unerschütterlich fest eingeprägt hat. Mit welcher Seelenruhe sieht er in der „Lohsch" dem Augenblick entgegen, da der Meister, oder wie der Leiter der Ceremonien sonst sich nennen mag, die Brüder, welche immer Schüler bleiben, zum Exercitium mit Körper und Geist antreten läßt:

„Meinswegen kann's losgehen," denkt er bei sich, „ich bin all-right und gut ‚geposed'!"

Wie aber des Lebens ungetrübte Freude bekanntlich noch keinem Sterblichen zu Theil ward, so beschwerte unseres Freundes sonst so zufriedenes Gemüth ein großer Kummer. Im Ruhmeskranze des vollendeten „Vereinsmeiers" fehlte die Blume des Carnevalshelden, und diese mit kühner Hand zu brechen, war schon längst sein Be= gehr. Ohne den Nimbus des Fasching=Dichters und Bütt=Redners ist ja der solideste Vereinsruhm wie die Erde ohne Atmosphäre. Und seine getreuen „Brummfliegen" für die Zeit von den Heiligen drei Königen bis zum Aschermittwoch als Narren zu verkleiden, sich selbst aber als unumschränkten Gebieter und Spender von Witz und

Humor an ihre Spitze zu setzen, war ebenso unausführbar wie der
ketzerische Gedanke, die „Lohsch" — Gott verzeih' ihm die Sünde! —
in eine Narrensitzung zu verwandeln.

So mußte er zur Verwirklichung des ehrgeizigsten Planes seines
Lebens auf fremdes Gebiet hinübertreten, und da in den zahl=
reichen Vereinen, welche die Pflege des Carnevals sich angelegen
sein lassen, Cäpt'n Meinswegen eine nicht nur allgemein be=
kannte, sondern wegen seiner Freigebigkeit und Opulenz auch über=
all gern gesehene Persönlichkeit war, so bot sich für den Versucher
leicht eine Gelegenheit, an ihn heranzutreten.

Eigentlich winkte er den Versucher geflissentlich zu sich heran,
denn in diesem Falle war der Böse kein Anderer, als das harmlose
Menschenkind, welches die Früchte seiner deutschen akademischen Bil=
dung hoch oben im Dachstübchen unseres Hauses beim Bemalen von
Masken und Larven für ein Costüm= und Spielwaaren=Geschäft ge=
nießen mußte, und nun höchlichst verwundert war, als der joviale
Inhaber des Saloons im Basement ihn eines Abends fast gewalt=
sam zum Eintritt nöthigte. Was dort im Geheimen zwischen
Beiden verhandelt wurde, braucht die Welt nicht zu wissen; That=
sache aber ist, daß nach Verlauf von einigen Tagen der deutsche
Akademiker des längst entbehrten Besitzes eines warmen Ueber=
ziehers sich freuen konnte, während bei der Carnevalssitzung, nach=
dem der letzte Vers eines durchschlagenden Liedes von der ver=
sammelten Menge jauchzend gesungen worden war, der Präsident
des Kleinen Rathes mit lauter Stimme erklärte: „Der Dichter
dieses schönen Liedes ist Cäpt'n Meinswegen!" Und wie ein
Triumphator ließ er sich zu den Klängen eines lustigen Marsches
vom Ceremonienmeister durch den Saal geleiten, um die verdienten
Huldigungen der Damen und Herren lächelnd entgegen zu nehmen.

In diesem stolzen Augenblick faßte er den Entschluß, bei der
nächsten Gelegenheit auch noch die Bütt zu erobern und dem er=
staunten Volk, welches heute den Dichter ehrte, sich auch als hin=
reißenden Redner zu zeigen. Die geheimen Conferenzen mit dem
gelehrten Maskenmaler wollten in den folgenden Wochen schier
kein Ende nehmen: er ließ den neuen Freund kaum noch aus den

Augen, als fürchtete er, daß irgend ein neidischer Zufall ihm denselben abwendig machen könnte, und erst dann gewann er seinen
Gleichmuth wieder, als am Abend vor dem großen Fest, welches
ihn auf den Gipfel seines Ruhmes, seinen Namen aber in Verbindung mit den größten Geistern der ganzen Stadt in die Zeitung
bringen sollte, eine Rolle Papier aus der Hand des Akademikers
in die innere Tasche seiner Weste gewandert war.

„Werden Sie aber noch Zeit haben, die Rede auswendig zu
lernen?" fragte der junge Mann, indem er zwei Fünfdollarscheine
— das erste Honorar für eine geistige Arbeit seit seiner Ankunft
in diesem Lande — dankend in Empfang nahm.

„Das werd' ich meinswegen schön bleiben lassen," lautete die
Antwort des Carnevalisten. „Ich lese das Geschreibsel ab — so
machen's die Andern auch."

Nicht einmal ansehen wollte er das Manuscript, so sicher war
er seiner Sache; denn es hieße ja auch einen Zweifel in seine
Schulbildung setzen, wenn man ihm nicht aufs Wort glaubte, er
könne Geschriebenes lesen.

Und das Narrenfest war im schönsten Fluß. Das erste Lied
war gesungen und von zündender Wirkung auf die große Gesellschaft gewesen, welche den Saal bis zum Erdrücken erfüllte. Da
ertönte die Glocke des Präsidenten, als ersten Redner im Reiche
der Narrheit den geschätzten Fremdling laut proclamirend, dessen
ausgezeichneter Beitrag für das letzte Liederbuch einen Dichter von
nicht gewöhnlicher Begabung gezeigt habe.

Ehe er sich noch recht klar darüber wurde, wie er unter den
vertrauensvollen Zurufen der Menge so rasch dahin gelangt war,
stand er hoch oben auf der Bütt und sah aller Augen auf seine
Person gerichtet. Es war ihm doch nicht ganz leicht ums Herz,
als die Musik nun plötzlich verstummte, und es fürchterlich still
ward ringsum. Mit einem vernehmbaren Räuspern suchte er den
schwindenden Muth zu behaupten, holte mit zitternder Hand sein
Manuscript aus der Tasche und entrollte die knitternden Blätter.

„Hört! hört!" rief eine naseweise Stimme aus dem Hintergrunde.

Dann nahm dieser unvergeßliche Vortrag seinen Anfang. Den Titel verkündete die Stentorstimme des Redners, doch schon bei der ersten Zeile gerieth er ins Stocken, und wie er sich auch mühte, in das vor den Augen flimmernde Buchstabengewirr Zusammenhang und Sinn zu bringen: es ging nicht. Und begrüßte sein hoch aufhorchendes Publicum zuerst jedes Wort, das er mühsam buchstabirte, mit fröhlichem Beifallsgemurmel, so machte sich bald an der Tafelrunde eine unheimliche Unruhe bemerkbar, so daß die Gattin des unglücklichen Menschen dort oben vor Angst und Scham und Verzweiflung fast vergehen wollte. Der aber wischte sich die dicken Schweißtropfen von der Stirn, und gute Miene zum bösen Spiele machend, rief er mit der letzten Kraftanstrengung seiner aufs Tiefste verletzten Eitelkeit in die lärmende Versammlung hinab, während er die Hand mit dem unseligen Manuscript wie drohend emporhob:

„Aus den verdrehten Krähenfüßen soll der Kukuk klug werden!"

Der Zorn gab ihm die Besinnung wieder, und er hätte den Narren und Närrinnen für ihr dröhnendes Hohngelächter jetzt gewiß noch mit "a piece of his mind" so frisch von der Leber weg gedankt, daß ihnen darüber Hören und Sehen vergangen wäre, wenn nicht in diesem Augenblicke über die, eine geöffnete Schnupftabaksdose darstellende Bütt sich klappernd der Deckel gelegt haben würde. Nur noch gewaltsam konnte er seinen kirschrothen Kopf aus der Klappe hervorzwängen und den Tumult der Fanfaren und Stimmen übertönen mit dem verächtlichen Ausruf:

„Meinswegen könnt Ihr mir im Mondschein begegnen!" — —

2. Der stolzeste Augenblick seines Lebens.

Dem braven „Cäpt'n Meinswegen" hat seit geraumer Zeit das Bier nicht mehr geschmeckt. Bei dem nachmittäglichen Sechsundsechzig, welches für ihn und den einen oder andern auch nicht mit Sorgen um das liebe Brod geplagten Stammgast in der stillen Beschaulichkeit seines Saloons längst zu den berechtigten Eigenthümlichkeiten

eines bequemen Lebens geworden ift, hat er wiederholt die un=
verzeihliche Sünde begangen, einen geborenen Dreifachen in der
Hand aus purer Zerftreutheit zu verlieren, und wenn er dann
nach dem Spielchen von der Cigarre, die von Gottes und Rechts
wegen fein Gegenüber ihm hätte tractiren müffen, refignirt
über das ihn verfolgende „Pech" die Spitze abbeißt und mit einer
verächtlichen Bewegung von Zunge und Lippen weit in die Ecke
fchleudert, muß er wieder eine Unmaffe von Streichhölzchen an=
zünden, bis er die Cigarre endlich in Brand hat, wie fich's ge=
hört. Aber das Vergnügen dauert in der Regel nicht lange, denn
alle Nafelang geht das vermaledeite Ding wieder aus, und um
die gute Laune ift es dann natürlich gefchehen.

Rofamunde, die kugelrunde Gattin des fonft fo behäbigen
Wirthes, wird durch feine andauernde Unruhe ebenfalls angeftedt
und in ihrer liebften Nachmittagsbefchäftigung graufam geftört.
Kaum daß die würdige Frau in ihrem Lehnftuhl am runden
Tifch dort in der Ecke die Todesanzeigen in der Zeitung zum
zweiten Male gelefen hat, um nunmehr, beruhigt über die erfreu=
liche Thatfache, daß „Niemand Bekanntes" darunter ift, ihre ganze
Aufmerkfamkeit der „Gefchichte" zuzuwenden, verdirbt ihr der Ge=
mahl, der, wie ein Eisbär im Käfig, ruhelos mit langen Schritten
das Lokal durchmißt, gleich wieder die ganze Stimmung. Sie hat
den Zufammenhang verloren, legt das Zeitungsblatt auf den Tifch
und fragt gähnend:

„Was ift die matter, Charley? Was machft Du Dir denn
wieder für Gedanken? Oder haft Du einen geheimen Trubel, von
dem ich nichts erfahren foll?"

Die Frage fcheint im Kopfe des biederen Cäpt'n endlich einen
großen Gedanken zur Reife zu bringen. Nachdem er noch einmal
in die Cigarrenkifte gelangt hat, fetzt er fich, der Gattin gegenüber,
an den Tifch, fteckt mit aufgeftemmten Ellenbogen die Cigarre in
den Mund, thut ein paar kräftige Züge, läßt den Dampf kunft=
gerecht durch die Nafe ringeln und fagt vergnügt:

„Weißt Du was, Alte?" Er blinzelt ihr fo verfchmitzt zu,
daß fie fich wirklich keinen Vers darauf zu machen weiß, und daß

die weibliche Neugier ihr Recht verlangt; aber als kluge Frau
beherrscht sie sich doch und sagt ganz gelassen:

„Ich bin durchaus nicht neugierig," und nimmt die Zeitung
wieder in die Hand, als wollte sie die Geschichte weiter lesen.

„Meinswegen mach', was Du willst," antwortete er, ein klein
wenig ärgerlich darüber, daß er an der Gattin keine aufmerksamere
Zuhörerin hat, „aber ich bin's leid und ich geh —!"

„Wohin denn?" fragt sie mechanisch und hält sich gähnend das
Zeitungsblatt vor den Mund.

„Nach Deutschland meinswegen!" Er spricht die Worte sehr
bestimmt, als wenn es ihm Ernst damit wäre, und nun legt die
Frau die Zeitung auf den Tisch und macht große Augen:

"Well, I declare!" Sie streicht die Falten des Kleides glatt
und hört gespannt zu, als Charley ihr den reiflich überlegten Plan,
der in den letzten Wochen sein Gehirn fast unablässig beschäftigt
hat, nun weit und breit auseinandersetzt.

Warum sollte er nicht nach Deutschland gehen? Das Ver=
mögen war da, um das Vergnügen sich gewähren zu dürfen, und
das war die Hauptsache. Zwanzig Jahre sind vergangen, seit er
als Handwerksbursch in New York ans Land stieg, ohne eine
Ahnung davon zu haben, was die neue Welt noch einmal aus
ihm machen würde. Es hätte ebenso gut schief gehen können,
allein das Glück war ihm hold und machte aus dem armen
Teufel einen Mann mit einem Bankconto, um das ihn mancher
kleine Fabrikant und Geschäftsmann in der Ward beneiden konnte.
Alle Welt kennt und respectirt ja den Cäpt'n Meinswegen als
eine Persönlichkeit, deren Name nicht vergessen wird, wenn von
den "solid men" im Stadtviertel die Rede ist.

Jetzt möchte er auch den Leuten in der alten Heimath zeigen,
was für ein Kerl er geworden ist. Und lebt ihm dort nicht in
dem bescheidenen Häuschen vor dem Thore der kleinen Stadt noch
die alte Frau, welcher das Herz schier brechen wollte vor Kummer,
als ihr einziger Sohn seine Wanderschaft gar bis über das Meer
ausdehnte, weil in Deutschland dem Handwerker der Brodkorb
immer höher gehängt ward? Wohl hat er die liebe Mutter

seitdem ehrlich unterstützt, so daß sie nicht zu darben braucht in ihren
alten Tagen, aber mit seinem Guthaben in der Bank ist auch sein
Heimweh und der Wunsch immer größer geworden, die Greisin
noch einmal zu sehen und zu küssen, bevor ihre treuen Augen
sich für immer schließen. Auch die Schwiegertochter kennt sie nur
nach der Photographie, die neben dem Bilde „ihres Amerikaners"
über dem Sopha an der Wand des Putzstübchens prangt, und die
dicke Rosamunde soll den Gatten auf der Besuchsreise nach Deutsch=
land natürlich begleiten, um mit ihren seidenen Kleidern, mit dem
Pelzmantel, mit den vielen Goldschmucksachen und mit den Dia=
manten in den Ohren den Wohlstand ihres Mannes bei der
ganzen Freundschaft und Verwandtschaft drüben erst ins rechte Licht
zu setzen.

„Aber was wird aus dem Saloon, Charley?" fragte sie noch
etwas unschlüssig, „während wir weg sind?"

„Den verkauf' ich meinswegen, und wenn wir übers Jahr
heimkehren, mach' ich einen anderen auf: 's hat damit ja keine
Eile, Alte!"

Nachdem die Reise einmal beschlossene Sache, setzt Cäpt'n Meins=
wegen den ihm eigenen Feuereifer an die zur Ausführung des
Planes nothwendigen Vorbereitungen. Deren sind nicht wenige und
es gibt dabei allerlei zu bedenken. Nur keine Ueberstürzung bei
dem Verkauf der Wirthschaft, die für den rechten Mann einen Preis
werth ist, dessen Betrag einen nicht unbedeutenden Theil der Un=
kosten für die Vergnügungstour des Ehepaares decken mag.

Unter den activen Brummern „seines" Gesangvereins der
Brummfliegen befindet sich in der Reihe des zweiten Basses ein
jovialer butcher, der schon zu wiederholten Malen den Wunsch
geäußert hat, sein Handwerk an den Nagel zu hängen und als
Wirth sein Glück zu versuchen. Nicht etwa, daß sein shop nicht
ginge, aber er liebt die Bequemlichkeit und den geselligen Verkehr
mit gleichgesinnten guten Seelen. Er hat Geld und Freunde in
der Ward, die ihm ihre Kundschaft auch im Saloon zuwenden
würden, kurz, er ist gerade der Mann, der zum Geschäftsnach=
folger Cäpt'n Meinswegen's wie geschaffen erscheint. Beim

Sechsundsechzig weiß Charley das Gespräch von ungefähr wieder auf
die bekannten Vorzüge seiner Wirthschaft zu bringen, und Freund
„Gus". — der Vorname des Metzgers ist eigentlich August, aber bei
seinen Bekannten geht er unter jener familiären Abkürzung — fügt
seiner eifrigen Zustimmung zu den Worten des Inhabers dieser
bequem zu bearbeitenden Goldgrube, wie er schon öfters gethan, die
Bemerkung hinzu: „Bei Gott, ich geb' Dir $1000 dafür, cash down."

Da wirft Cäpt'n Meinswegen seine Karten auf den Tisch, daß
die Gläser klirren und ruft laut: .

„Meinswegen! Ich verkauf' Dir die ganze shanty!"

„Gus" hält die Unterbrechung des Spieles erst für einen Scherz
oder für eine schlaue Finte seines Gegners, der die Karten zu-
sammenwirft, weil er Nichts in der Hand hat, denn beim Kartenspiel ist Cäpt'n Meinswegen mit allen Hunden gehetzt. Als dieser
aber wiederholt betheuert, daß es ihm Ernst damit sei, eine gün-
stige Gelegenheit zum Verkauf nicht von sich zu weisen, weil der
Doctor das gute Leben bei seiner Anlage zur „Klauenseuche" nicht
mehr für angemessen halte, sondern eine Veränderung dringend
empfohlen habe, da wird aus dem Spaß bald Ernst. Die Freunde
rücken näher zusammen, um auf der Tafel, von welcher die Zahlen des Spieles rasch entfernt sind, ihre Berechnungen zu machen,
während die dicke Rosamunde die beiden Männer nur aus den
Augen läßt, wenn es heißt:

„Mutter, schenk' noch 'mal ein!"

So wird nach Verlauf von etlichen Stunden die lange Sitzung
in gehobener Stimmung beschlossen, und einige Tage später erfährt
die erstaunte Nachbarschaft, daß Cäpt'n Meinswegen an den „Butcher Gus" ausverkauft habe. Am nächsten Morgen steht die Veränderung auch schon unter den „Vermischten Anzeigen" in der
Zeitung: der neue Wirth empfiehlt das von ihm käuflich über-
nommene Lokal seinen Bekannten und dem verehrten Publicum
mit Zusicherung reeller Bedienung aufs Angelegentlichste, während
Cäpt'n Meinswegen, würdevoll wie immer, seine zahlreichen Gönner und Freunde ersucht, das ihm bewiesene Wohlwollen auch auf
seinen geschätzten Nachfolger zu übertragen.

Dann wird das geehrte Publicum durch elegant gedruckte Karten zu der feierlichen Eröffnung des gänzlich renovirten Lokals höflichst eingeladen, und des zarten Hinweises unten auf der Karte, daß für feine Speisen und Getränke bestens gesorgt sei, bedarf es kaum; denn bei dem Rufe, in welchem die Wirthschaft von jeher gestanden, versteht es sich von selbst, daß alle Honoratioren der Ward pünktlich erscheinen. Der Gesangverein der Brummfliegen kommt natürlich in corpore, denn es handelt sich „meinswegen" ja um ein Familienfest, aber der biedere Cäpt'n, welcher seine Ehre daransetzt, daß die Eröffnung seines Lokals unter dem neuen Regime möglichst glanzvoll und „feucht" von statten gehe, hat keine Mühe gescheut, um von sämmtlichen Vereinen, Gesellschaften, Logen und ''Guards,'' denen er in seinem bewegten Wirthsleben einmal angehört hat, starke Festdeputationen heranzuziehen. Ein Vertreter des Bierbrauers, der sich der Kundschaft Cäpt'n Meinswegen's zu erfreuen gehabt hat, der Liquor=Mann, der den Platz nicht an einen der vielen Concurrenten verlieren will, sowie eine Anzahl rivalisirender Cigarrenlieferanten bringen mit ihren geschäftsmäßigen ''treats all around'' bald ein solches Leben in die Bude, daß der neue Wirth mit seinen zur Aushülfe angenommenen Schank= wärtern und Kellnern die Schaar der Gäste kaum rasch genug bedienen kann.

Cäpt'n Meinswegen macht mit der unerschütterlichen Ruhe eines Mannes, der seiner Bedeutung sich voll bewußt ist, die Honneurs und thut bei dieser Gelegenheit auch zum ersten Male öffentlich kund und zu wissen, daß er allernächstens eine Erholungsreise nach dem alten deutschen Vaterlande anzutreten gedenke.

Man ruft „Hurrah" und „Hoch soll er leben", aber man glaubt, er mache nur Spaß, um eine Rede reden zu können -- wie alle großen Männer, hört auch dieser sich nämlich gerne spre= chen. Da zieht er gelassen seine wohlgespickte Brieftasche aus der inneren Westentasche hervor und zeigt zum Beweise der Wahrheit seiner Worte ein „Excursion=Ticket von Heim zu Heim", lautend auf seine eigene Wenigkeit und seine werthe Frau Gemahlin.

Allgemeines Erstaunen! Der Augenblick ist gekommen, um für den neuen Wirth das Geschäft zu poussiren, wie er's versprochen.

„Yes, meine lieben Freunde," spricht er gerührt, „ich nehme nicht allein Abschied von diesen trauten Räumen, in denen ich so lange Jahre meine verehrten Gönner und Freunde um mich versammeln durfte, sondern ich sage zugleich auch Euch Allen Lebewohl, denn mich treibt das Heimweh übers Meer nach Muttern!" Er wischt sich den Schweiß von der Stirn, macht dann eine würdevolle Handbewegung nach der Bar und fährt fort: „Herr Wirth! Zum Abschiede lade ich die geehrte Versammlung zu einem Trunke ein, aber meinswegen nicht in Bier, von welchem wir vorläufig genug geladen haben, sondern bringen Sie meinswegen mal ein halbes Dutzend von den kaltgestellten Kohlensauren!"

Wie er sich setzt, bricht der Jubel los; den Uebergang vom Gerstensaft zum Champagner hat der geschäftskundige Mann spielend bewerkstelligt, und von jetzt an fließt der Sect in Strömen, denn Keiner will sich lumpen lassen.

Cäpt'n Meinswegen hat bei der kühnen Flankenbewegung aber nicht blos seines Geschäftsnachfolgers Kasse im Auge gehabt, sondern auch an seine eigene Ehre gedacht. Und wer möchte es dem weltkundigen Manne verargen, daß er darauf bedacht ist, bei seinem Besuch in der alten Heimath den guten Leuten, die ihn nur als armen reisenden Handwerksburschen mit leerem Beutel und leichtem Sinn gekannt haben, so viel wie möglich zu imponiren? Daß seine getreuen Brummfliegen ihrem Präsidenten zu Ehren ein melodisches Hoch nach dem andern ertönen ließen, konnte man drüben in Deutschland ebensowenig hören, als das Gerassel des Salamanders, welchen die ganze Gesellschaft auf das ewige Wohl des scheidenden Freundes mit edler Begeisterung und im tadellosen Takt zu reiben bestrebt war.

Während die Andern den Freuden der Eröffnungs- und Abschiedsfeier sich hingeben, zieht er seinen bewährten Adjutanten im Verein auf die Seite, um ein vernünftiges Wort mit ihm zu reden:

„Siehste wol, Billy, ich habe meinswegen nichts dagegen ein=
zuwenden, daß der Verein mir eine kleine Ueberraschung und An=
erkennung für meine langjährigen Verdienste um Euch bereiten
will. Laß' man gut sein," fährt er eifriger fort, indem er seinen
Stuhl näher an denjenigen seines Freundes heranrückt, welcher ein
Gesicht macht, als wollte er sagen, daß von einer solchen Ueber=
raschung noch gar nicht die Rede gewesen sei. „Ich weiß ja doch,
daß Ihr mich nicht abreisen lassen werdet, ohne ein handgreif=
liches Zeichen Eurer Liebe und Freundschaft. Aber ich kann nicht
dulden, daß der Verein sich meinswegen in große Unkosten stürzt,
und da will ich denn lieber gleich aus meiner Tasche 'was drauf=
legen — das ist ja all right, mein Junge," beschließt er seine
Rede und drückt dem verständnißvoll nickenden Adjutanten ein
Röllchen von Fünfdollarscheinen, die er sich zu dem Zweck in die
Westentasche gesteckt hat, in die Hand.

„Verlaß Dich auf mich," sagt Billy, und die Sache ist abge=
macht. Noch an demselben Abend treten die Brummfliegen zu
einer Extra=Versammlung zusammen, an deren geheimen Be=
rathungen Cäpt'n Meinswegen aus angeborner Bescheidenheit
nicht theilnehmen darf. Aber am Tage vor seiner Abreise stehen
in den „Papieren" zwei Artikel, welche in der ganzen Ward viel
gelesen und besprochen werden. Da heißt es nämlich unter den
„Vermischten Stadtneuigkeiten", daß der Verein der Brummfliegen
seinem langjährigen Präsidenten vor seiner Abreise nach der alten
Heimath, in schuldiger Anerkennung seiner vielen und unschätzbaren
Verdienste um den Verein, eine schwere goldene Uhr mit seinem
Monogramm auf dem fein ciselirten Deckel habe überreichen lassen.
Der Gefeierte, vollständig, wenn auch aufs Angenehmste über=
rascht, habe vor innerer Bewegung kaum einige herzliche Worte
des Dankes zu stammeln vermocht und den Verein sodann zu
einem kleinen Imbiß eingeladen, der nach der eleganten Rede=
wendung des gewissenhaften Reporters fast die Dimensionen eines
Bankettes angenommen und die Gäste bis zum frühen Morgen
fröhlich beisammengehalten habe.

An anderer Stelle des Blattes, welches von Hand zu Hand
geht, findet man aber ein bezahltes Inserat folgenden Inhalts:

„Unserem freunde, Cäpt'n Meinswegen nebst Ge=
mahlin zu ihrer bevorstehenden Abreise nach Deutschland ein
donnerndes Lebehoch, daß ganz Klein=Deutschland wackelt!"

Wer das hat „einseßen" lassen, bleibt ein Geheimniß, aber man
freut sich allseitig über den harmlosen Spaß, der neben der Uhren=
Notiz auch noch im alten Vaterlande von sich reden machen und Zeug=
niß ablegen wird von der bedeutsamen Stellung, welche der Mann
in Amerika einnimmt. Cäpt'n Meinswegen läßt alle Nummern der
betreffenden Zeitungen, deren er habhaft werden kann, aufkaufen,
um sie wohl verpackt im Koffer mit hinaus zu nehmen. —

Zur Abfahrt bereit liegt an seinem Dock der majestätische
Dampfer, und nicht minder majestätisch empfängt im Salon der
Zweiten Cajüte der Reisende die Schaar der Freunde, welche nach
Hoboken hinüberwallen, um ihm ein allerletztes Lebewohl, viel Ver=
gnügen und glückliche Heimkehr zu wünschen. Alles ist selig, und
als die Schiffsglocke zum ersten Male ertönt, läßt ein stimmungs=
und auch sonst voller Sängerbruder seinen Gefühlen freien Lauf,
indem er Cäpt'n Meinswegen um den Hals fällt und elegisch singt:
„Weh, daß wir scheiden müssen!"

Die dicke Rosamunde erfaßt eine plötzliche Rührung, so daß sie
am wogenden Busen der besten Freundin, welche ihr die letzten
bitteren Augenblicke des Abschieds durch einen gewaltigen Blumen=
strauß und ebensolchen Redestrom zu versüßen bemüht ist, in Thrä=
nen ausbricht und für die auf das Drängen der Schiffsoffiziere jetzt
sich rasch empfehlenden Herren und Damen nur einen stummen
Händedruck hat.

Bald ist die Verbindung zwischen Dampfer und Dock abgebro=
chen. Auf letzterem treten die anwesenden Brummfliegen zum
Kreise zusammen, und während Taschentücher wehen und die
Dampfpfeife ihr schrillend Gekrächz mit dem Gebimmel der Glocke
um die Wette erschallen läßt, stimmen die Sänger ihr für die Ge=
legenheit so schön passendes Leiblied an: „Wer hat Dich, Du schöner
Wald, aufgebaut so hoch dort oben!"

Oben auf dem Quarterdeck des Dampfers, der sich gerade
in Bewegung setzt, steht aber Cäpt'n Meinswegen mit seiner

Rosamunde am Arm. Diese winkt thränenfeuchten Auges mit dem
Taschentuch. Er aber hält beide Hände, zum Sprachrohr geformt,
an den Mund und ruft mit Stentorstimme, daß Jedermann am
Dock es hören und verstehen kann:

„Das ist meinswegen der stolzeste Augenblick meines Lebens!“

---

3. Im Getümmel des Wahlkampfes.

Wenn der Mensch nichts zu thun hat, verfällt er auf schlechte
Gedanken. „Cäpt'n Meinswegen“ hat auf der weiten Gotteswelt
aber rein gar nichts zu thun, seit er von seiner Vergnügungsreise
nach Deutschland wohlbehalten wieder zurückgekehrt ist. Drüben hat
es ihm nicht sonderlich gefallen, seiner kugelrunden Gattin Rosa=
munde auch nicht. Nicht etwa, daß die New Yorker im kleinen
Kreise der Verwandten, die über den vor ihnen entwickelten ameri=
kanischen Wohlstand nicht nur vor Verwunderung, sondern, wie man
wohl merkte, auch vor Neid die Augen aufrissen, keinen Eindruck
gemacht hätten. Im Gegentheil, nach dieser Richtung hatte der
Dollar in der freigebigen Hand des Weltmannes, der zeigen
wollte, daß er die Auswanderung nach der neuen Welt nicht
zu bereuen brauchte, auch in Deutschland vollauf seine Schuldigkeit
gethan. Und daß die Polizei den würdigen Mann aus New York
nur mit den Augen des Wohlwollens betrachtete, bedarf keiner
Erwähnung, denn Cäpt'n Meinswegen hatte selbstverständlich ein
gutes Gewissen — auch wegen der Militärpapiere.

„Es ist Alles all right, wie wir Amerikaner sagen.“ Der
brave Mann klopfte bei diesen Worten auf die linke Seite des
modisch geschnittenen Gehrockes, dessen Brusttasche das pocket-book
mit dem Reisegeld und mit dem Reisepaß verwahrte. Den letzteren
zu sehen, hat übrigens kein Beamter verlangt. Man ließ den
Reisenden ruhig gehen, wohin er wollte, und kümmerte sich nicht
weiter um sein Thun und Treiben. Das hat ihn dann ein wenig
geärgert, denn wenn man eine Reise zum Vergnügen macht und
von so weit her kommt, will man nicht blos sehen, sondern meins=
wegen auch gesehen werden.

In dem Gedränge und Gewühl der großen Städte, die man besuchte, waren sicherlich nicht viele Männer, die eine so massive goldene Uhrkette mit Dem, was daran bummelt, auf der Weste „sporten" konnten, wie unser Freund, und seine werthe Frau Ge= mahlin zeigte sich vor versammeltem Volk nur in Sammet und Seide, mit Diamanten in den Ohren, mit Diamanten auf dem wogenden Busen und mit Diamanten an den Fingern. Und dennoch thaten die Lieutenants, die noch immer so dünne hungrige Beine haben wie ehemals, als wäre Unsereiner gar nicht auf der Welt, und die Beamten und Schreiberseelen marschirten an Einem vor= bei, als wenn sie Ladestöcke im Rücken hätten, und die Damen in ihren Waschkleidern trugen die Nasen so hoch, daß eine ehrbare Bürgersfrau aus dem freien Lande Amerika nur darüber lachen konnte.

„Die stolze Hungerleiderei mag für den Deutschen meinswegen passen," sagte der Reisende enttäuscht darüber, daß er für seine Dollars die Welt dort nicht nach seiner Pfeife tanzen lassen konnte, „aber mir geht die dumme Geschichte gegen den Strich."

So ist denn das Ehepaar früher, als man gedacht hatte, wie= der in New York angelangt, um hier von seinem Reise=Ruhm zu zehren und mit guten Freunden in Erinnerungen zu schwelgen. Der Cäpt'n fühlt sich wieder als der Mittelpunkt des allgemeinen Interesses, wenn er seine Erlebnisse zum Besten gibt, — und ist doch nicht so glücklich, wie er sich vor der Reise fühlte.

Wie soll er die Zeit todtschlagen? Was soll er beginnen? Zu einem Rentier, der auf der Bärenhaut liegt und Maulaffen feil hält, fehlt ihm die nöthige Gemüthsruhe und meinswegen auch das nöthige Kleingeld. Nach der wohlverdienten Ruhepause muß er sich wieder einer bestimmten Thätigkeit widmen, damit sein Capital sich mehre anstatt vermindere. „Der Deubel soll immer von seinem eigenen Fette leben," meinte er, nachdem die erste Freude des Wiedersehens der alten guten Freunde in dem alten guten Lokal, wo Cäpt'n Meinswegen so lange Jahre den coulan= ten Wirth gespielt, ihm ein gutes Stück Geld gekostet hatte.

Mit magischer Gewalt zog es ihn nämlich wieder in den alten
Kreis, und es überkam ihn sogar etwas wie Heimweh, da er als
Gast die Räume betrat, in welchen er den Grund zu seinem
jetzigen Wohlstande und zu seiner Zufriedenheit mit sich selbst und
der Welt gelegt hatte. Er kam täglich wieder, um sich ganz
nebenbei davon zu überzeugen, daß auch unter seinem Geschäfts=
nachfolger die Wirthschaft noch immer gehe. Das hatte Freund
„Gus" ihm auch offen gesagt, als Beide eines Nachmittags in
dem gewohnten Sechsundsechszig ihre Geisteskräfte mit einander
gemessen hatten. Vom Wunsche des Rückkaufs war da nicht mehr
die Rede gewesen, und in der Nachbarschaft, wo er bekannt war,
durfte er eine neue Wirthschaft leider auch nicht eröffnen, denn
dies war eine der Hauptbedingungen gewesen, welche „Gus" ge=
stellt hatte, als er das Lokal um einen guten Preis von Cäpt'n
Meinswegen übernommen hatte.

Jeder Bierbrauer würde dem geschäftskundigen Manne, dessen
Credit und "record" nichts zu wünschen übrig ließ, nun aller=
dings bereitwilligst ein hochfeines Lokal eingerichtet haben und stolz
darauf gewesen sein, den Cäpt'n in der Schaar seiner hochgeehrten
Kunden begrüßen zu dürfen, allein Charley Meinswegen konnte
sich nicht recht dazu entschließen, die ihm lieb gewordene Bequem=
lichkeit oder „das gute Leben", wie er sich auszudrücken pflegte,
einer Spekulation in größerem Stil zu opfern.

„Großes Geschäft, große Sorgen," lautete seine Philosophie.
„Meinswegen mögen die Herren in den großen Concert=Hallen
mit der ganzen Janitscharenmusik und ihren Chantösen und
Balletösen und wie die Ösen der Tingeltangelei sonst alle heißen,
für ihren Brauer „blowen" und Bier verkaufen und auch reich
werden: der Spectakel ist aber nichts für meinem Vater seinen
Sohn. Wozu ist man denn in Ehren bekannt wie'n bunter Hund
in der Stadt geworden, wenn man nicht anders sein Leben machen
kann als durch ewige Schinderei für den Brauer!"

„Na, von Deinen Freunden im Verein und in der Lohsch
können wir doch nicht satt werden," wirft Frau Rosamunde etwas
mißmuthig ein, denn sie gedenkt in diesem Augenblicke der

unumstößlichen Thatsache, daß der Cäpt'n für besagte Kurzweil früher stets ein ebenso großes Interesse wie Portemonnaie gehabt hat.

„Wer ein guter Wirth sein will," entgegnet er überlegen auf den Einwurf, aus welchem sein scharfes Ohr wohl einen halben Vorwurf herausgehört hat, „muß seinen Namen beständig vor den Leuten halten, entweder von wegen des feinen Stoffs, den er zu behandeln weiß, wie kein Anderer, oder von wegen seiner sonstigen Popularität. Diese letztere soll mir jetzt aber helfen, bis ich in der Bier=Linie wieder etwas Passendes finde. Nur keine Ueber= stürzung damit! Vorläufig stürzen wir uns in die Politik, um das Vaterland retten zu helfen!"

Bei diesen Worten reckt sich Cäpt'n Meinswegen sichtbar in die Höhe: „Warum soll ich nicht für die Assembly laufen, wo doch schon ganz andere Schafsköpfe hineingekommen sind!"

Rosamunde hat im Laufe der Jahre als Gattin eines Wirthes, dessen Lokal zur Wahlzeit stets der Sammelplatz von Ward=Poli= tikern aller Schattirungen war, genug von den Irrwegen der Staatskunst zu sehen bekommen, um zu wissen, daß ihr Charley im Begriffe steht, einen sehr schlüpfrigen Pfad nach einem höchst unbestimmten Ziele zu betreten.

„Thu mir die einzige Liebe," so macht sie bittend ihrem ge= preßten Herzen Luft, „und laß die Politischens links liegen. Es ist wahrhaftig nicht, daß mir das Geld leid thut, welches der Nonsens Dir wieder kosten wird. Aber ich mag mir nicht denken, daß sie Deinen ehrlichen Namen schlecht machen, wie sie's ja immer bei Leuten thun, wo für ein Amt laufen —"

Der ganze selbstbewußte Stolz eines Ehrenmannes spricht sich in den Worten aus, mit denen er sie unterbricht: „Sie können mir nichts Böses nachsagen! Oder ist mein ganzes Leben nicht so unschuldsvoll weiß und glänzend, wie ein Hemdenbusen, der eben vom Chinesen kommt? Was ich werth bin," und hier schlägt seine Faust nachdrücklich auf die Hosentasche, „hab' ich blos meinem eigenen Fleiß zu danken, und kein ungerecht erworbener Dollar ist dabei, vor dem ich mich schämen müßte. Und wenn ich einmal

beim Sechsundsechszig oder Pinokel Sachen gemeldet habe, zu denen
ich die Karten nicht in der Hand hatte — das leugne ich gar nicht,
aber das geschieht nur zum Spaß, und Spaß muß sein!".....

Cäpt'n Meinswegen läßt sich nicht irre machen in dem einmal
gefaßten Entschluß: er bewirbt sich um ein politisches Amt; und
wie er die Sache anfaßt, beweist zur Genüge, daß er auch in der
Politik recht wohl Bescheid weiß. Früher machte ihm das geschäft=
liche Interesse eine gewisse Unabhängigkeit in politischen Fragen
zur Pflicht, weshalb er sich damit begnügte, in aller Stille stets das
„reguläre Ticket" der Partei zu stimmen, welche in der Ward kaum
mit einer nennenswerthen Opposition zu rechnen, geschweige denn
zu kämpfen hatte, doch an der Agitation selber hatte er sich nie=
mals persönlich betheiligt. Jetzt liegt die Sache anders. Zum nicht
geringen Erstaunen der Parteiführer im District stellt der Cäpt'n
sich pünktlich zu den Primärwahlen ein und entfaltet schon vor
den Urwählern einen wahren Feuereifer für die gute Sache, in=
dem er mit den Anderen um die Wette schreit, über die brennen=
den Tagesfragen sein Urtheil abgibt und im Laufe des Abends
Unmassen von Cigarren und Getränken tractirt. Die Leute sehen
ihn, hören ihn, umschwärmen ihn, kurz, Cäpt'n Meinswegen's
Name ist in aller Munde. Und er drückt Jedem verbindlich die
Hand und gibt zu verstehen, daß jetzt die Zeit gekommen sei, wo
"all solid men to the front" müßten, um das Vaterland aus
den Klauen der Rotte Korah zu befreien. Es fällt ihm bei Leibe
nicht ein, selber ein Amt anzunehmen, und wenn man es ihm
auf dem Präsentirteller "to order" darreichen würde: nur das
Gemeinwohl liegt ihm am Herzen, und dann hat er jetzt als
Privatmann ja Zeit genug, seiner Bürgerpflicht zu genügen; die
Aufregung der Wahl macht ihm Spaß und Vergnügen — "and
here I am, boys!"

Einige Abende später wird in Cäpt'n Meinswegen's altem
Lokal eine Versammlung von Bürgern abgehalten, welchen auch
nur das Wohl der Stadt aus Herz gewachsen ist. Das thun sie
der Welt in einer langen Reihe von Beschlüssen allgemein patriot=
ischen Inhalts zu wissen, kommen aber zu guter Letzt zu der

Ueberzeugung, daß die wichtigen Interessen des Districtes in der nächsten Legislatur nicht besser wahrgenommen werden könnten, als wenn ein Ehrenmann wie Cäpt'n Meinswegen sich dazu verstehen würde, seine kostbare Zeit auf dem Altar des Vaterlandes in Albany zu opfern. Und zur Erreichung dieses großen und erhabenen Zieles beschließen die hier versammelten Bürger und Steuerzahler einstimmig, sich nunmehr zu constituiren als „Cäpt'n Meinswegen Unabhängiger Campagne=Club".

Daß ein so mannhafter Beschluß wohlmeinender Bürger einen Sturm von Beifall hervorruft, ist selbstverständlich. Mitten im Jubel über die glückliche Lösung einer Frage, die den Herren so viel zu schaffen gemacht, thut sich aber die Thür auf, und „gerade wie gerufen" — sagt der würdige Präsident der Versammlung — erscheint Cäpt'n Meinswegen's stämmige Figur auf der Schwelle.

„Nichts für ungut, Gentlemen!" Er hat nicht gewußt, daß hier eine Versammlung im Gange sei, und will sich bescheiden wieder zurückziehen. Da macht er die Rechnung aber wirklich ohne den Wirth, denn es ist der Wirth, welcher ihm nunmehr den Rück=zug versperrt, so daß er wohl oder übel in das Versammlungs=zimmer eintreten muß, um mit Staunen und Rührung zu erfahren, wie seine lieben Mitbürger und Freunde ihn unverdienter Maßen zu ehren und auszuzeichnen gesonnen sind.

„Hört, hört!" Die ganz unerwartete Ankunft ihres erkorenen Vertrauensmannes und Bannerträgers macht die Versammlung enthusiastisch, und man gibt sich erst zufrieden, als Cäpt'n Meins=wegen, dem allgemeinen Drängen nachgebend, eine seiner glänzend=sten Stegreifreden hält, um sich für das ihm wiederum bewiesene Vertrauen seiner geehrten Mitbürger respectvoll zu bedanken und ihrem Willen als ein gehorsamer Mann sich zu beugen. Wenn seine „Constitewenten" es nicht anders wollen, dann — in Gottes Namen — ist er zu laufen bereit in dem Bewußtsein, daß nicht er die „Nomináschen" gesucht hat, sondern daß diese ihm meins=wegen so zu sagen von den besten Elementen der Stadt aufge=zwungen wird.

„Und jetzt", beschließt er unter den lärmenden Hochrufen der
ganzen Versammlung seine erste politische Wahlrede, „erlaube ich
mir die geehrten Herren an den Wahrspruch der alten Deutschen
zu erinnern: ‚Und sie tranken noch Ein's!' — Herr Wirth, hab'
ich Credit für einige Fäßchen? Hätte ich gewußt, welche Ueberraschung mir heute Abend hier noch zu Theil werden würde, hätte
ich meinswegen mehr Geld in die Tasche gesteckt...."

Im nächsten Moment macht der schäumende Becher die Runde,
und Mitternacht ist längst vorüber, als diese denkwürdige Sitzung
endlich aufgehoben wird. Am nächsten Morgen kocht aber Frau
Rosamunde ihrem Gatten Haferschleim. Sein Magen ist nicht ganz
in Ordnung, auch der Kopf nicht, aber er sagt ganz zufrieden in
seinem Jammer: „Meinswegen kann die Sache heut Abend
wieder von frischem losgehen: ich habe Alles schön in der Reihe."

Cäpt'n Meinswegen führt seine Campagne auf seine Manier
und im alten Stil. Die Welt soll nicht nur wissen, daß er „läuft",
sie muß das auch sehen — und zwar nicht allein in den Zeitungen, welche mit Mittheilungen über Versammlungen von neu
organisirten Clubs im Interesse dieses wahren unabhängigen Kämpen für Freiheit, Recht und das Volkswohl "in general" geradezu
überschwemmt werden. Wer solche Notizen liest, muß nothwendiger
Weise die Ueberzeugung gewinnen, daß der ganze District sich für
nichts Anderes als für Cäpt'n Meinswegen's gute Sache begeistert.
Wie über Nacht ein befruchtender Regen allerlei Pilze aus dem
Erdreich treibt, so plötzlich treten fast in allen Straßen des politischen Districtes Vereine ins Dasein, welche für den großen Mann
wirken. Die Namen der Beamten werden bekannt gemacht, doch
wie viele Stimmgeber als "rank and file" hinter diesen Offizieren
von Cäpt'n Meinswegen's Streitmacht stehen, „das geht meinswegen Niemanden was an," denkt er bei sich. „In der Politik
und beim Sechsundsechzig laß ich mir nicht in die Karten gucken!"

Die Nachbarschaft bekommt aber genug zu sehen, was auf eine
bedeutende Stärke der Bewegung schließen läßt.

„Trara!" krächzt ein Orchester von Fischhörnern, und durch das
entsetzliche Getöse dieser ohrenzerreißenden Musik geht das Gebimmel

von Schellen und Pferdegetrappel. Alle Welt stürzt an die Fenster
oder vor die Thüren, um eine mächtige, kirschroth lackirte „Tally-Ho-
Kutsche" zu bewundern, die von vier Apfelschimmeln mit roth-weiß-
blauen Federbüschen auf den Köpfen über das holprige Pflaster gezogen wird, daß es eine Art hat. Wohl an die zwanzig Passagiere
trägt das Gefährt, und Jeder bearbeitet unermüdlich ein Fischhorn;
den Ehrenplatz neben dem Kutscher auf dem Bock nimmt aber
Cäpt'n Meinswegen ein, und wer es noch nicht wissen sollte, was
dieses aufregende "turn-out" zu bedeuten hat, der wird durch ein
riesiges Plakat, welches in Bandform um den Wagen gelegt ist,
darauf aufmerksam gemacht, daß der "Capt. Meinswegen Chowder
Club, No. 1" vorbeirasselt.

Wo der Aufzug erscheint, erregt er Aufsehen beim gaffenden
Publicum, Besorgniß aber vielleicht im Lager der Gegner unseres
Candidaten für die Assembly. Je näher der Wahltag heranrückt,
desto energischer wird gearbeitet, um das „Indorsement" anderer
politischer Organisationen zu bekommen. Diese stellen aber ihre
eigenen Candidaten ins Feld, so daß endlich im District wohl fünf
oder sechs Bewerber um das nämliche Amt sich gegenüberstehen.

„Meinswegen noch ein halbes Dutzend mehr," ruft Cäpt'n
Meinswegen so laut er kann, aber selbst seine Stentorstimme hat
unter den Schrei-Strapazen der letzten Wochen erheblich gelitten.
„Wir wollen den Politischens einmal zeigen, was 'ne Harke ist!"

Und dabei läßt er vor seinem Hauptquartier ein großes Banner
aufhissen, welches sein wohlgetroffenes Bildniß dem bedrängten
Volke zeigt. Es ist ein feierlicher Moment, so zu sagen der Glanz-
punkt der ganzen Wahlagitation. Eine „Musik-Bande", in welcher
die große Trommel das Leitmotiv angibt, leistet einen colossalen
Tusch, während bengalische Flammen das nächtliche Straßenbild
phantastisch erleuchten und Raketen zum Himmel emporzischen.
Die Zuschauer sind begeistert und begrüßen den Candidaten, der
auf der mit Fahnen geschmückten hohen Platform nach allen Seiten
sich beständig verneigt, mit ermunternden Zurufen: „Hier steh' ich,"
sucht seine heisere Stimme das Getöse ringsumher zu überschreien,

„ich kann nicht anders — man hat mich gezwungen, die No-
minäschen anzunehmen — das Volk helfe mir und der guten Sache
— Amen!"

Das ist Cäpt'n Meinswegen's letztes Wort, welches er öffentlich
spricht, bis die Stunde der Entscheidung schlägt. In den Kreisen
der Politiker, welche die Drähte des Wahlapparates manipuliren,
ist man längst darüber im Reinen, daß der Mann nicht Erfolg
haben kann; jedoch sein Einfluß im District ist so bedeutend, und
die Lärmtrommel haben seine Leute so laut zu rühren gewußt, daß
die Anderen ihn nicht unbeachtet lassen dürfen, wenn sie die eigene
Sache nicht gefährden wollen. So wird Cäpt'n Meinswegen eine
vielbegehrte Persönlichkeit für geheime Conferenzen, während seine
„Managers" die Agitation in gewohnter lärmvoller Weise mit
ungeschwächten Kräften fortsetzen.

Zurücktreten? Die Flinte in's Korn werfen? Da kennt man
ihn schlecht. Schon sind die Wahlzettel gedruckt und zur Vertheilung
bereit; gewiß der sicherste Beweis, daß der Kampf bis zum letzten
Augenblicke fortgeführt werden soll. Inzwischen nehmen auch die
geheimen Conferenzen mit den verschiedenen Gegencandidaten ihren
Fortgang, bis am Vorabend des Wahltages der geplagte Vaterlands-
retter seine Minen endlich springen läßt.

Wer weiß, ob er die Katze überhaupt aus dem Sack gelassen,
wenn seine Rosamunde ihn nicht dazu gereizt hätte, indem
sie mit einem Anflug von Ärger und Hohn, wie das so ihre
verdrehte Angewohnheit ist, dem Gatten zurief, als er, erschöpft
von der Anstrengung des Tages, eben den Rock auszog:

„Da hast Du denn wieder unser gutes Geld für 'nen netten
Schwindel zum Fenster hinausgeworfen! Was braucht ein Mann
wie Du sich in politics zu mixen? Das hättest Du nur ge-
scheuteren Menschen überlassen sollen — !"

„So —?" fragt er gedehnt, seine bessere Hälfte vom Kopfe
bis zu den Zehen überlegen musternd. „Ich bin mit meiner Ge-
scheutheit meinswegen ganz zufrieden. In die Assembly komm' ich
nicht, wollt' ich auch gar nicht. Wenn gewisse Leute meinswegen

nicht zu gescheut wären, hätte ihnen längst von selber der be=
wußte Seifensieder aufgehen müssen. Merkste was, Alte? Ja, ich
hab' an den Meistbietenden ausverkauft und einen guten Preis
dafür bekommen, daß ich gelaufen bin. Weiter hatt' es ja gar
keinen Zweck!" — —

Dem Vernehmen nach steht Cäpt'n Meinswegen über den Kauf
einer flotten Wirthschaft in Unterhandlung. Er hat schon längst
ein Auge darauf gehabt, aber nicht davon geredet. Man muß die
Preise nicht verderben.

Mein Freund Ifidor.

Ach, Ihr kennt ihn gewiß, meinen Freund Ifidor!
Jedenfalls bekommen die Leute auf der Straße den
Unermüdlichen ebenso häufig zu Gesicht, wie die Leute
in unserem Hause, wo er in der Familie des kleinen
jüdischen Brillenhändlers in der That nur nächtigt, um in aller
Herrgottsfrühe, bei Regen oder Sonnenschein, wieder davon zu laufen
und seine Geschäfte zu besorgen. Diese bringen ihn aber tagtäglich
in Berührung mit Hunderttausenden, denn sein Kundengebiet ist
nicht kleiner als das Weichbild der Weltstadt New York, und sein
Laden ist die Straße.

Seht Ihr den Jüngling dort an der Ecke? Der Apoll von Bel=
vedere gehört nicht zu seiner Verwandtschaft, und mit Adonis hat er
keine Ähnlichkeit. Aber aus der pelzgefütterten Tuchkappe mit den
breiten Ohrenklappen gucken zwei große schwarze Augen über der
kühn gebogenen Nase und einem verwogenen Schnurrbart schlau in
die Welt hinaus. Hals und Nacken umschlingt ein vielfach gewundener
gestrickter Shawl, dessen beide Enden bis an die halbe Brust des
fest zugeknöpften Flauschrockes herunterbaumeln. Aus den Ärmeln
sind die langen Arme herausgewachsen, wie die Beine — mit Er=
laubniß zu sagen — aus den Hosen, welche nicht ganz bis auf die
in einem Paar Riesen=Filzüberschuhe steckenden Füße hinabreichen.
Und klappernd vor Kälte hüpft der Besitzer all dieser Herrlichkeiten
beständig von einem Bein auf das andere; in den mit großen Frost=
beulen besetzten blauen Händen trägt er links ein halbes Dutzend rothe
baumwollene Taschentücher, daß die lang herunterhängenden Zipfel
den Vorübergehenden so recht provocirend und verführerisch in die
Augen stechen, in der Rechten aber eine Platte mit allerlei Knöpf=
chen von Metall und Bein und Celluloid für Kragen und

Manschetten, und ohne Unterlaß läßt er in unglaublich gebrochenem Englisch seine holde Stimme erschallen:

"Six boutons for five Zents!"

Wenn am Morgen die Handelsfürsten mit ihrem Heer von An= gestellten und Untergebenen ins Geschäft gehen, steht mein Freund Isidor schon stundenlang auf seinem Posten, um seine Kundschaft Revue passiren zu lassen, und wenn Abends der Strom der Arbeiter in langen, unabsehbaren Wellen aus den Fabriken, Werkstätten und Magazinen auf dem Heimwege nach allen Richtungen hin sich zer= theilt, behauptet er noch immer seinen Standpunkt an einer recht lebhaften Ecke, um womöglich noch unter den letzten Nachzüglern einen Käufer zu erspähen für einen Hemdenknopf oder für ein Schnupftuch. Dann nimmt er im nächsten koscheren Restaurant rasch einen einfachen Imbiß und eilt, so schnell ihn die müden Beine tragen wollen, nach Hause — nicht zur wohlverdienten Ruhe nach des Tages Müh' und Last, sondern um noch bis Mitternacht eifrig die Nase ins Buch zu stecken. Der englischen Sprache nicht mächtig, ist der Handelsmann in New York so hülflos und verlassen wie Einer, der keine Waare und keinen Credit hat, und mein Freund Isidor, der diese Thatsache begreift, studirt deshalb mit leidenschaft= lichem Eifer. Denn jede neue Vocabel, die er seinem Gehirne ein= prägt, bedeutet ihm einen Dollar, und jede neue Phrase, um welche er seinen Sprachschatz bereichert, läßt sich dereinst umsetzen in gutes, baares Geld. Da ist es gar kein Wunder, daß ich meinen inter= essanten Stubennachbar oftmals noch spät in der Nacht sein schweres Pensum mit lauter Stimme immer wieder von Neuem repetiren höre; die Wände in unserem Hause sind ja dünn, und Isidor's Zunge ist etwas schwerfällig fürs Englische.

Ja, wenn's französisch wäre, was man spricht in der neuen Welt: das machte sich gleich wunderschön und wäre ganz Isidor's Fall. Seine Wiege stand nämlich im Reichsland irgendwo bei Diedenhofen, wo sein guter Vater noch heutigen Tages in Pro= ducten macht und wehmüthig der alten Zeit gedenkt, da es in jener Gegend noch keine preußischen Pickelhauben gab. Und der „grausame" Respect, welchen Vater und Sohn vor jenen Pickelhauben und vor

dem dadurch repräsentirten Staatswesen empfinden, war auch Schuld
an ihrer Trennung und an dem Umstande, daß der rasch ins Wehr-
pflichtsalter hineingeschossene Knabe sein ausgesprochenes Talent für
Kälber, Wolle und andere Finessen des väterlichen Handelsgeschäftes
daheim nicht länger zur Geltung bringen mochte.

Als man sich vergebens nach einem körperlichen Fehler umgeschaut hatte, auf welchen Isidor seine Zurückstellung in die Ersatz-
reserve begründen konnte, und der Militär-Arzt auch die zartesten
Anspielungen auf das wechselseitige Verhältniß zwischen allgemeiner
Körperschwäche auf Seiten des jungen Mannes und dem Geldbeutel
des Alten gar nicht verstehen wollte, blieb als einziges Rettungsmittel nur die Flucht übrig. Mit dem Segen des Vaters entkam
Isidor glücklich über die französische Grenze, und als er in Havre
das Schiff bestieg, welches ihn und sein Glück nach New York hinü-
bertragen sollte, da wußte alle Welt zu Hause, daß seine heimliche
Auswanderung ganz gegen den Willen der Ältern bewerkstelligt
worden sei: Vater und Mutter rauften sich die Haare aus, machten
bei den Behörden gramgebeugt die nöthige Anzeige, schworen dabei
hoch und theuer, daß sie von dem gesetzwidrigen Vorhaben des un-
verständigen Burschen auch nicht die leiseste Ahnung gehabt hätten,
und erklärten laut und unter vielem Wehklagen, ihr Isidor sei
verflucht, verstoßen und enterbt. Daß der Gegenstand ihres gerechten Zornes aber sein Erbtheil in Form eines guten Wechsels
auf ein New Yorker Haus im Unterfutter seiner Weste bei sich
trug — die Mutter hatte das Papierchen mit eigener Hand am
Abend vor seiner Abreise selber hineingenäht und jeden einzelnen
Nadelstich mit einem Segenswunsch für den lieben Jungen begleitet — darüber verlautete gar nichts im Städtchen.

Und mein kluger Freund bewahrte unterwegs sein Geheimniß
ebenso gut, wie seinen Schatz in der Weste, die er in der That
selbst in der Nacht nicht ablegte. Denn er schlief auf See in den
Kleidern, erstlich aus angeborener Bequemlichkeit, zweitens aus
Angst vor Dieben unter den Schiffsgefährten und drittens, um für
den Fall der Noth, wenn dem Dampfer „etwas Menschliches" passiren sollte, nicht durch die Sorge um die Toilette bei der Rettung
seiner werthen Person behindert zu sein.

Im Übrigen bekundete sich sein scharfer Geschäftssinn auch während der Meerfahrt aufs Glänzendste. Nachdem er schon am ersten Tage in den freien Augenblicken zwischen den qualvollen Ausbrüchen der Seekrankheit das Terrain ausgekundschaftet und mit Kennerblick die Gesichter aller Passagiere im duftenden Zwischendeck studirt hatte, gewann er die Ueberzeugung, daß die Gelegenheit für ein Geschäftchen nicht ungünstig sei. Und die Folge dieser Erkenntniß war ein reger Tauschhandel, welcher zunächst bewirkte, daß Isidor die unvergleichlichen Eigenschaften seiner abgegriffenen silbernen Taschenuhr in so begeisterter und überzeugender Weise auszumalen wußte, daß ein biederer Mechanikus aus der Schweiz, der doch sonst auch nicht auf den Kopf gefallen war, sich wirklich glücklich schätzte, als er für dieses Muster eines zuverlässigen Zeitmessers seine goldene Uhr hingeben durfte. — Das Gehäuse war vierzehnkarätiges Gold, wie Isidor sich bald überzeugte, indem er abseits ging, um schnell die Scheidewasserprobe zu machen. Er hatte nämlich stets ein Fläschchen mit dieser ausgezeichneten Flüssigkeit zur sicheren Erkenntniß von Edelmetall in der Tasche.

Und die Taschen seines Rockes waren außerdem voll von billigen, aber schön glänzenden Bijouteriesachen, die er in Paris gegen eine alte Schuld angenommen hatte, wie er sagte, und die er den jungen Mädchen und Frauen im Zwischendeck zeigte — nur zum Spaß, denn er wollte sie lieber nicht verkaufen, weil es Muster waren für seine Waaren nach dem neuesten amerikanischen Geschmack. Doch was thut ein galanter junger Mann nicht aus Gefälligkeit gegen das schöne Geschlecht? Und so geschah es, daß bei der Ankunft des Schiffes im New Yorker Hafen mein Freund Isidor die Kosten der Reise doppelt und dreifach durch ein flottes Geschäft unterwegs sich verdient hatte.

Ganz verschieden von anderen jungen Leuten, die aufs Gerathewohl nach Amerika auswandern und kaum wissen, was sie in der neuen Umgebung und in den ungewohnten Verhältnissen des fremden Landes mit sich beginnen sollen, war Isidor nicht einen Augenblick darüber im Zweifel, was geschehen müsse, um hier so bald wie möglich festen Fuß zu fassen.

Er zog die Weste mit der papiernen Futtereinlage noch immer nicht aus, als er das Zwischendeck schon mit einer Schlafstätte bei einer Familie von „unseren Leuten" vertauscht hatte, an die er Empfehlungen mitgebracht hatte. Er sagte nicht einmal, welche Bewandtniß es habe mit dieser Weste, denn sein Gemüth war von Natur mißtrauisch, und es brauchte ja auch Niemand zu erfahren, daß er nicht arm wie Hiob das Vaterhaus und die Heimath verlassen habe. Sein Capital war gut aufgehoben, wo er es aufbewahrte, bis die Zeit kommen würde, es nutzbringend anzulegen.

Vorerst aber hieß die Parole: Lernen! Und weil er inzwischen auch leben mußte, so suchte Isidor das Nützliche und Vortheilhafte mit dem Nothwendigen zu verbinden, indem er schon am ersten Tage seiner Anwesenheit in der neuen Welt mit dem Rest seiner ursprünglich für den Tauschhandel an Bord des Dampfers bestimmten Waaren — bei der Zollvisitation im Castle Garden waren die Sächelchen ganz zufällig und unversehens aus den Taschen von Rock, Weste und Hose in die Stiefelschäfte hinuntergerutscht — munter und voll Selbstvertrauen auf die Straße gegangen war und handelte.

„Werd' ich nicht eher heimgehen, bis ich mir habe verdient das erste Abendbrod und das erste Schlafgeld in Amerika!" Das Gelübde hatte er abgelegt, als der Dampfer in den Hafen einlief, und das Gelübde hat er gehalten: „so gesund sollste sein!"

Und wie der erste Tag, so gestaltete sich jeder andere, nur mit dem Unterschiede, daß Isidor Land und Leute immer besser kennen lernt, alle kleinen Kunstgriffe des Hausirhandels sich rasch angeeignet hat, und jetzt schon im Ernst daran denken könnte, Größeres zu wagen, wenn nur die fremde Sprache kein Hinderniß wäre.

Von der Abendschule hat er sich großen Vortheil versprochen, aber er sah sich in seinen Erwartungen bitter getäuscht und geht nicht mehr hin. Die schöne Zeit thut ihm leid, denn in der Klasse sitzen zu viele dumme Menschen, die nichts begreifen können, und die nur den Unterricht aufhalten. Und dann ist der Lehrer der

englischen Sprache auch zu wenig Geschäftsmann. „Gott, der Ge=
rechte! Was thut man mit all' den Fragen und Antworten über
gutes und schlechtes Wetter, übers Theater und über Pferde und
Wagen? Warum lernt man nicht Wörter und Sätze, wie sie vor=
kommen im Leben des Handelsmannes, daß man weiß, weshalb
man auf der Bank sich die Hosen durchscheuert wie ein Schul=
junge?“

Darum hat er offen mit dem Lehrer gesprochen und nach
einem guten Buch — nicht zu theuer darf es sein — gefragt,
aus welchem er selber lernen kann, wenn er des Abends von der
Straße heimkommt. Und der Lehrer ließ ihm die Wahl zwischen
den bewährten Werken von Grauert und Sonnenburg. Mein Freund
Isidor entschied sich aber schnell für den Letzteren.

„Sonnenburg?“ so dachte er bei sich, „'s ist gewiß Einer von
unsere Leut', und der Mann wird besser wissen, als der Andere,
was man von der grausam schweren Sprache zuerst gebraucht,
um weiter zu kommen im Geschäfte.“

So hat er sich denn das Buch erstanden, und es vergeht kein
Abend in der Woche, an welchem er seinem müden Kopf nicht
zumuthet, zu all' den Sorgen und Gedanken über die Wechselfälle
des kleinen Straßenhandels auch noch die Elemente der englischen
Sprache zu verarbeiten und sich anzueignen. Heut' hat er aber
einen schlimmen Tag; mußte er es doch erleben, daß sein gefähr=
lichster Concurrent, der ihm schon so oft eine „gute“ Straßenecke
streitig gemacht hat, mit einem neuen Artikel auf dem Kampfplatz
erschien und glänzenden Absatz damit fand, und es wäre um ein
Haar sogar zu Thätlichkeiten zwischen den beiden Gegnern im Ge=
schäft gekommen, wenn nicht die Rücksicht auf die gefährliche Nähe
des Polizisten die Streitlustigen im Zaume gehalten hätte.

Aber das einmal in Wallung gerathene Blut ließ sich auch
am späten Abend durch das englische Exercitium so leicht nicht
besänftigen. Der Kopf war störrisch, und die rebellischen Gedanken
kehrten aus dem aufgeschlagenen Buche hartnäckig immer wieder
zu der Geschäftsfehde zurück, die doch noch einmal mit den Fäusten
wird ausgekämpft werden müssen, bis dem armen Jungen vor

Müdigkeit beide Augen zufielen. So saß er, den Kopf auf die Arme gestützt, an dem kleinen Tisch und schnarchte und schlief.

Selbst im Traume noch wogte der Kampf mit dem Concurrenten wild auf und ab, aber das Glück war auf Isidor's Seite und es währte nicht lange, da war der gehaßte Feind vollständig in die Flucht geschlagen, während der Sieger seinen Einzug hielt in ein großes Waarenmagazin, das palastartig fast in die Wolken emporragte. Ueber dem Haupteingange prangte aber in gewaltigen Goldlettern Isidor's Name, und in unabsehbar langem Zuge kamen von nah und fern Männer, die vor dem Herrn des Hauses sich ehrerbietig verneigten und fragten, ob sie hoffen dürften, daß er ihnen Waare verkaufen wolle. Da ertönte plötzlich eine wunderbare Musik, wie wenn ungezählte Goldstücke und Silberdollars leise aneinander klingen, und die Scene verwandelte sich in einen prächtigen Saal, in welchem die elektrischen Glühlichter mit den Diamanten und den Augen schöner Damen um die Wette funkelten. Und wiederum huldigte Alles dem Hausherrn Isidor, der ebenso gut wie reich war. Das allerschönste Mädchen trat aus der Reihe ihrer Gespielinnen, und während alle Männer und Frauen ehrerbietig lauschten, declamirte sie mit melodischer Stimme eine Ballade, die, nach dem Vorbilde von Schiller's „Graf von Habsburg" gedichtet, die großen und guten Werke schilderte und pries, mit denen der Millionär Isidor hier auf Erden sich auf den ersten Platz in Abraham's Schooß abonnirt hatte. Und Isidor gedachte gerührt, aber auch mit Zufriedenheit und Behagen, des ersten Tages seiner Anwesenheit in New York, da er als pedlar auf dem Broadway einen Käufer für das erste halbe Dutzend Hemdenknöpfe gesucht und gefunden hatte; und die Musik blies einen lauten Tusch zu dem freudigen Ruf: „Hoch soll er leben!" als das schöne Lied vom braven Manne endlich verklungen war. Der also Gefeierte erhob sich mit Würde, um die schuldige Dankesrede zu halten, selbstverständlich in englischer Sprache. Aber der Angstschweiß trat ihm auf die Stirn, die Zunge versagte ihm den Dienst, der Unglückliche hatte das englische Stichwort vergessen, und angsterfüllt kreischte er auf:

„Gott, Du Gerechter!" —

Der Traum ist zu Ende. Isidor sitzt noch an seinem kleinen Tisch vor dem aufgeschlagenen Sonnenburg, und seine schlaftrunkenen Augen stieren unverändert in das Buch. Aber sein Stubennachbar hat den Angstruf gehört und klopft nun an die dünne Bretterwand und fragt:

„Isidor, ist Ihnen übel?"

‚Übel nicht, aber mies!" lautet traurig die Antwort zurück. „Mir träumte blos, ich wär' ein dreifacher Millionär......!"

„Was nicht ist, das kann noch werden!" — Brummend lege ich mich auf die andere Seite und denke bei mir: mein Freund Isidor hat wirklich gerade das Zeug in sich, den Traum in Erfüllung gehen zu sehen.

„Der kleine Leichtsinn.“

Victor versichert gelegentlich lachend, daß auch er einmal zu den schönsten Hoffnungen berechtigte und der Stolz seiner Ältern war. Und wenn seine Freunde immer ungläubig über eine so kühne Behauptung die Köpfe schütteln, so hat die Sache trotzdem ihre Richtigkeit. Ueber der ganzen Jugend Victor's lag der Sonnenschein des Glückes ausgebreitet, und wenn damals überhaupt schon Jemand daran zweifelte, daß der Knabe dereinst eine glänzende Carrière als Beamter in seinem deutschen Heimathsstaate machen würde, so konnten die Unglücksprophezeiungen nur von einer alten Tante ausgehen, welche im Familienrath die Kassandra spielte, weil ihr ausgelassener Neffe die gute Seele bei jeder Gelegenheit hänselte und ärgerte.

„Mit Dummheiten kommt man nicht durch die Welt,“ pflegte die alte Jungfer zu sagen, wenn im Kreise der Verwandten Victor's Loblied gesungen wurde, und selbst der Tyrann des Gymnasiums, unter dessen Scepter die „vergoldete Jugend“ des Städtchens für die Universität vorbereitet wird, hatte den Wunsch geäußert, das Lernen möchte dem wilden Victor nicht gar so leicht werden. „Ihm fehlt der richtige Ernst!“

Nichtsdestoweniger bestand der junge Mann die Reifeprüfung, wenn nicht glanzvoll, so doch auch nicht als der schlechteste Schüler, und zog mit dem Segen der stolzen Ältern und einem guten Wechsel in der Tasche auf die hohe Schule, um sich dem gewählten Berufsstudium zu widmen. Der gute Wechsel war ihm die Hauptsache. Er hielt sich auch wirklich eine Anzahl von Semestern Studirens halber in der Universitätsstadt auf; ob aber seine Augen jemals das Innere eines Hörsaals oder einen Professor leibhaftig auf dem Katheder gesehen haben, ist noch immer eine offene

Frage. Er ist nämlich seiner Sache selber nicht ganz sicher, spricht
aber die Vermuthung aus, der Besuch eines Collegs, wenn ein
solcher in seiner academischen Laufbahn überhaupt zu verzeichnen
sein sollte, müsse in einen Augenblick geistiger Abwesenheit infolge
acuten Katzenjammers gefallen sein, und darüber könnte er keine
Rechenschaft geben. Desto genauer wußte er aber in allen Dingen
Bescheid, welche seine alte Tante in den Collectivbegriff „Dummheiten" zusammenzufassen die Gewohnheit hatte. Das will heißen,
daß Victor ein „forscher" Student war. Auf dem Fechtboden suchte
er seines Gleichen, in der Kneipe that es ihm Niemand zuvor,
und was Geldangelegenheiten anbetrifft, so waren ihm dieselben
völlig „schnuppe"; waren seine Ausgaben mit den Einnahmen
aus dem ihm vom Vater ausgesetzten Jahrgeld nicht in Einklang zu
bringen, so wußte er sich als Sohn vermöglicher Ältern aus der
Verlegenheit zu ziehen, indem er rechnete: „Sechs von vier kann
ich nicht — borg' ich mir Eins!"

Seine Commilitonen lachten über den schlechten Witz des Virtuosen im Schuldenmachen und nannten ihn „den kleinen Leichtsinn". Victor aber war stolz auf diesen Beinamen und sorgte dafür, daß er nicht in Vergessenheit gerieth. So verging Jahr um
Jahr, und die Welt fing allmälig an, über die Lebensweise des
Bummelstudenten ganz anders zu urtheilen, wie dieser selbst. Die
große Schaar der Philister und Gläubiger, welche den Niedergang
schon so manches glänzenden Sterns am academischen Himmel
beobachtet hatten, wurde ebenso ängstlich in Betreff ihres Gut-
habens wie drängend in ihren Forderungen, und als der in seiner
„Bude" belagerte Student mit dem ihm angeborenen Leichtsinn
einen Mahner nach dem anderen theils figürlich, zum Theil aber
auch handgreiflich die Treppe hinunter geworfen hatte, wandten
sich die also Gemaßregelten auf einen geheimen Wink des Uni-
versitätsrichters mit Brandbriefen an den Vater seines Sohnes.

Wer weiß, wie die Angelegenheiten sich hätten arrangiren
lassen — war doch der Alte selber einmal jung und auf der
Universität gewesen! — wenn Victor nicht gerade in diesem kritischen Moment auf den tollen Einfall gekommen wäre, dem kleinen

Leichtsinn die Krone aufzusetzen, indem er, wie er meinte, auf einen Scherz seines alten Herrn geistreich eingehen wollte. Das Schreiben, in welchem sein langes Schuldregister ihm vorgehalten wurde, hatte der Erzeuger nämlich gerichtet an seinen „ungerathenen Sohn" und unterzeichnet als „tief betrübter Vater", in der sicheren Erwartung, mit diesem Lapidarstil vollberechtigten väterlichen Zornes einen tiefen Eindruck auf das Gemüth des zerknirschten Sprößlings zu machen. Als aber die umgehende Post eine Antwort aus der Musenstadt brachte und in dem Briefe der Adressat sich angeredet fand als „tief betrübter Vater", während der Schreiber nach einem Wust von schönen Redensarten sich zu empfehlen wagte als „Dein ungerathener Sohn" — da war dem Faß der Langmuth und Milde mit einem Mal der Boden ausgeschlagen. Nur die alte Tante triumphirte im Stillen darüber, daß sie in ihrer Beurtheilung des Jungen den Nagel auf den Kopf getroffen habe.

Das Wiedersehen zwischen Vater und Sohn war peinlich, und als der Erstere von seinem fliegenden Besuch in der Universitätsstadt wieder auf der Heimreise begriffen war, mußte er sich leider sagen, daß Victor's Fall ein hoffnungsloser sei. Anstatt auf seine ernsten Mahnungen und Vorstellungen zu hören, hatte der nicht ganz Nüchterne als letzten Liebesbeweis des Vaters sich die Erlaubniß, sowie die Mittel zur Reise nach Amerika ausgebeten. Beides war ihm gewährt worden — mit schwerem Herzen. An dem nämlichen Abend spielte der Sohn aber in seiner Stammkneipe einen Abschieds-Skat, und wenn dabei eine ernste Gemüthsstimmung als Nachhall des leidenschaftlichen Abschieds von seinem Vater überhaupt zum Ausdruck gelangte, so konnte dies nur darin gesucht werden, daß er dem Gegner im Spiel zweimal nacheinander eine „blanke Zehn durchschlüpfen" ließ — ein Leichtsinn, für welchen er selbst keine Verzeihung wußte.

Daß er in den nächsten Tagen sein Reisegeld verjubelte, fand er dagegen sehr natürlich. Allein nun machte auch der Vater, der in der Zwischenzeit über den Lebenswandel des gänzlich verbummelten Studenten sich die traurigste Gewißheit verschafft haben mochte,

Ernst aus dem einmal gefaßten Auswanderungsplan und wußte dafür zu sorgen, daß Victor richtig an Bord des Schiffes abgeliefert wurde.

„Ich hab' den transatlantischen Zug schon lange in mir gespürt," sagte „der kleine Leichtsinn" zu sich, als er in der Zweiten Cajüte die erste Flasche Bier probirte. Und der „Stoff" mundete ihm so gut, und außerdem fand sich auf dem Schiff eine so kreuzfidele Gesellschaft zusammen, daß Victor nur noch mit wenigen Thalern in der Hosentasche klappern konnte, als er eines Tages sich an das Gestade der neuen Welt abgesetzt sah.

Wie es ihm hier ergangen? Gar nicht so schlecht, wie man wol glauben mag, denn: „Unkraut vergeht nicht!" Genau mit diesem Sprichwort wußte „der kleine Leichtsinn" sich stets zu trösten, wenn andere — bessere — Menschenkinder an seiner Stelle hätten verzweifeln, sterben und verderben müssen. Wer seine Sach' auf nichts gestellt hat im Leben, kann im Kampf mit dem Leben auch nichts verlieren: das ist eine bequeme Moral.

Sein Mutterwitz, eine gewisse Redegewandtheit und Schlagfertigkeit des Geistes, der die Wohlthaten einer gründlichen deutschen Schulbildung selbst im Sumpf mehrjähriger Studentenlumperei nicht ganz hatte einbüßen können, würde ihn bei gutem Willen sogar zu geistiger Arbeit befähigt haben, und an Gelegenheit dazu sollte es ihm gleichfalls nicht fehlen. Das Glück findet sich ja häufiger in Gesellschaft des Bruders Lustig als auf Seiten ernst angelegter Naturen. Es war natürlich in der Kneipe, wo Victor, grasgrün vom Schiff, die Bekanntschaft einiger wohlsituirter Geschäfts- und Landsleute machte, die Gefallen an ihm und seinem Skat fanden — es ist etwas Eigenthümliches um die rasche Freundschaft zwischen Skatspielern! — und ihn alsbald in ihre Vereinskreise einführten, wo er wohl gelitten war, obwol er keinen Dollar in der Tasche hatte. Man ließ ihn eben mitlaufen.

Und mit einem wahren Fenereifer stürzte „der kleine Leichtsinn" sich in den Strudel des Vereinslebens und eroberte sich in unglaublich kurzer Zeit einen Freund nach dem andern. Was Wunder? Saß er nicht voll von guten und schlechten Anecdoten,

die er meisterhaft zu erzählen wußte? War er nicht die Gemüth=
lichkeit selbst — singend, zechend, spielend, was man von ihm ver=
langte, der beste Gesellschafter der Welt und ein liebenswürdiger
Kamerad?

Wie der typische Scheiben = „Nigger" auf dem Bilde des New
Yorker Schützenzuges beileibe nicht fehlen darf, oder beim Aus=
marsch der Milizen der darky, welcher der Company den Eimer
voll Eiswasser nachschleppt, ebenso unzertrennlich ist „der kleine
Leichtsinn" von den Matadoren des Vereinslebens. Er lebt that=
sächlich von seinem Witz und hat keine Feinde. Das ist der
Schlüssel zum Geheimniß seines Erfolges. Selbst die biblischen
Lilien auf dem Felde könnten von der gemüthlichen Lebensauf=
fassung, welche Victor im Laufe der Jahre sich angewöhnt, viel=
leicht noch Manches lernen.

Jedenfalls erwartete kein Mensch, der hier in geschäftliche Ver=
bindung mit ihm trat, daß er als Gegenleistung jemals etwas
Anderes als ein freundliches Wort des Dankes oder eine „gute
Geschichte" von ihm erhalten werde. Der Wirth, in dessen Lokal
er sein Hauptquartier aufschlug, um immer „Ein's mitzutrinken",
gewährte dem Manne Jahre lang Kost und Logis, der für die
Unterhaltung seiner Gäste so gern sein Bestes that; und aus der
Garderobe mehr als eines Vereinsbruders, der es wohl wissen
mußte, wie's thut, wenn Einer keinen heilen Rock am Leibe hat,
wanderte ganz heimlicher Weise dies oder jenes gut erhaltene Stück
in den Besitz „des kleinen Leichtsinns." Bei der Auswahl seines in=
timeren Umganges legte Victor, wie man sieht, eine große Men=
schenkenntniß an den Tag.

Und seine Freunde geben ihrem Schützling nicht allein Nahrung
und Kleidung, sondern verhelfen ihm auch gelegentlich zu einem
baaren Verdienst. Wer in seinem Verein als Redner glänzen will,
und nicht Zeit oder Fähigkeit hat, seine gewiß tiefsinnigen Gedanken
in die der festlichen Gelegenheit angemessenen Worte zu kleiden, der
wendet sich vertrauensvoll an Victor. Victor macht ganz reizende
Reden auf fröhliche oder auf traurige Anlässe und schreibt eine so
deutliche Hand, daß man selbst die schwierigsten Fremdwörter, die

so gebildet klingen, vom Concept ruhig ablesen kann, ohne eine Blamage befürchten zu müssen, wenn man ins Stocken kommt. Für den Liebhaber ist eine solche Rede jederzeit eine Zehn-Dollarbill werth. Für die schwungvolle Ansprache einer weißgekleideten Jung= frau und Tochter zur Verherrlichung irgend eines denkwürdigen Tages ist aber selbst eine Zwanzig nicht zu viel, denn im Ruhme einer declamirenden Tochter spiegelt sich hell des Vaters stolzes Glück. Und mit welchem feinen Gefühl und Anstand weiß „der kleine Leichtsinn" die poetischen Einladungen zu einer „frommen Metzelsuppe" oder zu einem fingirten „Schlachtfest" abzufassen, mit welchem das „gänzlich renovirte", d. h. neugetünchte Lokal eines Wirthes nach guter alter Sitte eingeweiht werden soll! Jedermann kennt den Verfasser, gibt aber dem Manne die Ehre, in dessen Namen die Einladung erfolgt.

Am schönsten blüht aber des Dichters Weizen, wenn zur Zeit des Carnevals so mancher lustige Vogel, der anders nicht glänzen kann, mit den buntschillernden Federn fremden Humors als dem eigenen Gefieder sich brüstet und schmückt. Wie viele Schön= geister des Faschings zählt „der kleine Leichtsinn" zu seinen geheimen Kunden, und der Neid muß es ihm lassen, daß seine Reime oft die besten sind, die zum Vortrag gelangen. Würden auch sonst die Schauspieler in ihrer Verlegenheit um packende Lokalstrophen für ihre Couplets um seine Freundschaft buhlen? Und er schüttelt die Verse so rund und schön und leicht aus der Feder, die über das Papier dahinfliegt, als betrauere sie die verlorene Zeit, welche ihr Herr und Meister wegen der lästigen Arbeit den Freunden an der Tafelrunde entziehen müsse.

Schade um das große Talent, welches sich auf der Bierbank ver= zettelt! Doch viel beklagenswerther ist das Mädchenherz, welches in Folge einer unbezwinglichen Leidenschaft einem solch' gefährlichen Talent zum Opfer fällt.

„Seh' ich nicht würdig aus, heute?" so begrüßt Victor eines Morgens beim Frühschoppen einen Freund, der die sonderbare Frage lächelnd verneint mit den Worten:

„Nein, leichtsinnig wie immer —"

„Und dennoch hab' ich gestern Abend ein Menschenkind gefunden, das noch viel leichtsinniger ist, als „der kleine Leichtsinn", fällt Victor ein, indem er mit komischem Ernst den Kopf in den Nacken wirft und eine gravitätische Positur annimmt. „Ich hab' ein sitt= sames Mädchen gefunden, nicht, das mich liebt, vergöttert, — denn das thun alle Weiber — nein, das mich sogar heirathen will —"

Da bricht der Freund in lautes Gelächter aus: „Das ist ja der reine Blödsinn: Du und heirathen!"

„Genau dasselbe hab' ich dem Mädchen gesagt, allein sie hält mich beim Wort — 's muß wol ihr letzter verzweiflungsvoller Ver= such gewesen sein, denn sie ist so ziemlich aus dem Schneider! — nimmt meinen scherzhaften Antrag, den nur eine tolle Weinlaune mir eingeben konnte, als heiligen Ernst, und nun — mir soll's recht sein — Verderben, nimm deinen Lauf!"

Ob „der kleine Leichtsinn" auch dann so leicht und fest sich hätte beim Wort nehmen lassen, wenn es ihm nicht bekannt gewesen wäre, daß das Mädchen, welches er für noch leichtsinniger als sich selbst hielt, als geschickte Putzmacherin ihr gutes Auskommen habe? War nicht bei dieser Liebesgeschichte, welche eine alternde Putz= mamsell unter die Haube brachte, auch auf Seiten des Mannes ein gut Stück Berechnung im Spiel? Der Verstand soll ja mit den Jahren kommen, und Victor war durchaus kein Jüngling mehr, als er sich ins Ehejoch spannen ließ. — Für einen Theil seiner Freunde war der Hochzeitstag ein großes Gaudium, aber die anderen machten gar ernste, bedenkliche Gesichter. Sie meinten, die Sache müsse ein schlimmes Ende nehmen.

Ueberhaupt fand „der kleine Leichtsinn" nach seiner Verheirathung in den Kreisen seiner Bekanntschaft eine viel schärfere Beurtheilung, als man sie vorher seinem unstäten Lebenswandel gegenüber an= zuwenden für nothwendig erachtet hatte. Ward seiner Genialität — wie viel Unfug treibt man mit diesem Wort! — früher jede Lumperei nachgesehen, so sollte jetzt der Ehemann für alle Hand= lungen und Unterlassungen wie ein gewöhnliches Menschenkind in gleichen Verhältnissen streng zur Rechenschaft gezogen werden,

und diejenigen Leute, welche den guten Kameraden in seinem
Junggesellenstande an ein Leben ohne regelmäßige Thätigkeit dadurch gewöhnt hatten, daß sie ihn freiwillig mit durchschleppten
und auf ihren Taschen liegen ließen, zuckten jetzt wol die Achseln
über das mauvais sujet, und gingen ihm thunlichst aus dem Wege.
„Pfui! Er läßt sich von seiner Frau ernähren!" so lautete nunmehr der Wahrspruch der öffentlichen Meinung, welche, moralisch
wie immer, hinzufügte: „Ein Segen nur, daß die Ehe wenigstens
kinderlos bleibt!"

Wie Alles im Leben, so nahm Victor auch seine Heirath auf
die leichte Schulter: eine Auffassung, welche wenigstens anfangs
bei seiner Gattin auf den entschiedensten Widerstand gestoßen war.
Sie machte ihm Vorstellungen und Vorwürfe, suchte ihn zur Ordnung anzuhalten, wollte „einen Mann aus ihm machen", und er
lachte ihr nur ins zornige Antlitz. Dann drohte sie mit einer
Trennung, zog sich aber rasch beleidigt in ihren Schmollwinkel
zurück, als er ihr mit der größten Seelenruhe entgegnete: „Ganz
nach Belieben, Schatz! Aber siehst Du wohl, wie Recht ich hatte,
als ich Dich warnte, mich zum Manne zu nehmen?"

Resignirt in ihrem selbstgewählten Schicksal, gab das Weib ihre
Erziehungsversuche bald als hoffnungslos auf und ließ seufzend
den Mann gewähren. Er konnte so liebenswürdig und gut sein,
wenn er wollte, und war weich wie ein kleines Kind. Daß er
sich von der Frau ernähren ließ, war auch nur zum Theil wahr;
denn wenn er Geld nach Hause brachte, gab er gern den letzten
Cent aus der Tasche. Er war nicht schlecht, auch nicht der crasse
Egoist, als welchen die Welt, die seine Gutmüthigkeit mißbrauchte,
ihn hinstellte; sein einziger Fehler war Leichtsinn, grenzenloser
Leichtsinn. Wenn sie ihn nur dazu bewegen könnte, bei ihr daheim die Leute zu empfangen, die ein Gedicht, eine Rede oder
eine schriftliche Arbeit zu besorgen hatten, so wäre vielleicht noch
Alles gut gegangen, allein er war für seine Kunden blos in einer
Wirthschaft zu sprechen. Der schlaue Wirth wußte wohl, weshalb
er Victor's Leichtsinn auf alle mögliche Weise Vorschub leistete,
denn der gefällige Gelegenheitsdichter war zu gewissen Zeiten des

Jahres ein vielbegehrter Mann, und wo er war, da sprudelten
nicht allein Witz und Humor, sondern auch die geistigen Getränke.

Der arme Victor weiß aber nur zu gut, was folgt, wenn der
Löwe einmal Blut geleckt hat, wie er seinen unauslöschlichen Durst
euphemistisch zu umschreiben pflegt. Dann vergißt er sich selbst im
Taumel einer wüsten Zecherei, die nicht eher zum Abschluß ge=
langt, als bis sämmtliche bekannte Wirthschaften der Stadt das
Vergnügen seiner trunkenen Gegenwart genossen haben, und mit
dem letzten Credit auch die letzte Kraft des grausam mißhandelten
Körpers erschöpft ist. Zitternd wie Espenlaub, hohläugig und mit
beschmutzten Kleidern erscheint er eines Morgens wieder in der
Stammkneipe, von welcher die große spree ausgegangen ist.
Ein wahres Bild des Jammers, vermag er über die Ereignisse
der vergangenen Tage nicht die geringste Auskunft zu ertheilen,
aber angefeuert durch einen cocktail, zu welchem der in solchen
Dingen wohl bewanderte Wirth seinem arg heruntergekommenen
Freunde räth, zwingt „der kleine Leichtsinn" seinem kranken Hirn
zur Unterhaltung der im Lokal anwesenden Gäste gewohnheits=
mäßig ein paar schlechte Witze ab. Mit beißender Ironie spricht
er über sich selbst und seine trostlosen Verhältnisse, daß Alles um
ihn her lacht, oder zieht wol einen Bekannten, den er in diesem
Augenblicke, Gott weiß aus welchem Grunde, seines besonderen
Vertrauens würdigt, in eine stille Ecke, um sich mit faunischem
Lächeln in Selbstanklagen zu ergehen.

„Siehst Du," lallt die schwere Zunge, während das müde
Auge unstät umherschweift, „es ist eine Schande, wie ich's wieder
getrieben hab'. Aber „den kleinen Leichtsinn" soll der Teufel
holen. Ich kneipe Sect wie'n russischer Großfürst, und mein braves
Weib — mein Verhängniß! — daheim weint sich die lieben Äug=
lein roth und arbeitet sich die armen Finger wund! Difficile est
satiram non scribere, sagt der alte Juvenal!" —

Dem Freunde schaudert's.

„Wenn Du das Verkehrte und Widersinnige Deines Lebens=
wandels selbst erkennst," sagt er wohlmeinend nach kurzem Be=
denken, „so raff' Deine ganze Willenskraft zusammen, Victor, und

nimm einen neuen Anlauf. Freunde werden Dir helfen, und bei
Deinem ausgesprochenen Talent kann es Dir ja im Leben nicht
fehlen, wenn Du nur ernstlich willst. Aber fort mußt Du aus
der großen Stadt, deren Verführungen Du nicht mehr gewachsen
bist, fort nach dem Westen oder wohin Du willst, aber nur fort
aus New York!" —

Victor legt dem warm werdenden Freunde die zitternde Hand
auf die Schulter und unterbricht seinen Redestrom lachend:

„Halt ein! Ich bin furchtbar leichtsinnig, aber so leichtsinnig
bin ich nicht, daß ich mich von meinen Freunden fortschicken lasse."
Und sehr bedächtig klingen die Worte: „Von New York nach dem
Westen zu kommen, ist Kinderspiel für Unsereinen, aber aus dem
Westen nach New York zurück — das hält verteufelt schwer, sag
ich Dir!"

„Dann bist Du verloren!" sagt der Freund sich erhebend.

„Weißt Du nicht, daß der Weg zur Hölle mit guten Vorsätzen
gepflastert ist? — Charley, mix' mir noch einen cocktail — aber
nicht zu süß, und laß' die Citrone fort!"......

Der Mann an der Ecke.

In aller Herrgottsfrühe, wenn das ganze Haus noch in den Federn liegt und selbst das kranke Baby, welches während der Nacht beständig herumgetragen werden mußte, auf dem Schooß der müden Mutter endlich eingeschlummert ist, da macht vor dem Corner Store sich schon eine gewisse Thätigkeit hörbar und auch sichtbar, soweit Letzteres möglich ist bei dem unsicheren Schein der flackernden Straßenlaterne und bei dem Glimmer der Gasflamme, welche im Store brennt. Vor der halb geöffneten Thür des Ladens steht ein Wagen, wie er von den Grocers gebraucht wird, um ihren Waarenbedarf vom Markte heimzuholen, und der Besitzer dieser „Corner Grocery" ist eben dabei, unter vielen derben Flüchen und andern untrüglichen Anzeichen einer entschieden schlechten Laune den aus dem Stall nebenan geholten alten Gaul einzuspannen. Dieser setzt der Gereiztheit seines Herrn einen stoischen Pferdegleichmuth entgegen und zeigt nicht die geringste Lust, der wiederholten Aufforderung, in die Deichselgabel zu treten, freiwillig Folge zu leisten. Deshalb reißt der Grocer in hellem Zorn mit einem so gewaltigen Ruck in die Zügel, daß der Klepper vor Schmerzen im Maul den Kopf schüttelt und, an allen Gliedmaßen zitternd, das holprige Pflaster mit den Hufen stampft.

„Reg Di man blos nich up, Vader," ruft in diesem Augenblick die Stimme einer Frau, deren Gestalt an einem Fenster der Wohnung über dem Store sichtbar wird. „Wat kann denn dat arme Perd dorför, dat Du Di wedder öwer den Nahber ärgern deihst?"

Mit dem Nachbar, der hier als ein Stein des Anstoßes vorgestellt wird, ist aber der Grocer an der andern Straßenecke gegenüber gemeint: sein Landsmann, Jugendfreund, Concurrent und

grimmiger Feind. Inzwischen ist das Pferd eingespannt und der
Mann auf den Bock gestiegen.

„Geh man wieder zu Bett, Mutter," ruft er nach oben, in
zwei Stunden bün ich wieder vom Market retuhr," schnalzt mit
der Zunge zum Zeichen für das Pferd, daß die Fahrt beginnen
kann, und dann rasselt der Wagen um die Ecke an dem Laden
des geschworenen Geschäftsfeindes vorbei.

Der ist schon zehn Minuten früher als er unterwegs nach dem
Washington Market, und das ist gerade sein Ärger. Seitdem die
beiden Landsleute nämlich in „Opposischen" zu einander getreten
sind, sucht Einer dem Andern den Rang abzulaufen, gönnt Keiner
dem Andern das Schwarze unter dem Nagel, wird der Concurrenz=
krieg von Jedem bis aufs Messer geführt. Vor den Leuten frei=
lich halten Beide den Schein der Freundschaft aufrecht, und zwar
ebenfalls aus „Interesse", weil man unter dem Deckmantel des
nachbarlich guten Einvernehmens dem Gegner um so dreister in die
Karten sehen kann. So bietet denn jede gelegentliche Unterhaltung
im Beisein dritter, unbetheiligter Personen leicht Veranlassung zu
Reibereien, bei welchen der Grocer in unserem Hause gewöhnlich
den Kürzern zieht. Als der Ältere von Beiden, dem Vernehmen
nach auch der Wohlhabendere, ist er von dem Vorwurf der Eitel=
keit leider nicht freizusprechen. Seinem ganzen Wesen nach etwas
breitspurig, liebt er zu glänzen und schon durch seine Redeweise der
Welt zu zeigen, daß er nicht nur ein gewiegter Geschäftsmann,
sondern auch ein gebildeter Mann ist. So bedient er sich mit Vor=
liebe der hochdeutschen Sprache, wenn er sein Englisch, das ihm
übrigens ganz geläufig geworden ist, nicht vortheilhafter an den
Mann bringen kann, und diese Verleugnung seiner mütterlichen
Mundart gibt seinem Gegner von gegenüber bei den gemeinschaft=
lichen Landsleuten eine gefährliche Waffe in die Hand.

Gestern Abend hatten Beide einander bei dem dritten Platt=
deutschen in unserer Straße — bei dem behäbigen „Liquormann"
— an der Bar zufällig getroffen, als ebenso zufällig die Unter=
haltung auf die Kornpreise in der alten Heimath gekommen war.
Da glaubte Jeder ein Wort mitsprechen zu können, denn sie waren

ja Alle auf dem Dorfe groß geworden, aber unser Hausgenosse warf sich im Bewußtsein der Bedeutung seiner Sachkenntniß in die Brust und wollte laut und vernehmlich beginnen:

„Was bei mich zu Hause, sozusagen, die Gutsbesitzers sünd —"

„Worum blimst Du nich bi de Buren, Jan?" unterbrach da die wohlgesetzte Rede sein Geschäftsfeind spitzig, „Du hest dor buten ja doch man de Käuh hött --"*

Die Anwesenden lachten, und der durch diese Anspielung auf seine Jugendbeschäftigung in seiner Ehre angegriffene Grocer wußte sich nicht anders zu rächen, als daß er giftig entgegnete:

„Dat hest Du ok dahn —"

„Ne, Jan," rief dieser mit unerschütterlicher Ruhe, „dat heww ick nich dahn, denn mien Vader selig hadd man ein Kauh, un de kunn ick licht bi'n Stert fasthollen."**

Bei dieser Wendung des Gespräches hatte es eine große Heiterkeit gegeben, und die Lacher waren sämmtlich auf der Seite seines gewandteren Geschäftsfeindes, so daß er nur schleunig den Rückzug antreten konnte, wollte er sich nicht noch einer größeren Verhöhnung aussetzen.

Und jetzt hatte der „hakermentsche Kerl" schon wieder einen Vorsprung vor ihm auf dem Wege zum Markt, damit er nur fünfzehn Minuten früher als er seinen Store aufmachen und ihm vielleicht einen Kunden abspenstig machen könne. Er treibt den Gaul zu größerer Eile an und murmelt verächtlich vor sich hin:

„Was mich woll an die paar lumpigen Dahlers gelegen is. Je, wenn ich so'n Hungerleider un mißgünstiger Deubel wär', wie Der da! Aber so? Get up, Kate!"

Und der Gaul trabt in gewohnter Weise weiter; er kennt den Weg so gut wie seinen Herrn, mit dem er alt und steif geworden ist. Das waren noch andere Zeiten, als sie Beide so 'ne fünfzehn Jahre weniger auf dem Rücken hatten. Damals brauchte Kate nicht blos den Grocery Wagen zu ziehen, sie diente ihrem Herrn

---

* Du hast da draußen ja doch nur die Kühe gehütet.

** Mein Vater selig hatte nur eine Kuh, und die konnte ich leicht beim Schwanze festhalten.

und Meister auch als Schlachtroß. Denn der Grocer hatte dem
Adoptiv-Vaterlande in jenen lustigen Tagen einen Theil seiner
freien Zeit als Miliz-Cavalerist geweiht, in einem der Regimenter,
die nun längst aufgelöst und von der Bildfläche verschwunden sind.
So machten es alle „plattdütschen Jungens", die Pferd und Wagen
im Stall und das Herz auf dem rechten Flecke hatten. Das Plaisir
des Soldatenspiels kostete freilich ein schönes Stück Geld, allein das
Geld lag damals ja noch „auf der Straße", wie die Rede geht.

Ju jenen fetten Jahren, welche dem Taumel des Bürgerkriegs
folgten, hatte der Grocer den Grundstein zu seinem Wohlstande ge=
legt. Wie das Auswanderungsfieber und die Furcht vor „dem
Preußen", welcher eben das beste Land zwischen den Mündungen der
Ems und der Elbe sich zu Gemüthe geführt hatte, schon vor ihm
Tausende von kräftigen Bauernjungen aus ihren Dörfern über das
Meer getrieben hatte, so litt es auch ihn, den zweiten Sohn seiner
Altern, nicht länger in der Heimath. Der Erstgeborene bekam der=
einst als Thronerbe die väterliche Bauernstelle, für den Zweiten
blieb Nichts übrig, als das Reisegeld nach Amerika und der Segen
der ganzen Freundschaft: „Jan, holl Di fuchtig!"

Wie unter dem Einfluß der rollenden Zeit die Menschen sich
ändern! Wer von den alten Bauern im niederdeutschen Dorf möchte
in dem Mann, der unter dem amerikanischen Marktvolk so be=
stimmt und sicher auftritt, eine so bedeutende Waarenkenntniß an
den Tag legt und in jeder Bewegung seiner schwieligen Hand so
deutlich zeigt, daß er weiß, was er will, den dummen Jungen
wiedererkennen, der bei ihnen aufwuchs und dazu bestimmt schien,
sein Leben, wenn's gut ging, als Großknecht zu beschließen?

Er selbst erinnert sich freilich noch ganz genau der Umstände,
wie er eines Tages in New York ans Land stieg und Maul und
Ohren aufriß über die mächtigen neuen Eindrücke, die er in sich
aufnehmen mußte. Aber er verlor den Kopf nicht. Als wäre er
anstatt eines Bauernjungen aus dem Hannöverschen ein alter Römer
gewesen, der den Rath seines Leibphilosophen beherzigte: nil ad-
mirari! sagte er sich blos: „paß up!" und trat in Condition bei
einem Landsmann, an den er empfohlen war, und der ihn als

„Clark" in die Geheimnisse des New Yorker Grocery-Geschäftes einweihen sollte. Das Geschäft nahm nun gleich am ersten Tage nach seiner Landung einen erfolgreichen Anfang und im Laufe der Jahre den erfreulichsten Fortgang. Die fremde Sprache machte ihm dabei stets den geringsten Kummer, denn wenn die Kunden seines Principals ihm mit „dat verdrehte Ingelsch" kamen, ließ er mit der größten Seelenruhe seine plattdeutschen Batterien spielen, und so konnte Einer dem Andern sich zur Noth recht wohl verständlich machen, bis nach und nach der sprachliche Instinct fast spielend lernte, das nah verwandte Idiom, jedenfalls dem Laute nach, bis zu einem gewissen Grade zu bemeistern.

Größere Schwierigkeiten machte ihm anfangs die Erlernung der im Geschäft und bei Bedienung der Kunden nothwendigen Handgriffe, sowie die Rechnung. Er merkte, daß der Verdienst des Grocers auf Kleinigkeiten beruhe, und daß genau zu Werke gehen müsse, wer hier nicht zu kurz kommen wolle. „Ehrlich Maß für ehrlich Geld, aber nicht eine halbe Kartoffel zu viel fürs Geld: denn erst komm ich, und denn komm ich nochmal und denn kommst Du noch lange nicht." Dieses Wort seines Lehrmeisters und Principals bildete das einzige Hauptstück in seinem Katechismus, und darnach handelte er, daß der alte Mann seine wahre Freude an dem „Clark" halte, bis er eines Tages zufällig merkte, was ihm nicht besonders gefiel.

„To'n stillen Partner heww ick Di nu grad nicht utsöcht, Jan", winkte der Alte mit dem Zaunpfahl. „Segg nix nich dagegen, denn ick weet Bescheid, und dat hebben ja woll of all mehr dahn. Aber wenn Du Di nu good hollen deihst, denn kannst Du mit de Tied de Deern ja of kriegen."*

Der Junge antwortete nichts und gab nur im Stillen dem Alten das Zeugniß, daß er „hellschen klug" war und genau wußte, was die Glocke geschlagen hatte. Selbst der geheimen „Frigeratschon" mit der einzigen Erbtochter des Hauses war der schlaue Fuchs also auf die Spur gekommen? Da er nun aber aus der besten Quelle wußte,

---

* Aber wenn Du Dich nun gut hältst, dann kannst Du mit der Zeit das Mädchen ja auch heirathen.

daß auch in dieser Beziehung seine Hoffnungen und Zukunftspläne nach aller menschlichen Berechnung ihrer Erfüllung entgegengehen mußten, theilte er seine ganze Energie und Aufmerksamkeit von jetzt an ehrlich zwischen dem Geschäft und seiner Liebe. Mußte doch eine Zeit kommen, wo diese beiden Interessen miteinander verbunden wurden. Und dazu sollte es früher kommen, als er selbst oder der Alte gedacht hatte. Auf dem ersten Plattdeutschen Volksfeste war es, wo die patriotische Begeisterung des sonst so nüchternen Alten mit seinem Verstande davon lief, daß er den Keim zu der Krankheit legte, von welcher er nicht wieder genesen sollte. Es gab eine „große Leiche" in der Ward. Der Pastor der Kirche, welche der im Herrn Entschlafene mit begründet und stets reichlich unterstützt hatte, mußte zuerst im Trauerhause und dann auch draußen auf dem Friedhof eine schöne Rede halten, und Jan kriegte außer der einzigen Tochter des Verblichenen auch seine Grocery; denn die trauernde Wittwe zog sich auf ihr Altentheil zurück, bis auch sie etwa nach Jahresfrist dem Gatten in ein besseres Jenseits folgte, tief betrauert von ihrer Tochter und dem Schwiegersohne.

So war ihm im Leben denn Alles aufs Schönste geglückt und dem Verdienst auch hier seine Krone geworden. Wenn der eine Kummer nicht wäre, daß der dumme Kerl aus reiner Neidhammelei an der anderen Ecke den „Opposischen-Store" eröffnet hätte, so müßte er sich wahrscheinlich lange besinnen, um überhaupt Etwas zu finden, worüber er sich ärgern könnte.

Mit seinem eigenen Ich ist er am meisten zufrieden, und weil seine Ehe kinderlos geblieben, gilt er auch im engen Gedankenkreise seiner Gattin noch heutigen Tages als die Hauptperson, um deren Wohl sich Alles drehen und wenden muß. Die Beiden führen in der That eine mustergültige Ehe, arbeiten mit vereinten Kräften an der Befestigung ihres Wohlstandes, haben für gewöhnlich möglichst geringe Bedürfnisse; und nur wenn es darauf ankommt, die Ehre des Hauses bei gewissen Gelegenheiten nach Außen zu wahren, läßt weder Jan sich lumpen noch seine bessere Hälfte.

Solcher Ausnahmefälle gibt es im Jahreslauf übrigens nur sehr wenige; denn dazu stellt das Geschäft mit seinen Obliegenheiten und

Sorgen zu viel Ansprüche an das Leben. Ist es ihnen angeboren als eine typische Charaktereigenschaft des ebenso knorrigen aber ehrenfesten Volksstammes, dem sie entsprossen, oder muß es nur eine unter dem Drucke der Verhältnisse angenommene Gewohnheit genannt werden, daß weder Er noch Sie Jemand anders so recht vom Herzensgrund aus trauen kann? Thatsache aber ist, daß das Mißtrauen des seligen Schwiegervaters, welcher ja die vollwichtigsten Proben seiner „hellschen Klugheit" abgelegt hat, im Wesen des Schwiegersohnes und Geschäftsnachfolgers gewissermaßen als concentrirte Säure hervortritt. In seinem Store kann „nix nich passiren", womit er zart andeuten will, daß sein „Clark" nicht etwa blos früh aufstehen müßte, sondern gar nicht zu Bette gehen dürfte, wenn „der Deubel ihn einmal reiten sollte." Er liebt in seiner Redeweise Gleichnisse und Bilder einzuflechten, wie er sich auch für einen Meister in der Beurtheilung jener „Bilder" hält, die er nur in seiner safe, d. h. in der Innentasche seiner Weste sicher hält.

„Mich hat noch Keiner mit einem schlechten Dahlerbilde angeschummelt," sagt er schmunzelnd zu seiner Frau, als die Rede darauf kommt, daß der dummerhaftige Kerl an der andern Ecke an einem falschen Zehn-Dollarschein hängen geblieben ist. Und er reibt Daumen und Zeigefinger zusammen: „Das muß Einer ins Gefühl haben, Mutter!"

Und Mutter nickt ihm freundlich zu und freut sich über ihren klugen Mann. Dieser versteht sich aber nicht nur auf die Bilder der papiernen Werthzeichen, ob sie echt oder schlecht sind, sondern sein Instinct lehrte ihn auch die verschiedenen Menschengesichter kennen, und was dahinter steckt. Bei ihm zerfällt die Menschheit einfach in zwei Klassen: die eine bezahlt baar, die andere will borgen; vor dieser nimmt er sich in Acht und schickt sie zu seinem Nachbar über die Straße, vor jener nimmt er den Hut ab und bedient sie mit Hochachtung, ihre Kundschaft als ein Monopol betrachtend, welches er gegen die Gelüste und Angriffe des Landsmannes an der andern Seite bis aufs Äußerste vertheidigen würde. Die Feindschaft der beiden Straßen-Ecken soll in der That darin begründet sein, „daß der entfamigte Mensch, weil er vor Hunger sonst ja woll dodt

gegangen wär', mich ein paar von die ältesten Cäsch=Costümers vor die Nase weggeschnappt hat."

Weil die eigenen Interessen seine ganze Aufmerksamkeit in An= spruch nehmen, hat er für das öffentliche Leben keine Zeit oder Ver= ständniß. „Bleibt mich mit die Politischens vom Leibe, denn was geb' ich drum, welche Partie im Amte sitzt? Jeder will seinen eige= nen Vortheil, und das ist der Lauf der Welt." Nach dieser einfachen Richtschnur verfügt er am Wahltage über seine Stimme, hilft gern einem persönlichen Freunde und jedem guten Kunden, der in der Ward „länft" oder zeigt sich den politischen Wünschen dieses oder jenes Wholesaler gefügig, von dem er als Gegenleistung irgend eine geschäftliche Gefälligkeit erwarten kann.

„Ein Mann, ein Wort!"

Leute dieses Calibers haben in der bürgerlichen Gesellschaft etwas zu bedeuten. Das sieht man, wenn der große Verein, zu dem er natürlich „belangt", ausrückt zum Königsschießen oder zum Ball. Mutter's Auge ruht mit Stolz und Wohlgefallen auf der strammen, untersetzten Gestalt, an welcher Alles solid, fest, gesund ist. Den breitkrämpigen Jägerhut mit den Eicheln an der golddurchwirkten Litze auf dem mächtigen Kopf mit den klugen Augen, die lose Joppe über der weißen Weste mit der fingerdicken goldenen Uhrkette, im linken Knopfloch ein Rosenstrauß und die ehrlichen Hände zur Feier des Tages in blendend weiße baumwollene Handschuhe gezwängt: so nimmt er von der Gattin Abschied, nachdem eine ansehnliche Rolle Greenbacks in der bewußten Westentasche Platz gefunden hat.

„Jan, wat büst Du doch so nüdlich!" Die Frau drückt ihm über= glücklich einen herzhaften Kuß auf die Lippen. „Wenn Du doch mal als Schützenkönig torück keemst!"

„Ich will mir woll hüten, Mutter," sagt er abwehrend, indem er mit überlegenem Lächeln die Büchse im Lederfutteral aus der Ecke nimmt. „Süh, ich kann besser schießen, als die meisten Jungens. Von drei Schüssen immer zwei ins Swarze: darauf kannst Du ganz ruhig Gift nehmen. Aber wenn's darauf ankommt, schieß ich doch lieber vorbei und ein poor Löcher in die Luft. Denn Schützenkönig? Für so 'ne Ehr' laß man 'n Andern betahlen, Mutter, dem das Geld in

der Tasche brennt, als wären es lauter Mätsches, die Einer so rasch
als möglich fortschmeißen thut. Mich brennen die Dahlers aber gar
nich da drinnen!"

Und er schlägt herzhaft mit der Hand auf die Stelle unter dem
linken Knopfloch, wo er sein Geld und sein Herz fühlt. Sein ehrliches
Gesicht strahlt ordentlich vor Vergnügen, und er blinzelt nicht ein=
mal nach der andern Straßenecke hinüber, was er sonst doch niemals
lassen kann, wenn er aus seinem Hause auf die Straße hinaustritt.
Heute existirt das Geschäft überhaupt nicht für ihn, der sich vorge=
nommen hat, einmal „kreuzfidel und puppenlustig" zu sein.

Mutter denkt dabei etwas beklommen an den unvergeßlichen
Abend nach dem Plattdeutschen Volksfest im vergangenen Jahr,
wo sie so viel Mühe hatte, den Mann heil und sicher nach Hause
und in sein Bett zu bekommen.

„Jan," sagt sie so recht eindringlich, „Du weetst doch, Du kannst
dat Dörchenander mit de Getränken nich verdragen —"

Aber er läßt sie nicht ausreden, sondern meint vergnügt:

„Vor so'n Bischen Katzenjammer hob' ich gor keine Angst nich!
's is ja auch man einmal Volksfest im Jahr!"

Der Herr Baron.

Wenn jemals Einer die Treppe hinuntergeflogen ist, so kann dies von dem Baron Eytel von Donnerskiel gesagt werden. Diese rasche Beförderungsweise verdankte er nun weder einer Flugmaschine, noch einer andern mechanischen Vorrichtung, sondern die bewegende Kraft in seinem Falle ging von dem vehementen Ruck zweier Fäuste aus, die einem vierschrötigen Manne gehörten. Einige glaubwürdige Augenzeugen, die gerade auf der Treppe standen, als der Baron an ihnen vorbeisauste, wollen ferner beobachtet haben, daß bei dieser eigenthümlichen Arbeitsleistung nicht nur die Fäuste, sondern auch ein Stiefelabsatz des Vierschrötigen im Spiele gewesen seien.

Als Herr von Donnerskiel unten im Hausflur anlangt, ruft er, etwas athemlos, mit näselnder Stimme nach oben: „Mein Bester, das sollen Sie mir theuer bezahlen!"

„Bezahl' nur erst Deine Schulden, Du Schandkerl!" So schallt es von oben herunter. „Und wenn Du nicht auf der Stelle Dich fortmachst, so soll Dich das Kreuzhimmeldonnerwetter — !" Der Mann, der diese Worte in heller Wuth hervorgestoßen, vollendet den Satz nicht, springt aber einige Stufen der Treppe hinunter, als wollte er dem Andern aus nächster Nähe noch etwas Wichtiges ausrichten. Dieser scheint eine persönliche Annäherung indessen nicht mehr zu wünschen, denn im nächsten Moment verschwindet er eilends aus der Hausthür und um die nächste Straßenecke.

Der Baron Eytel von Donnerskiel gehört also nicht mehr zu unseren Hausgenossen, und es ist auch keine Aussicht dafür vorhanden, daß er jemals die Schwelle wieder überschreiten wird. Doch wie ist ein so vornehmer Herr überhaupt in den Kreis von Menschen gerathen, die, bei Licht betrachtet, gar keine Menschen

sind — höchstens „Leute", weil der Mensch doch bekanntlich erst
bei dem untersten Adeligen anfängt?

Nach gewissen Andeutungen, welche der Baron selber gelegent=
lich zu machen für gut hält, verdankt New York die Ehre seiner
Anwesenheit einem „Ehrenhandel, den er mit seinem Obersten
hatte". Nach einer anderen Lesart, für deren Ächtheit übrigens
eine Menge Autoritäten citirt werden könnten, wäre die Ursache
seiner Auswanderung dagegen in einem „Ehrenschein" zu suchen,
welchen der simple Second=Lieutenant von Donnersfiel von dem
. . . .ten preußischen Infanterie=Regiment in einem seiner vielen leicht=
sinnigen Augenblicke einem seiner ebenso zahlreichen Gläubiger
ausgestellt, am Verfalltage aber nicht eingelöst habe. Wer nun
auch Recht haben mochte: man sieht, daß bei der plötzlichen Ab=
reise des jungen Offiziers aus seiner Garnison die Ehre so oder
so engagirt war, und deshalb mußte die neue Welt es sich natür=
lich zu einer besonderen Ehre rechnen, als eines Tages der Lieute=
nant a. D. auf der New Yorker Bildfläche erschien. Und weil den
flotten Passagier der Zweiten Cajüte die Kellner in Voraussicht
eines Trinkgeldes stets manierlich „Herr Baron" angeredet hatten,
so hielt der also Ausgezeichnete sich völlig berechtigt, denselben
Titel auch am Lande beizubehalten.

Das ist die kurze, vielleicht wenig erbauliche und doch so in=
haltsschwere Geschichte der Vergangenheit des Barons Eytel von
Donnersfiel.

Wie man sich denken kann, ging der letzte Auftritt, welchen
der Baron in unserem Hause hatte, nicht geräuschlos von statten,
und deshalb bildeten sich auf der Treppe bald Gruppen von
Menschen, um die Ursache des Lärms zu erfahren. Hatte Jemand
Prügel bekommen? Der Baron war von seinem Hauswirth ge=
waltsam hinausgeworfen worden?

„Ach, der arme junge Herr," wagte eine Frau mitleidig aus=
zurufen, allein die öffentliche Meinung war entschieden auf Seiten
der Familie, die lange genug dem Treiben ihres Einmiethers zu=
gesehen hatte, bis es gar zu bunt wurde.

„Die Miethe von fünf Monaten ist er mir schuldig geblieben," erklärte der Betreffende noch immer sehr erregt, „und gefüttert haben wir den Faulpelz auch noch obendrein —"

„Ja, und das schöne baare Geld, das er meinem Manne ab= geborgt hat!" wirft hier die Gattin des Gerupften ein. „Aber ich hab' es immer gesagt, John," fährt sie eifrig und vorwurfsvoll fort, „daß Du viel zu gut und leichtgläubig bist."

Und nun kommt es aus Tageslicht, daß der Baron zur Ver= mehrung seines Credits bei den armen Leuten, mit welchen der Zufall ihn bekannt gemacht hatte, geheimnißvoll auf seine Güter in Deutschland angespielt habe, so oft die Rede auf Geldange= legenheiten kam. Als aber die Rechnung für Kost und Logis und „geliehtes" Geld sich immer mehr aufsummte, ohne daß der Ba= ron auch nur eine Miene machte, seinen Verpflichtungen nachzukom= men, hatte die argwöhnische Hausfrau ihren Mann dazu bestimmt, hinter dem Rücken des Kostgängers an dessen hochadelige Familie in Preußen einen sehr unorthographischen, aber sehr dringenden Brief mit der ergebenen Bitte um „reinen Wein" über die Ver= mögensverhältnisse von Hochdero Sohn zu schreiben, da die Sache doch 'mal ein Ende nehmen müsse. Dieses Ende war nun heute mit der Antwort auf jenen Brief gekommen: „Der Lieutenant a. D. Eytel von Donnerskiel habe von seinen Ältern, die auf ihren sehr bescheidenen Beamtengehalt angewiesen wären, gar Nichts zu erwarten, und wenn er von seinen Gütern renommirt, so scheine er seine alten Lügengeschichten, mit denen er schon in Deutschland gewissen Wucherern zu imponiren versucht habe, nun auch in der neuen Welt erfolgreich fortzusetzen, womit der achtungs= voll Ergebenste sich jegliche weitere Zuschrift verbitten müsse."

„Und ein solcher Mensch darf ehrlichen Arbeiterleuten das Fell über die Ohren ziehen, ohne daß ein Richter lebt, der ihn ins Zuchthaus schickt!" Der wehmüthige Gedanke an das verlorene Geld treibt der Frau so mächtig das Wasser in die Augen, daß sie einen Zipfel ihrer Schürze ergreifen muß, um schluchzend die Thränen abzutrocknen. „Nicht einmal ein paar Lumpen hat er zurückgelassen, an denen man sich schadlos halten könnte. Wir

haben den Koffer natürlich gleich visitirt, als wir wußten, wie die
Sachen standen, aber da lagen nur ein paar dicke Steine darin.
O, eine solche Gemeinheit lebt ja nicht auf Erden!"

Die Nachbarschaft ist entrüstet und billigt die Handlungsweise
des Mannes vollständig, daß er unter den obwaltenden Umständen
kurzen Prozeß gemacht und den Lumpen die Treppe hinunter
geworfen hat. Wie viel größer würde das Erstaunen der Leute
aber sein, wenn sie wüßten, daß der Baron Eytel von Donnerskiel bei jedem deutschen Geschäftsmann im ganzen Block in der
Kreide stand. Der Bierwirth hatte dem feinen Kunden, der niemals Baargeld zeigte, mit einer fast selbstmörderischen Langmuth
geborgt, Flickschneider und Schuster arbeiteten bereitwillig für ihn,
ohne auf Bezahlung im Voraus zu dringen, und unglaublich, aber
wahr: in dem kleinen Fancy Store, dessen Waarenlager für den
Baron keinen Werth hatte, war es ihm gelungen, auf Treu und
Glauben eine kleine Summe Geldes baar zu entnehmen, weil er
sein Portemonnaie gerade vergessen. Von den Ladenbesitzern hätte
sich jeder lange besonnen, ehe er einer der Arbeiterfamilien in
unserem Hause einen Credit eröffnet hätte: dem Herrn Baron
gegenüber machten aber Alle gern eine Ausnahme.

Nur der chinesische Wäscher in unserer Straße brauchte dem
Virtuosen im Schuldenmachen keine Thräne der Wehmuth über
eine unbezahlt gebliebene Rechnung nachzuweinen; allein der Sohn
aus dem Reiche der Mitte durfte sich diesen glücklichen Umstand
um so weniger als besonderes Verdienst seiner Menschenkenntniß
anrechnen, als der preußische Lieutenant a. D. ihn in der That
niemals in Versuchung geführt hatte. Herr von Donnerskiel hatte nämlich sehr bald nach seiner Ankunft in New York eine deutsche Waschfrau ausfindig gemacht, welche lebenslustig und noch in den besten
Jahren war, den fidelen Kunden schwärmerisch verehrte und ihren
Stolz darin sah, ihn, wenn es sein mußte, auch ohne Bezahlung,
stets in untadeliger Wäsche zu halten. — Auch das Schuldenmachen ist eine Kunst, die durchaus nicht jeder Plebejer versteht.

Eytel von Donnerskiel muß es aber zu einer gewissen Meisterschaft in dieser Kunst gebracht haben, wenigstens scheint ihm die Art

und Weise, in welcher er, so zu sagen, Hals über Kopf sein bis-
heriges Quartier zu verlassen gezwungen ward, durchaus nicht besonders anzufechten. Gemächlich wie ein reicher Privatmann, der von
seinen wohl erworbenen Renten lebt, schlendert er durch die Straßen
nach dem Madison Square. Für diesen eleganten Park im Mittel-
punkte des feinsten Quartiers der Stadt hat er von jeher eine Vorliebe gehabt. Wenn er auf einer Bank unter den Schatten spendenden Bäumen des Square aus selbst gedrehten Cigaretten — auch
darauf versteht er sich meisterhaft — in kunstvollen Ringeln den
Dampf zieht und in die Luft bläst, bald die vorüberrollenden Carossen
der feinen Welt verfolgend, bald im Anblick der palastähnlichen Ge-
bäude verloren, welche diese reizende grüne Oase in der Häuserwüste
von allen Seiten einschließen, dann arbeitet das Gehirn des Lieutenants a. D. am willigsten, dann kommen ihm die besten Gedanken.

„Es läßt sich, weiß der Deibel! ganz gut in diesem Nest leben,
wenn Einer nur über die nöthigen Mittel verfügt. Aber — weiß
der Deibel! — der Streit heut' früh mit der Schafsnase von einem
Proletarier kam mir doch etwas zu plötzlich über den Hals — hab'
beinah' die Contenance verloren!"....

Was nun beginnen? Der junge Herr schlägt graziös die Beine
übereinander und fällt in tiefes Nachdenken über die fatale Lage,
in welcher er sich momentan befindet. Als er das letzte Mal von
seinem damaligen Hauswirth, gleichfalls wegen Schulden und ebenso
wie jetzt sans cérémonie an die Luft gesetzt worden war und nicht
wußte, wo er ein Nachtquartier nebst Beköstigung finden sollte, hatte
er einen capitalen Einfall gehabt.

Unter den Empfehlungsbriefen, mit welchen ihn seine Verwandten bei der fluchtähnlichen Abreise aus der Garnison aus lauter
Freude darüber ausgestattet hatten, daß sie den entsetzlich Verschulde-
ten endlich auf gute Manier los wurden, befand sich auch ein Schreiben an eine Familie in New York, die sich in den besten Gesellschaftskreisen bewegt. Der Baron verfehlte nicht, der Frau vom
Hause, in welcher er eine liebenswürdige, seinen Schmeicheleien nicht
unzugängliche, sentimentale Dame kennen lernte, regelmäßig seine
Visite zu machen, wenn — wie er sich ausdrückte — die Wehmuth

über seine verscherzte Jugend und das Heimweh nach der gu=
ten Mama ihn überwältigte. Und weil er bald merkte, daß die
gefühlvolle Dame es reizend fand, den guten Engel des jungen
Mannes zu spielen, der mit einer so herzgewinnenden Offenheit
und Aufrichtigkeit über seine tollen Lieutenantsstreiche sprechen
konnte, so log er das Blaue vom Himmel herunter, um seiner
edlen Beschützerin recht interessant zu erscheinen. Ihr Gemahl ließ
ihn erzählen, was er wollte, gönnte seiner Frau den neuen unge=
fährlichen Anbeter und dachte nur an sein Geschäft.

An jenem Tage nun, der ihn heimathlos auf der Straße fand,
hatte er einen großen Coup gewagt und die Partie glänzend ge=
wonnen. Um die Mittagsstunde, da er seine Gönnerin allein wußte,
ließ er sich bei ihr melden.

„Gnädige Frau," stammelte er zerknirscht, auf die ihm freund=
lich entgegengestreckte Hand einen respectvollen Kuß hauchend, „ich
habe eine große Bitte an Sie —!"

„Aber da bin ich wirklich gespannt zu hören," unterbrach ihn
die Frau lebhaft. „Sie reden ja so feierlich, als hätten Sie etwas
ganz Besonderes auf dem Herzen!"

Er seufzte, schlug die Augen nieder, und seine Stimme zitterte
merklich, als er nun ein Portefeuille aus der Brusttasche des Rockes
ziehend, leise sagte:

„Ihnen, gnädige Frau, darf ich mein Herz ausschütten. Ich
fühle es, das Trauerspiel meines verlorenen Lebens geht zu Ende
— die Kraft ist dahin, noch mehr Enttäuschungen zu ertragen,
und Alles scheint sich ja gegen mich verschworen zu haben. Wie
gern würde ich als Tagelöhner mein täglich Brod verdienen und
glücklich sein bei dem Gedanken, daß es mir vergönnt sei, den
Leichtsinn meiner Jugend zu büßen! Allein nicht einmal dieser
Wunsch, von der aufrichtigsten Reue eingegeben, soll in Erfüllung
gehen —!"

„Sie Ärmster," rief voll Mitgefühl die Dame, „Sie sind ge=
wiß krank —"

„Zum Sterben krank, gnädige Frau!" Wie schaurig klangen die
Worte. „Und mit Gott, mit der Welt, mit mir selber zerfallen!"

„Du lieber Gott!" Der gute Engel des Barons vermochte die Thränen kaum zurückzuhalten.

„Den Tod fürchte ich nicht, denn er bringt mir ja die Er= lösung vom Übel, allein der Gedanke läßt mir keine Ruhe, daß der Inhalt dieser Tasche", er deutete seufzend auf das abgegriffene Portefeuille in seiner Hand, „in unrechte Hände fallen könnte — wenn Alles vorbei ist!"

„Sie werden doch nicht Hand an Sich legen?" Der gute Engel sieht seinen Schützling schon als Leiche vor sich und bricht in Thränen aus.

„Liebe gnädige Frau," spricht er mit Aufwendung seiner gan= zen Kraft, „die eine Bitte wird Ihr gutes Herz mir nicht ver= sagen: Wenn die Zeitungen über das Ende eines Verlorenen be= richten werden, dann schicken Sie diese Tasche mit den Briefen, mit den Photographien meiner unvergeßlichen Ältern, deren Lebens= abend mein sträflicher Leichtsinn verdunkelt, an — meine — liebe — gute — süße Mama!"

Wie von Rührung überwältigt, wandte er sich ab, in dieser Stellung die weitere Entwickelung erwartend. Die gefühlvolle Dame aber hatte sich in großer Erregung von ihrem Sessel erhoben.

„Ach Gott!" rief sie aus, „wenn doch mein Mann zur Stelle wäre! In dieser Gemüthsverfassung darf ich Sie ja nicht fort= lassen, Sie könnten Sich wahrhaftig ein Leids anthun! Was soll ich beginnen?" Und von einem großen Entschluß erleuchtet, blieb sie vor dem Zerknirschten stehen: „Sie dürfen es mir nicht übel auslegen — allein Sie haben gewiß Unglück gehabt, vielleicht so= gar Hunger? Hier — bitte, schlagen Sie es nicht aus — was die Zukunft angeht, so soll mein Mann mit Ihnen sprechen — es ist nur für den Augenblick", und sie drückte den Inhalt ihrer Börse in die Hand, welche in demselben Moment die Brieftasche mit dem Vermächtniß eines Sterbenden auf der Marmorplatte des Tisches deponirte.

„Ich bin kein Bettler, gnädige Frau!" schluchzte er laut, „aber ich erblicke in Ihrer Güte einen Hoffnungsstrahl aus dunklem Himmel. Gott vergelt' es Ihnen!" Damit stürmte er aus dem

Zimmer, aus dem Hause auf die Straße um die nächste Ecke, wo er das Ergebniß des gelungenen Coups zählte....

„Weiß der Deibel," murmelt der Baron von Donnerskiel auf seiner Bank unter den Bäumen des Madison Square in Erinnerung an die Komödie, die er mit der „dummen Gans" so famos gespielt hat, „es waren nahezu zwanzig Dollars, die ich ihr damals abknüpfte. Schade, daß ich den guten Engel nicht zum zweiten Mal auf den Selbstmord hereinsinken lassen kann. Capitale Idee, das! Aber was nun, mein Junge!"

Bei seiner Waschfrau wird er ein Unterkommen finden. Weil er wußte, daß ihm das möblirte Zimmer in unserem Hause einmal plötzlich gekündigt und vor der Nase zugeschlagen werden würde, hat er sich diesen Ausweg für den Fall der Noth längst frei gehalten, und jetzt ist der Augenblick gekommen, wo er die gute Frau beim Worte halten will. Mit liebenswürdigen Redensarten und geheimnißvollen Andeutungen über gewisse Zukunftspläne hat er der Wäscherin den Kopf dermaßen verdreht, daß sie nur zu glücklich sein wird, ihn bei sich empfangen zu dürfen. Vor Wind und Wetter ist er also geschützt. Aber er möchte doch nicht „total abgebrannt", wie er sich ausdrückt, indem er an die leeren Taschen klopft, seinen Einzug in das neue Quartier halten.

Nachdem die weichen, schmalen Hände, die keinen Begriff davon haben, was ehrliche Arbeit bedeutet, wieder eine zierliche Cigarette zurecht gedreht haben, läßt der Baron nachdenklich alle Menschen Revue passiren, die er in der neuen Welt kennen gelernt hat, und die ihm auch schon Geld geliehen haben. Bei den meisten würde ein neuer Pumpversuch sich als vergeblich erweisen, denn er hat in der letzten Zeit die Freundschaft gar zu oft in Anspruch nehmen müssen. Doch halt! Hier ist ein Bierwirth, der nach seinem Dafürhalten mindestens noch für einen Dollar gut ist. Und einen blanken Dollar in der Hand wird ein weltkundiger Mann im Handumdrehen doch zu verdoppeln verstehen?

Ganz glücklich über den genialen Einfall, der ihm durch den findigen Kopf geschossen, verläßt er die Philosophenbank im Square, um den Freund aufzusuchen und sein Anliegen vorzubringen. Er

hat den Mann richtig taxirt: nach der zweiten Anekdote, mit welcher
der Baron Wirth und Gäste in eine angenehme Stimmung versetzt,
kann ihm das Gesuch nicht abgeschlagen werden, und er macht sich
dann bald aus dem Staube, denn er hat vor Abend noch eine wich=
tige Besorgung zu machen.

Sein Weg führt ihn schnurstracks in eine der verrufensten Spiel=
höllen, in welchen Tag und Nacht die Karten hinüber und herüber
geschlagen werden. Daß hier der Betrug und Bauernfang die ein=
zige Spielregel ist, welche gilt, weiß der junge Herr aus eigener Er=
fahrung von der Zeit her, da ihm selbst noch die Federn ausgerupft
werden konnten. Aber auf die Gaunerei des Spielhalters setzt er
jetzt gerade seine Hoffnung. Sein Äußeres ist — Dank der unta=
deligen Leibwäsche, die er zur Schau trägt — noch immer der Art,
daß selbst das geübte Auge des spitzbübischen Croupiers dadurch sich
täuschen läßt; und einen Grünschnabel, in dessen Westentasche noch
eine größere Summe vermuthet werden darf, läßt man bei dem
ersten Einsatz gewiß nicht verlieren.

Der Baron setzt mit der ganzen Nonchalance eines Menschen,
der das jeu in allen finessen von Jugend auf studirt hat, seinen
Dollar auf die Dame, und die Dame gewinnt schon im nächsten
Augenblicke. Einsatz und Gewinn in die Tasche steckend, verläßt er
nun befriedigt den grünen Tisch und das Zimmer, verfolgt von den
erstaunten Blicken des Spielhalters und seiner Gesellen, die zu
spät gewahr werden, daß sie in dem kleinen Mann ihren Meister
gefunden haben. Eytel von Donnerskiel wiederholt aber den Scherz,
welchen er sich patentiren lassen könnte, mit dem nämlichen Erfolge
noch an verschiedenen berüchtigten Tempelstätten, bis er am Abend
zufrieden mit seinem Tagewerk, in der Wohnung der Wäscherin
erscheint.

Für diese gute Seele hat der Verkehr mit dem geborenen
Aristokraten, dessen Umgangsformen ihr imponiren und dessen Leut=
seligkeit sie bezaubert und bestrickt, wie der Blick giftiger Schlangen
ihre Opfer willenlos im Bann halten soll, einen geradezu gefähr=
lichen Reiz. Sie ahnt ein namenloses Unglück, das ihrer wartet;
aber sie kann sich dem Verhängniß nicht entziehen, opfert ihm Alles,

arbeitet und schafft mit verdoppelter Kraft, um den sonderbaren
Kostgänger reichlich zu ernähren: und der nimmt Alles hin wie
einen schuldigen Tribut, sogar das „Spendgeld", damit er in den
Wirthslokalen, wo die Stammgäste über die Möglichkeit einer
dunklen Existenz, wie sie der Baron fristet, sich die Köpfe zer=
brechen, die Rolle des nichtsthuenden Gentleman weiter zu spielen
im Stande ist.

So lange seine Waschfrau ihn nicht durchschaut -- und sie will
ja so gerne blind sein — kommt ihm niemals der Gedanke an
die Nothwendigkeit der Arbeit: ein abscheuliches Wort, welches
für seine aristokratischen Ohren von jeher einen schlechten Klang
gehabt hat. Als aber dem armen Weibe endlich die Augen auf=
gehen, und selbst ihr stumpfer Verstand vor dem niedrigen Sinn
erschrickt, welchen das Treiben dieses verlogenen und verlorenen
Menschen ihr offenbart: da ereilt den Baron sein Schicksal. Es
reißt ihn vollends hinab in den Morast, aus welchem ein Ent=
rinnen nicht mehr möglich. —

Fragt nicht, wo Ihr den entarteten Sohn des namhaften alten
Hauses zu suchen habt: er geht Euch scheu aus dem Wege. Viel=
leicht erinnert Euch eine gewisse Ähnlichkeit in den verwitterten
Gesichtszügen eines schlottrigen Statisten, der als Letzter der Letzten
irgendwo im Theater mitspielt, an längst vergangene Tage, wo
Ihr einmal einem preußischen Offizier begegnet seid, der wegen
eines Ehrenhandels den Dienst quittiren und sein Vaterland ver=
lassen mußte. --

Oder seht Ihr den Kellner dort, der beim Bedienen der Gäste
so militärisch verbindlich die Kniee durchdrückt, als sollten die
dünnen Beinchen gerade zum Parademarsch angesetzt werden?

Ja, ja! Wie man's treibt, so geht's! — —

Fremdes Volk.

Nette Leute.

Klatsch! — klirren die Scherben eines gewaltsam, zerbrochenen Tellers. Klatsch! fliegt noch ein Teller an der
Wand in tausend Stücke, und nun weiß ich ganz genau, was bei Mr. Dennis McSweeney, der gerade
unter uns wohnt, die Glocke wieder geschlagen hat. Derartige Ge-
räusche in den Zimmern der Familie jenes Herrn, der außer
einer sogenannten besseren Hälfte sich noch des Besitzes einer
reizenden Tochter von etlichen zwanzig Sommern rühmt, wiederholen sich nämlich in einer für uns andere Hausgenossen wenigstens
peinlichen Regelmäßigkeit einmal im Monat und sorgen dafür, daß
den Weibern der Gesprächstoff nicht ausgeht.

Mr. McSweeney, oder „der Alderman", wie er sich lieber
nennen hört, kommt in übler Stimmung nach Hause, wo seine
stets kampfbereite Gattin mit Stichelreden und Naserümpfen ihm
einen warmen Empfang bereitet. Er aber bleibt ihr keine Antwort schuldig, geht vielmehr bald in so energischer Weise aus der
bisher gewahrten Defensive zum Angriff über, daß die alte Dame
rasch sich zum Rückzug in das Schlafzimmer neben der Küche
entschließen muß. Auf der Schwelle macht sie noch einmal Halt,
zeigt dem Feinde, der inzwischen hinter dem gedeckten Tische eine
feste Stellung eingenommen hat, kühn die Front und ruft furchtbar verächtlich und mit tiefster Ueberzeugung:

"Loafer!"

Und wie das Wort dem Munde entfliegt, fällt auch die Thür
schon ins Schloß, so daß die beiden Teller, welche Mr. McSweeney
nebst einem Kernfluch der Gattin nachsendet, zum Glück ihr Ziel
verfehlen und harmlos am Thürpfosten oder an der Wand in
Scherben gehen. Dann wird das Gefecht abgebrochen, und während

149

Madame in der dunklen Kammer überlegt, ob sie einen Ausfall wagen oder aber den Augenblick ruhig erwarten soll, wo der „Alderman" aus freien Stücken das Feld räumen wird, nimmt dieser in aller Gemächlichkeit seine Mahlzeit ein, die schon seit Stunden für ihn auf dem Ofen wartet.

Aber das Essen schmeckt ihm heute gar nicht recht, — nicht etwa, weil er zu tief ins Glas geschaut hat, denn mit einem Mordsrausch bringt er gewöhnlich einen Mordsappetit nach Haus, sondern die verwünschten Gedanken brachten ihn heut um die gute Stimmung. Geht ihm doch auch Alles conträr in dieser Zeit, der jegliches Verständniß fehlt für die Würdigung wahren Verdienstes um das Vaterland, und wehmüthig gedenkt er der schönen Tage, da der Mann, dessen Bildniß im Holzschnitt hinter Glas und Rahmen über der Commode die Wand ziert, allmächtig war in New York, und da Senat und Assembly in Albany um die Wette tanzten nach der Pfeife von "Big-Six."

Um jene Zeit war es, wo ein Mann noch mit Stolz sagen konnte: "I am in politics," denn „Boß Tweed" sorgte wie ein guter Vater dafür, daß jeder der Boys einen ehrlichen Penny auf die Seite schaffen konnte und Niemand Mangel litt an der städtischen Krippe. Damals blühte auch McSweeney's Weizen. Als Mitglied der freiwilligen Feuerwehr nahm er zuerst thätigen Antheil am öffentlichen Leben und hielt daneben eine Schnappskneipe. Die wurde allerdings dreimal nacheinander vom Sheriff ausverkauft, und Dennis ist, wenn gerade die Rede darauf kommt, noch heutigen Tages stolz in dem Bewußtsein, daß in einem Umkreise von zehn Meilen um die "bloody City Hall" auch nicht ein einziger "bloody wholesale liquor dealer" zu finden gewesen wäre, den er nicht um einige Barrels betrogen hätte, bei Gott! Als der Credit gänzlich erschöpft war, ließ der Boss ihn zum Assistant-Alderman wählen, und dieser Zweiten Kammer der städtischen Regierung gehörte unser Freund bis zu dem Augenblicke an, wo dieses Collegium überhaupt zu existiren aufhörte.

Und von der ganzen Herrlichkeit ist ihm nur der Titel „Alderman" verblieben und eine förmlich instinctive Abneigung gegen den

Begriff: Arbeit. Wohl rühmte er sich bei Freund und Feind, daß
er das nämliche Handwerk gelernt, wie „Boß Kelly", aber es hat
ihn noch niemals ein Mann mit der Maurer-Kelle in der Hand zu
Gesicht bekommen. Und zwei heroische Versuche, seine wirthschaft=
lichen Erinnerungen hinter der Bar dieses und jenes politischen
Gönners nutzbringend zu verwerthen, sind gänzlich mißglückt: das
erste Mal machte er sich zum stillen Partner seines Principals, sah
sich ertappt, wie er gerade wieder einen Theil der Tageseinnahme
in die linke Hosentasche verschwinden lassen wollte, wurde — freilich
erst nach harter Gegenwehr — auf die Straße geworfen und hat
seither noch nicht wieder dazu bewogen werden können, die Schwelle
jenes Lokals zu überschreiten, sei es auch als eingeladener Gast.
In seiner zweiten Stellung als Schankwärter erwies sich aber das
dortige Getränk als seiner Constitution durchaus nicht zuträglich, in=
dem oft schon nach dem ersten Morgen-Cocktail die Krakehl-Laune
über ihn kam, so daß er an jeden harmlosen Kunden blitzenden
Auges die verfängliche Frage richten konnte, ob er es etwa be=
zweifle, daß „er, Alderman Dennis McSweeney, ihm mit einem
Schlage seiner Faust Hail Columbia zu geben im Stande sei."
Als diese reizbare Stimmung fast täglich sich einstellte, soll der In=
haber des Geschäftes — ein eleganter Sportsman und selbstverständ=
lich Mitglied des New Yorker Stadtrathes — ruhig den Rock aus=
gezogen, die Cigarre im Munde von einem Winkel zum andern
gewälzt, dann kunstgerecht ausgespien und endlich laut und ver=
nehmbar gesagt haben:

"I bet you five dollars, you can't lick me!"

Die Wette ist noch unentschieden, aber Dennis McSweeney mußte
an jenem Tage den Dienst quittiren. Allzu schwer ward ihm das
nicht, und zu einem neuen Anlauf zum regelmäßigen Erwerb konnte
er sich inzwischen ebenso wenig entschließen. Dennoch leidet er
keinen Hunger oder macht sich auch nur Sorgen um Gegenwart
und Zukunft. Gibt es doch so viele "jobs" in der Politik für
einen findigen Kopf, der in Ermangelung einer festen Anstellung
in den „Departments", doch seine intimen Verbindungen hat mit
den Spitzen der Behörden in City Hall.

Selbst einen gewissen Einfluß übt er in seiner Ward aus, wo alle Welt ihn als einen „active worker" kennt und wenn nicht achtet, so doch gelegentlich fürchtet. Der Coroner nimmt ihn so oft wie möglich an eine Jury, und auf den Geschworenen = Listen in den Gerichten sowie in der Sheriff's Office steht sein Name be= ständig obenan. Im Polizeigericht des Bezirks fehlt er niemals, während der Kadi auf seinem Throne des schwierigen Amtes waltet, um hier für einen Angeklagten, unter Berufung auf ge= wisse mildernde Umstände, leise ein gutes Wort einzulegen, dort einem anderen Arrestanten seine Dienste anzubieten zur Besorgung eines Briefes an die sorgende Gattin oder zur Herbeischaffung eines Bürgen. Als chronischer Geschworener bezieht er chronisch Diäten, und sein Verdienst von den Polizeigefangenen ist gar nicht so unerheblich im Laufe des Jahres, zumal die Gerichtsdiener und Gefängnißbeschließer nach Kräften ihm ihre hohe Protection ange= deihen lassen.

Wie leicht läßt sich eine Citrone auspressen, wenn die Citrone zufällig ein Mensch ist, welcher, Gott weiß wie und weshalb, plötzlich als Gefangener vor dem Pulte des Polizeirichters steht und in jedem freien Manne, der sich leutselig, wenn auch mit offener Hand, an ihn herandrängt, so gern einen einflußreichen Retter aus der Noth sieht!....

Zieht aber im Herbst die politische Maskerade als nothwendi= ges Anhängsel jeder Wahlbewegung durch die Straßen, so wird der „Alderman" wol gar wieder eine wichtige Persönlichkeit, wie zu der schönen Zeit, als er noch in Tweed's Gefolge für das Gemeinwohl sich opfern konnte. Freilich „lief" er die letzten Jahre nicht mehr für ein Amt wie damals, aber er comman= dirt in der Ward angeblich immer noch eine Corporalschaft von Stimmgebern, die er vor jeder Wahl als „Campagne= Club" organisirt und an den meistbietenden Candidaten zu ver= handeln mit allen Künsten der Beredsamkeit eines Drahtziehers redlich bemüht ist. Am letzten Wahltage hat er aber eine Nieder= lage erlitten, indem er für einen Amtscandidaten arbeitete, dessen Loos aus der Urne mit einer Niete herauskam. So rinnen die vor wenigen Monaten noch reichlich fließenden Erwerbsquellen des wackeren "heeler" jetzt nur noch dürftig, während die Kleingewerb= treibenden im Viertel, die er mit seiner Kundschaft beehrt, in der That schon die Kühnheit gehabt haben, ihm zu sagen, daß bei den schlechten Zeiten nicht länger geborgt werden könne. Mußte es ihm doch erst heute passiren, daß der plattdeutsche Grocer an der Ecke, bei dem er stets einzukehren pflegt, um hinter dem Ver= schlage einen letzten "appetizer" zu genießen, anstatt die bewußte Flasche stillschweigend über den Tisch ihm zuzuschieben, unverschämt grinsend fragte:

"Any money to-day, alderman?"

Und Dennis McSweeney verstand die Anspielung und verließ den Store wie ein Mann, schäumend vor Wuth, und ging nach Haus, um seinen Ärger vorläufig an der Gattin auszulassen. Das war von jeher so seine liebenswürdige Gewohnheit, wie Jedermann in unserem Hause nach Ehr' und Gewissen bezeugen muß, wenn es wieder einmal zu einer gerichtlichen Auseinander= setzung zwischen den Eheleuten kommt.

Es sind überhaupt recht nette Leute, diese McSweeneys! Die alte Frau, eine behäbige rundliche Person von gewöhnlichem irischen Schlage, wäre in anderer Umgebung vielleicht eine ganz tüchtige Gattin und Mutter gewesen; doch zu schwach und energie= los, um den verderblichen Einflüssen ihres liederlichen Mannes für die Dauer sich zu entziehen, ließ sie die kleine Wirthschaft allmälig verkommen und sich selber dazu — wenigstens bis zu einem gewissen Grade. Es ist ein offenkundiges Geheimniß, daß die Alte zu Zeiten stark der Flasche zuspricht, und da, wie man weiß, auch der „Alderman" in dieser Beziehung durchaus kein Kostverächter ist, so haben die Folgen eines solchen Lebens in der Ehe natürlich nicht auf sich warten lassen. Vor allen Dingen konnte aber auch nur von dem Schein einer freundlichen Häuslichkeit selbst damals nicht die Rede sein, als die Familie sich noch in verhältnißmäßig guten und sogar beneidenswerthen Verhältnissen befand.

In jenen Jahren von Glück und Wohlleben wurde das ein= zige Kind der Eheleute geboren — Mary Ann. Aber wie das

Mädchen heranwuchs, so wurde der Eltern Lebenshaltung niedriger, und daß bei diesem allmäligen Niedergang, welcher in einem häufigen Wechsel der Wohnung auch äußerlich sich offenbarte, die sittliche und geistige Erziehung des Kindes vernachlässigt werden mußte, wird Niemanden Wunder nehmen: böses Beispiel verdirbt ja nicht nur gute Sitten, sondern zerstört oft auch die besten Naturanlagen. Wie der Mutter, welche, wenn nicht blödsinnig, so doch ganz gedankenlos in den Tag hineinlebt und ihr Gewissen dadurch zu beschwichtigen sucht, daß sie fleißig zum Priester in die Kirche läuft, so ist auch der Tochter jegliche Spur von Ehrgeiz fern, und es kann nur auf Rechnung der weiblichen Eitelkeit gesetzt werden, daß sie wenigstens auf ihr Äußeres etwas gibt und ihre körperlichen Vorzüge — sie ist wirklich ein schönes Mäd= chen — in das beste Licht zu setzen weiß. Und weil ihr die Um= gebung, in welcher sie groß geworden ist, theils gleichgültig, zum Theil aber auch entsetzlich zuwider ist, eine Erlösung aus den Banden dieser Sclaverei aber nur von irgend einem Glücksfall in der Zukunft zu erwarten ist und dieses glückliche Ungefähr in Mary Ann's Gedankenwelt begreiflicherweise immer die Gestalt eines wohlhabenden Mannes annimmt, der sich in die hübsche Larve vergafft, so bleibt sie tugendhaft — aus Berechnung.

Was sonst die Leute über sie sagen, kümmert sie wenig. Und es wird sehr viel über Mary Ann gesprochen in unserem Hause. Hat aber das Mädchen die Kritik nicht auch selbst geflissentlich herausgefordert? Seitdem sie erwachsen ist und lange Kleider trägt, versuchte sie alles Mögliche, um ohne sonderliche Mühe und große Anstrengung Geld für ihre Toilette und all' den Firlefanz mädchenhafter Modethorheiten herbeizuschaffen. Von einer Alters= genossin überredet, arbeitete sie zunächst in einer Pappschachtel= fabrik, um schon nach Verlauf einiger Wochen zu der Erkenntniß zu gelangen, daß man bei der Kleisterei nimmermehr Seide spin= nen könne. Die nächsten Jahre sahen das Mädchen dann beinah' in allen shops, in denen Frauenzimmer verwendet werden, ohne daß es ihr irgendwo hätte gefallen können. Und als sich zufällig ein= mal die Gelegenheit bot, in einem großen Magazin als Verkäuferin

Stellung zu finden, mußte sie sehr bald inne werden, daß diese Art weiblicher Erwerbsthätigkeit vielleicht die schlimmste Form moderner Leibeigenschaft ist. — Sie warf den Leuten den Bettel vor die Füße.

Was nun? Die Lebensverhältnisse des Bummlers und Tagediebes, den sie ihren Vater nennen muß, waren inzwischen nicht besser geworden. Mary Ann war also gezwungen, zur Bestreitung der Unkosten des Haushaltes wenigstens das Ihrige beizutragen, zuweilen auch mehr, wenn nämlich das würdige Oberhaupt der Familie gelegentlich einmal vollständig auf das Trockene gesetzt ward. Dienen? Mary Ann war mit ihren Ältern sehr selten einerlei Meinung, als aber d i e s e Frage neulich auf Grund eines Wortes, das bei einem Streit zwischen den Damen des Flurs von einer redegewandten Feindin der Familie als höchster Trumpf ausgespielt worden war, später daheim in großer Erregung zur Erörterung kam, da waren Vater, Mutter und Tochter von Anfang an vollständig darüber im Reinen, daß Dienen für ein amerikanisches Mädchen ein Schimpf und eine Schande sei.

„Das sollst Du mir theuer bezahlen", rief der „Alderman" mit einer drohenden Bewegung seiner Faust nach dem Logis der Nachbarin, welche seiner Tochter den Rath ertheilt hatte, bei anständigen Leuten als Hausmädchen Stellung und eine gute Heimath zugleich zu suchen.

Mary Ann's Gedanken haben sich aber in Folge solcher Auftritte nichtsdestoweniger häufig mit den sogenannten „Intelligenz-Bureaux" beschäftigt, deren Inhaberinnen auf dem Dienstbotenmarkt zwischen Nachfrage und Angebot die Vermittlung besorgen. Und da ist dem „smarten" Mädchen eine Idee gekommen: ein geheimes Einverständniß zwischen ihr und einer ebenso klugen Intelligenz-Madame müßte für beide Theile sich als lohnend und nutzbringend erweisen, wenn man die Sache nur richtig einzufädeln versteht. Und es dauert in der That nicht lange, bis sich zwei schöne Seelen zum Betriebe eines Geschäftes gefunden haben, das keine Anstrengung erheischt, keine Auslagen erfordert und selten fehlschlägt. Einmal im Gange, arbeitet die Zwickmühle

wirklich wunderbar, und der leichte Gewinn geht einfach in zwei
Theile.

Mary Ann bringt Abend für Abend einen Dollar nach Hause,
mitunter aber auch das Doppelte und Dreifache dieses Betrages,
und lacht sich ins Fäustchen über die Einfalt der reichen ladies, die
auf der Suche nach einer Köchin, oder einem Hausmädchen, oder
einer Aufwärterin, oder einer Zofe so leicht sich düpiren lassen.
Der frühe Morgen findet unsere Freundin auf einem Stuhl in
dem Bureau sauber gekleidet, aber nicht zu auffällig, adrett
von der einfachen Haarfrisur bis zu den geschwärzten Schuhen:
das Ideal eines servant-girl, welches ihre untergeordnete Stellung
kennt und einer guten Hausfrau auf den ersten prüfenden Blick
gefallen muß. — —

Ein glücklicher Zufall bringt die elegante Dame, welche vor
drei Tagen von einem unverschämten, undankbaren, nichtsnutzigen,
faulen Dienstmädchen schnöde im Stich gelassen, inzwischen beinah'
an den Rand der Verzweiflung getrieben ist, weil sie all die
schwere Arbeit des Hausstandes bei ihren angegriffenen Nerven
ganz allein besorgen mußte, endlich in diese Office, wo sie sich
plötzlich einem weiblichen Wesen gegenübersieht, wie sie sich es
gerade gewünscht hat. Und Mary Ann, auf einen Wink der
Agentin vortretend, besteht das Examen mit Glanz, bleibt auf
keine verfängliche Frage eine passende Antwort schuldig und geht
selbst auf alle Bedingungen und Beschränkungen der persönlichen
Freiheit mit Freuden ein. Einen Platz, wie den in Aussicht gestellten, hat das von der Agentin warm empfohlene Mädchen sich
stets gewünscht: sie kann Alles, sieht weniger auf den höchsten
Lohn, als auf gute Behandlung, hat die letzte Stelle nur deshalb
aufgegeben, weil ein Todesfall in der Familie den ganzen Haushalt aufbrach, gibt gar nichts um den „freien Ausgang" und
empfängt niemals Besuche von sogenannten Vettern. Das Antlitz
der Dame strahlt ordentlich vor Vergnügen: „Wann das Mädchen
zuziehen kann?"

„Noch vor Abend," sagt die Vermiethfrau. „Ihr Koffer ist ge-
packt, und ihre Kleider sind in der besten Ordnung."

Und die Dame zahlt gegen Empfang der üblichen Quittung, die sie eventuell zur kostenfreien Benutzung der Agentur für die Dauer von drei vollen Monaten berechtigt, die verlangte Commissions= gebühr von zwei Dollars und rauscht, zufrieden und glücklich über diesen unerwartet guten Ausgang ihres Mädchen=Trubels aus der Office:

„Adieu! Also bis heute Abend!"

Aber Madame sieht Mary Ann in diesem Leben niemals wieder von Angesicht zu Angesicht, und wenn sie am nächsten Morgen in heller Entrüstung über die ihr bereitete Enttäuschung die Vermieth= frau wieder aufsucht, um Aufklärungen darüber zu verlangen, wes= halb das gemiethete Mädchen zur bestimmten Zeit nicht eingetreten ist, muß sie sich mit der Versicherung zufrieden geben, daß das Ideal eines dienstbaren Geistes weiblichen Geschlechtes gerade in dem Augenblicke, als sie das letzte Stück ihrer Garderobe in den Koffer legen wollte, von einer anscheinend schweren Krankheit überwältigt, zusammengebrochen sei. Oder ihr Vater ist plötzlich gestorben, oder der Telegraph rief sie ganz unerwartet aufs Land zur Pflege von ihrer Mutter Schwester, deren Familie durch die Ankunft von Zwil= lingen hoch beglückt worden ist.

Und an Stelle der begehrenswerthen Mary Ann muß die Dame mit einem der anderen Frauenzimmer vorlieb nehmen, welche nichts weniger als begehrenswerth an den Wänden des Zimmers zur Mägdeschau sitzen.

Wie lange wird Miß McSweeney dies gefährliche Spiel noch treiben können, bis sie einmal an die Unrechte kommt und als Schwindlerin entlarvt wird? Das hätte schon längst geschehen müs= sen, wenn die Verfolgung des Betruges nicht mit so vielen Unbe= quemlichkeiten verbunden wäre, und deshalb verläßt sich Mary Ann nach wie vor auf ihr gutes Glück und die Thorheit der feinen Damen. —

So kehrte sie auch heute nach vollbrachtem Tagewerk in die älterliche Wohnung zurück und erkennt hier sofort die Situation. Dem Vater, der noch immer hinter dem Tische sitzt und von Zeit zu Zeit einen Fluch oder ein Schimpfwort halblaut vor sich hinmurmelt, einen verachtungsvollen Blick zuwerfend, fragt das Mädchen mit rauher Stimme:

„Wo ist sie?"

Und aus der dunklen Kammer kreischt die würdige Mutter als Antwort auf die ihr geltende Frage: „Mary Ann, meine Liebe, ich glaube, er will mich umbringen und Dich daneben!"

„Macht Euch nicht lächerlich!" Das Mädchen zerrt bei diesen Worten die halb widerstrebende Mutter aus ihrem Versteck in das Zimmer und wirft dem „Alderman", der auf diese Entwickelung der Dinge schon lange gewartet zu haben scheint, etwas Silbergeld in die ausgestreckte Hand. „Da! Hol' Dir Schnapps!"

Das läßt der ehr= und achtbare Mann sich nicht zweimal sagen, und es herrscht wieder Friede im Hause. Ja, es sind nette Leute, diese McSweeneys! —

Bei einem „Genoſſen.“

Die Leute ſagen, er ſei ein geſchickter Arbeiter, der mit Leichtigkeit ſeine jährlich größer werdende Familie er= nähren könne, — wenn er wolle. Sieht ſich der wort= karge, finſtere Mann, der mit Niemandem in der Nach= barſchaft Verkehr, geſchweige denn Freundſchaft hält, jedoch bei irgend einer äußeren Veranlaſſung in die Nothwendigkeit verſetzt, über ſeine traurige Lage zu reden, ſo lautet die Sache allerdings ganz anders.

„Die verfluchte Ordnungs=Canaille ſtiehlt dem Proletär das Stück Brod vom Munde weg, daß er mit Weib und Kindern hungern und darben muß. Allein der Tag der Abrechnung iſt nicht mehr fern, und dann — zittert Hallunken!“

Wenn er ſolche Worte ingrimmig hervorſtößt und mit den unheimlich funkelnden Augen Einen anſtiert, ſo muß man über den Mann entweder lachen oder ſich ſagen, daß für Leute ſeines Schlages das amerikaniſche Klima gar nicht zuträglich iſt. Das weiß er ſelbſt nur zu gut, und er wäre auch ſicherlich nicht nach New York gekommen, wenn ihm zwiſchen dem Exil oder dem Zuchthaus eine andere Wahl übrig geblieben wäre.

Seit dem Ende des deutſch=franzöſiſchen Krieges waren viel= leicht zwei Jahre verfloſſen, als ein Dampfer den Flüchtling der Commune, der ſo lange in einem Schlupfwinkel der Schweiz ſich verborgen gehalten hatte, im Caſtle Garden abſetzte mit ſeinem Weibe, einem ganz kleinen Kinde und ſeinem großen Haß auf die ganze Menſchheit. Wie die Familie inzwiſchen Jahr aus Jahr ein mit einer Regelmäßigkeit, welche Erſtaunen, wenn nicht Schau= dern erregen muß, Zuwachs erhalten, ſo hat auch der verbiſſene Groll des Mannes ſich beſtändig vermehrt: er iſt eitel Gift und Galle, wie man zu ſagen pflegt.

Auch ist es den Leuten in der That bisher ganz miserabel ergangen, so daß kein Hund mit ihnen tauschen möchte. Nachdem der Vater in die hiesigen Erwerbs= und Gesellschaftsverhältnisse, die mit den Zuständen in Paris sich nicht vergleichen lassen, so viel Einblick gewonnen hatte, daß er sich sagen mußte, der „Märtyrer seiner Ueberzeugung" sei auf der Bühne des amerikanischen Lebens eine unmögliche Figur, und mit der geheimen Wühlerei gegen die bestehende Ordnung der Dinge lasse sich nicht einmal die Existenz eines Agitators der „guten Sache" fristen, da hatte er bereits genug von diesem elenden Lande und den Menschen ohne ideale Ziele. Doch was nicht ist, kann noch werden, und er gelobte, sein ganzes Leben auch in New York der rothen Revolution zu weihen.

Mit der Mehrzahl seiner Gesinnungsgenossen und Leidens= gefährten, die gleich ihm sich über das Meer retteten, um der ver= änderten Sachlage Rechnung tragend, die socialistische Propaganda mit ehrlicher Arbeit zu vertauschen und ihren Lieben in der neuen Welt eine menschenwürdige Existenz zu bereiten, ist er gänzlich zerfallen. Er nennt sie nur noch gesinnungsloses Gesindel, in den betreffenden Kreisen ist er selbst aber als ein unverbesserlicher, arbeitsscheuer Lump bekannt, zu dessen Entschuldigung höchstens angeführt werden könnte, daß schon in früheren Tagen sein Hirn einige wunderliche Brüche und Risse gezeigt habe.

Ein geschickter Arbeiter in der Galanteriewaaren=Branche, deren Erzeugnisse man unter dem Namen „Pariser Artikel" zusammen= faßt, konnte es ihm nicht schwer fallen, auch hier bald Beschäfti= gung zu finden; doch litt es ihn niemals lange in einer Werk= statt. Einmal stiftete er Unheil und Unfrieden unter den anderen Arbeitern und wurde fortgejagt, ein andermal ging er aus freien Stücken: unter Philisterlarven und Ordnungs=Sclaven die einzig fühlende Brust. Auch lautete der erste Hauptsatz seiner Lebens= weisheit ja dahin, daß nur durch erzwungene Arbeitseinschränkung dem Verderben der Überproduction Einhalt geboten werden könne. Man solle i h m nicht nachsagen, daß er anders gesprochen als ge= handelt habe im Leben, und deshalb richtete er sein Tagewerk auf ein Minimum ein, nie länger arbeitend, als nothwendig war, um nicht Hungers zu sterben.

Da waren in seinem Kalender der Feiertage denn mehr als
der Werktage. Aber er lag nicht auf der Bärenhaut, sondern
widmete die freie Zeit der revolutionären Idee mit tiefsinnigen
Grübeleien und der Lectüre von Schriften, deren Inhalt er nicht
verstand oder nur halb verstand. Obgleich für das Familienleben
wenig Sinn zeigend und seine Umgebung durch sein herrschsüchtiges
Wesen grundsätzlich quälend, wird er von dem Weibe, deren
Schicksal mit dem seinen durch die Macht der Gewohnheit ver-
kettet ist, wenn nicht geliebt, doch halb bewundert und halb ge-
fürchtet. Wie leicht läßt eine ungebildete Frau sich mit den Brocken
unverstandener Gelehrsamkeit imponiren, wenn ihr tagtäglich vor-
declamirt wird, ihr Mann sei eigentlich zu etwas Großem geboren, zu einem Messias der Armen und Elenden, zu einem Be-
freier des Proletariats!

Endlich glaubte sie selbst an die Mission des Gatten und fand
es ganz natürlich, daß die Sorge um des Leibes Nahrung und
Nothdurft allmälig immer mehr ihr anheim fiel, während der
große Mann seinen Gedanken nachging, Pläne schmiedete und
faullenzte. So nannten seine Lieblingsbeschäftigung jedenfalls die
Nachbarn, welche es all' die Jahre mit ansehen mußten, wie die
arme Frau, trotzdem sie jedes Jahr ein Kind bekommt, sich schier
zu Schanden arbeitet an der Wäsche, die sie ins Haus nimmt.
Unter der immer größer werdenden Last wäre ihre Kraft wol
schon längst gebrochen, wenn von den Kindern, die so rasch auf-
einander folgend, kaum noch Platz haben in der ungesunden,
kleinen, dumpfigen Wohnung, mit der Zeit nicht wenigstens zwei
in das Alter hineinwuchsen, wo sie eine Kleinigkeit verdienen
konnten. Zum Schulbesuch wurde keines angehalten, und wenn
einmal die Rede darauf kam, so schwadronirte sich der würdige
Vater in eine gewaltige Aufregung: verflucht wolle er sein, wenn
er seine Zustimmung dazu gebe, daß die junge Brut durch die
sogenannten Morallehren der Bourgeois vergiftet würde! Als ächte
Proletarier sollte sein Nachwuchs groß werden, hungrig wie junge
Wölfe, blutdürstig wie Hyänen und voll Ingrimm gegen alles
Bestehende, wie ihr ausgezeichneter Vater.

„Wie können wir die Kinder auch zur Schule schicken," warf die Mutter dann wol ein, „da sie doch keine Lumpen auf dem Leibe haben."

Aber der Vater fertigte diese Einwände ab, indem er sagte: „Unsinn! Die Kinder der Revolution gehören nicht auf die Schul= bank! Laßt jeden Proletarier in großen Städten dafür sorgen, so wie ich, jedes Jahr ein Kind in die Welt zu setzen, und wir ziehen eine Generation heran, an welcher die vermaledeite capita= listische Canaille dermaleinst noch ihre wahre Freude haben soll!"

Inzwischen macht der liebenswürdige Erzeuger dieser Recruten für das Revolutionsheer der Zukunft gar keine Einwendungen, daß sein ältester Sohn den Vertretern der Ordnungs=Canaille auf der Straße die Stiefel putzt und das Erträgniß seines Fleißes jeden Abend der Mutter abliefert. Dieses Geld ist in der That schon lange die einzige regelmäßig fließende Einnahmequelle der interessanten Familie, seit der Vater, so ganz in Anspruch genom= men von seinen Rachegedanken gegen die menschliche Gesellschaft, nicht mehr arbeiten will, und die Mutter, welche schon die letzten Wochenbette stark mitgenommen haben, und bei der eine neue Katastrophe wieder nahe bevorsteht, nicht mehr angestrengt arbeiten kann.

Das zweitälteste Kind, ein Mädchen von elf Jahren, hat auch nicht in jeder Woche Verdienst. In der Pappschachtel=Fabrik, wo sie früher beschäftigt war, hat der Betrieb, der schlechten Zeiten wegen, eingestellt werden müssen, und in der großen Druckerei laufen die Pressen, die das Kind nun als "feeder" bedient, auch nur auf halbe Zeit. Aber der Vater kennt kein Erbarmen, wenn sie am Ende der Woche ohne Geld heimkommt, und um seinen Mißhand= lungen zu entgehen, ist sie auf den Bettel gekommen. Zuerst allein, dann aber als Aufseherin über zwei ihrer jüngeren Geschwister, die sich für die Arbeit leicht abrichten ließen. Das Aussehen der Kleinen ist wahrhaftig auch jämmerlich genug, so daß durch ihren Anblick allein das Mitleid gutherziger Menschen erregt werden muß.

Als die Mutter diese neueste Entwickelung der Dinge entdeckte, hat sie im Geheimen vielleicht eine Thräne im Auge zerdrückt,

aber keine Einſprache dagegen erhoben. Das geſchieht auch nicht
von Seiten des Vaters, wenn der es überhaupt weiß, welch Metier
die Kinder inzwiſchen ergriffen haben, um ihn nicht in ſeinen Ge=
danken zu ſtören oder um den Hunger von der Familie fernzu=
halten.

Das iſt aber ein ſchweres Ding bei den vielen Mäulern, die
zu ſtopfen ſind, wenn auch die drei Kinder ſelbſt einen Theil der
Nacht auf der Straße gutherzigen Menſchen auflauern. Daß ſie
nicht daheim ſein können, wie ſie es von den andern Kindern in
der Nachbarſchaft zu ſehen gewohnt ſind, macht ihnen den gering=
ſten Kummer, denn „zu Hauſe“ bedeutet in ihrer Gedankenwelt
den Inbegriff alles Widerwärtigen. Von dem mürriſchen Vater
ſetzt es nur Fußtritte, von der Mutter eine Fluth von Schelt=
worten, wenn dieſe ſich ſo weit wohl befindet, daß ſie ihre Wäſche
beſorgen kann, oder fortwährendes Stöhnen, wenn ſie krank auf
dem Strohſacke liegt. Das iſt neuerdings die Regel geworden,
woraus denn weiter folgt, daß die Familie auf halbe Hunger=
Rationen geſetzt werden mußte.

In dem zerbrochenen Kochherd hat ſchon ſeit mehreren Tagen
kein Feuer gebrannt, und wenn es überhaupt Etwas zu beißen
gibt, ſo bekommt Jedes ein Stück trocken Brod. Mit welchem
Ingrimm der Alte die Zähne an die harte Kruſte ſetzt und die
Welt verflucht, in welcher der Arme zur Arbeit gezwungen iſt,
wenn er nicht Hungers ſterben will! Er aber getraut ſich jetzt
nicht mehr, um Arbeit nachzufragen; denn in den Werkſtätten,
wo man nach ſeinen radicalen Ideen zur Förderung der öffent=
lichen Wohlfahrt mit Dynamit, Petroleum und Raubmord nicht
fragen würde, ſieht man doch immer auf das anſtändige Äußere
des Arbeiters.

Hat man ihm das nicht mit dürren Worten geſagt, als er
heute Morgen — zum erſten Mal ſeit langer, langer Zeit — an einer
ihm bekannten Stelle ſeine Dienſte anbot?

„Nur noch in Frack und weißer Cravatte findet der Sclave
Gnade vor den Augen der Menſchenſchinder,“ höhnt er, von dem
vergeblichen Gange heimkehrend. „Die Lumpen, die ein ehrlicher

Kerl, wie ich, am Leibe trägt, beleidigen das Auge der Herren so sehr, daß sie den Anblick nicht ertragen können."

Das Weib auf dem Strohsack hat den Wuthausbruch kaum gehört und noch weniger beachtet. In der Abwesenheit des Mannes hat ihr leidender Zustand sich bedeutend verschlimmert, und erschreckt von den Schmerzenslauten, die sie ausstößt, haben die kleinen, verwahrlosten Kinder sich in den entferntesten Winkel des Gelasses verkrochen, in welchem eine Luft herrscht zum Ersticken.

„Wasser!" sagt sie mit matter Stimme und einen wahrhaft flehenden Blick auf den Mann werfend, der theilnahmlos sich auf dem Stuhl am Fenster niedergesetzt hat und nun ins Leere stiert. Dann ruft sie dringender:

„Wasser! Ich verschmachte!"

Das letzte Wort erregt seine Aufmerksamkeit, so daß er den Kopf wendet und laut auflacht:

„Recht so, mein Täubchen! Verschmachten — das ist das Arbeiterloos in dieser reizenden Welt!"

Er rührt sich nicht vom Fleck, und die Klagelaute der Kranken wiederholen sich öfter und öfter, so daß die Nachbarin im andern Zimmer, welche halb aus Neugier, halb aus wirklicher Theilnahme auf das Geräusch nebenan schon lange gehorcht hat, sich endlich ein Herz faßt und den Kopf zur Thür hereinsteckt:

„Was fehlt Ihrer Frau? Kann ich helfen?" fragt sie den Mann, der noch immer am Fenster sitzt.

„Nur einen Trunk Wasser!" Wie flehentlich klingen die Worte vom Strohsack her! Und der eigene Gatte, der eine ganze Weltordnung umgestalten und besser machen will, hat nicht einmal Ohr für die kleine Bitte seines fieberkranken Weibes, sondern überläßt es der Nachbarin, ihr den erbetenen Trunk zu reichen.

„Um Gottes Willen, Mann," wendet diese sich dann an den exemplarischen Gatten, „sind Sie denn taub und blind, daß Sie nicht merken, wie schwer erkrankt die Frau darniederliegt?"

Er zuckt die Achseln: „Was soll's? Ich kann ihr nicht helfen, wenn die Natur ihr nicht hilft —"

„Eilen Sie zum Doctor! Hier steht das Schlimmste zu be=
fürchten!" unterbricht die erregte Frau die bequeme Phrase des
Weltverbesserers und bemüht sich gleichzeitig, die Kranke in eine
bequemere Lage zu bringen.

Der Mann macht aber keine Miene, seinen Platz zu verlassen,
meint vielmehr mit unerschütterlichem Gleichmuth, der Gang wäre
nutzlos, da ohne Vorausbezahlung kein Arzt dem Rufe des Prole=
tariers Folge leisten würde.

Mit dem Abend stellte sich stärkeres Fieber ein, und gedrängt
von der Nachbarin, welche inzwischen nicht mehr vom Krankenbette
gewichen ist, sieht sich der Gatte nun endlich doch bewogen, einen
benachbarten Arzt aufzusuchen, dessen Adresse die Frau ihm mit
der Versicherung gibt, der alte Herr werde seine Hülfe nicht ab=
schlagen, auch wenn er nicht gleich Bezahlung für seinen Besuch
erhalte.

Ja, es gibt auch in New York noch Ärzte, die eine große
Praxis haben, die bei Tage wie in der Nacht stets auf dem Posten
sind, gehen, wohin sie gerufen werden, ohne nach dem Honorar zu
fragen, und in mancher armen Familie ein dankbares Gedächtniß,
der eigenen Familie aber kein Vermögen hinterlassen, wenn der Tod
sie dereinst aus ihrem Wirkungskreise abruft......

Ein solcher Menschenfreund erscheint auch am Schmerzenslager
der Frau, die jetzt in Fieberphantasien liegt, ohne zu wissen, was
um sie her vorgeht. Der Arzt legt sein Gesicht in sehr ernste Falten,
nachdem er mit ruhigem Blick die Situation erkannt, nimmt dann
sein Notizbuch aus der Tasche, kritzelt rasch ein Recept auf ein
Blatt, das er abreißt und nun dem Mann der Patientin hinreicht
mit den Worten:

„So rasch Sie laufen können! In die nächste Apotheke! Es ist
Gefahr im Verzuge!"

„Dann muß sie sterben!" Der Mann blickt finster vor sich hin,
wie er die Worte ohne das geringste Zeichen innerer Erregung
spricht. „Ich habe kein Geld, für die Arznei zu zahlen —"

Der alte Doctor mit dem schneeweißen Haupt= und Barthaar
und den lebhaften Augen, die von dem bedauernswerthen Weibe

nun nach der Kinderschaar in der Ecke hinüberstreifen, packt mit der rechten Hand das apathische Oberhaupt dieser Familie so kräftig am Kragen, daß er wohl oder übel von seinem Stuhle aufstehen muß, greift mit der Linken in die Westentasche, entnimmt dieser einen Silber=Dollar, welchen er dem Manne mit dem Recept in die Hand drückt, und schiebt ihn dann fast gewaltsam zur Thür hinaus und ruft:

„In fünf Minuten sind Sie wieder zurück!"

Aber es vergeht eine halbe Stunde, ohne daß die Arznei käme, deren der Arzt so dringend bedarf. In nervöser Aufregung durch= mißt er beständig mit langen Schritten das Zimmer, fühlt dann wieder der Kranken Puls, schüttelt den Kopf und sieht wohl hundert= mal auf seine Uhr.

„Verwünscht!" macht er seinem Herzen Luft. „Sie stirbt mir unter den Händen, wenn ich das Fieber nicht bald zu brechen ver= mag. Wo nur der Kerl bleibt?"

Endlich verliert er die Geduld, ruft die ihm bekannte Nach= barin ins Zimmer, ertheilt ihr schnell einige Weisungen und stürmt dann, trotz seiner Jahre, die Treppe hinunter, um das Nothwendige selber zu holen.

Der Apotheker an der nächsten Ecke hat heute kein Recept von ihm bekommen, und sonst befindet sich kein drug-store in der Nach= barschaft auf mehrere Blocks in der Runde. Aber was ist denn aus dem Gatten der Kranken geworden?

Als Der mit dem Recept gemächlich das Haus verlassen hatte, brachte auf der Straße der Zufall ihm einen Bekannten entgegen, den er seit Jahresfrist nicht gesehen. Beide waren aber „Genossen", begeistert für die gleiche gute Sache des socialen Umsturzes, und man feierte das unverhoffte Wiedersehen durch einen Besuch der Schnappskneipe an der Ecke — der Apotheke gerade gegenüber. Und da gab es denn so viel zu reden über die Fortschritte, welche die Revolution in Europa neuerdings wieder gemacht, und über die schuftigen Verräther, welche seit ihrer letzten Begegnung der Armee des Proletariats in Amerika untreu geworden waren, um Leib und Seele ihren Ausbeutern zu verkaufen: daß der „Genosse" über diesem

interessanten Gesprächstoff das Recept in der Tasche und sein
krankes Weib daheim bald ganz vergaß. Und während die Whiskey=
Gläser zum Wohl und auf den baldigen Erfolg der Anarchie an=
einander klingen, vergißt er auch, zu welchem Zweck er den harten
Silber=Dollar, aus welchem ihm jetzt der Schankwärter etwas kleine
Münze herausgibt, von dem alten weißhaarigen Doctor erhal=
ten hat.

„Vogue la galère! Nieder mit den Geldprotzen!"

Taumelnd sucht er endlich den Heimweg, denn der ungewohnte
Branntweingenuß hat den schlecht genährten Körper stark angegriffen.
Als er den Arzt noch im Zimmer antrifft, mit der guten Nachbarin
um die Kranke bemüht, welche die Besinnung verloren hat und leise
stöhnt oder einige Worte unverständlich murmelt, kommt wirklich
etwas wie Scham über den Biedermann, und er stammelt eine
lahme Entschuldigung: In der frischen Luft auf der Straße habe ihn
ein plötzlicher Schwindel ergriffen, so daß er gewiß auf das Pflaster
hingeschlagen wäre und wahrscheinlich den Schädel gebrochen
haben würde, hätte nicht ein Fremder ihn aufrecht erhalten und
in eine Wirthschaft geleitet, um ihm dort eine Herzstärkung reichen
zu lassen.

„In den Branntwein muß der verfluchte Wirth Gift —"

Verächtlichen Tones unterbricht ihn der Arzt: „Haltet mich
nicht zum Narren mit Eurem frevelhaften Geschwätz! Meint Ihr,
ich kenne Euch nicht und Eure sauberen Genossen? Das arme Weib
dort kommt mir morgen am Tage ins Hospital: dafür laßt mich
nur sorgen. Und wenn sie mit dem Leben davonkommt, so ist es
wahrlich nicht Eure Schuld. Ihr selbst aber gehört ins Narren=
haus — oder ins Zuchthaus! Und damit Gott befohlen!"

———————————

Einer von den Feinsten.

Nach dem ziemlich einstimmigen Urtheil der Leute in unserem Hause, zu dessen vielköpfiger Genossenschaft die Familie des Mr. Patrick McCafferty ein starkes Contingent stellt, hätte der liebe Gott in seinem Zorn besagten Herrn zum Polizisten gemacht. Das ist natürlich eine gehässige Entstellung von Thatsachen, mit denen es sich in Wahrheit folgendermaßen verhält.

Patrick McCafferty's Vorfahren, deren Reihe sich übrigens nicht weiter rückwärts verfolgen läßt, als bis auf den schon etwas sagenhaften Großvater, welcher ein Höhlenbewohner und seines Zeichens der Schweinhirt des heimathlichen Dorfes gewesen sein soll, waren Kinder der Grünen Insel, sehr arm, sehr fromm und sehr unzufrieden mit ihrem eigenen und dem Loose des geliebten Vaterlandes. Wie bei so vielen Leidensgefährten im County Tipperary die Noth den Auswanderungs-Agenten gemacht hat, so sahen auch diese Leute ihre einzige Hoffnung auf eine mögliche Wendung zum Bessern in ihren Lebensverhältnissen darin, daß sie sich eine neue Existenz jenseits des großen Meeres in der neuen Welt zu gründen trachteten.

Wegen gänzlichen Mangels an Mitteln konnte die Ausführung des Planes aber nur langsam, gewissermaßen stückweise vor sich gehen, indem ein erwachsenes Mitglied der Familie nach dem andern ab- und hinübergeschoben wurde nach New York. Bridget, die älteste Schwester Patrick's, an welchen damals noch Niemand dachte, hatte den Anfang gemacht und, weil sie ein kräftiges, arbeitswilliges und sittsames Frauenzimmer war, in der großen Stadt auch sofort eine Stellung als Dienstmädchen gefunden. Von dem verdienten Lohn wanderte der Zehnte, wie sich's für eine gute Tochter der Alleinseligmachenden Kirche geziemt, in den Opferstock des Beichtigers, ein Scherflein sodann in den patriotischen Geheimfonds zur Befreiung des armen, unschuldigen Lammes Irland aus den Krallen des britischen Löwen, der ganze Rest aber in den jungfräulichen Strumpf. Dort blieb das Geld verwahrt, bis eine genügende Summe vorhanden war, um für eine jüngere Schwester, Nellie Kate geheißen, das Reisegeld nach der alten Heimath hinüberzusenden. Nachdem Nellie Kate darauf eines Tages im Castle Garden aufgetaucht war, arbeiteten beide Schwestern mit verdoppelter Kraft und Freudigkeit an der Aufbringung des Geldes für die Ueberfahrt des ältesten Bruders Owen welcher der Stolz und die Hoffnung der ganzen Familie war.

Seit dem Tage der Einwanderung Owen's sind schon viele Jahre verflossen, aber in der Familiengeschichte der McCafferty's wird der Tag ein ewig denkwürdiger bleiben, denn von jener Zeit datirt eigentlich das Aufblühen der Familie in den Vereinigten Staaten. Außer dem Segen des Priesters und einem „politischen" Empfehlungsschreiben, welches er nicht lesen konnte, brachte der junge Mann ein Paar riesiger Fäuste und einen in jeder Beziehung eisernen Schädel mit. Die fenische Brüderschaft erkannte in ihm einen enthusiastischen Bruder und ebnete durch ihren Einfluß bei den irisch=amerikanischen Politikern dem Fremdling so erfolgreich die Pfade zu einer einträglichen Stellung, daß er schon bald festen Boden unter seinen Füßen fühlte. Einem Herzenszuge folgend nach dem Vorbilde so vieler Landsleute, die im Dienste des Bacchus den Grund zu späterem Wohlstande gelegt, widmete er sich dem Beruf eines Schankwärters, wurde hinter der Bar bald eine bekannte Persönlichkeit und amerikanisirte sich in unglaublich kurzer Zeit. Einem dunklen Gerüchte zufolge soll er sogar schon am Wahltage desjenigen Jahres, in welches der Tag seiner Einwanderung fällt, als amerikanischer Bürger das Stimmrecht ausgeübt haben, ohne daß man die Ächtheit seines Naturalisationsscheins anzuzweifeln den Muth gehabt hätte. Owen McCafferty war nämlich einer von den "boys", welche dazumal in der Stadt ungefähr Alles thun und lassen durften, was sie für gut und für den „gang" vortheilhaft hielten: der Weg zu

politischen Ehren ging noch schnurstracks durch die Branntwein=
schenke. Und in den Besitz einer solchen gelangte mit Hülfe des
Geldes, welches die beiden Schwestern von den im Dienst gemachten
Ersparnissen dem Bruder gern vorstreckten, der biedere Owen gar
bald und entfaltete nun auch als politischer Leithammel untersten
Ranges ein so bedeutendes Talent, daß der Wardführer der glor=
reichen Partei auf den jungen Streber rasch aufmerksam wurde
und sogar mit ihm rechnen mußte, wenn er seinen Willen unge=
hindert durchsetzen wollte. Wie Owen McCafferty aber in den
New Yorker Stadtrath und einige Jahre später sogar in das
Unterhaus des gesetzgebenden Körpers von New York gewählt wurde,
gehört nicht in den Rahmen dieses schönen Bildes von rührender
Familienanhänglichkeit.

In seinem Glück vergaß der „Achtbare" Owen McCafferty
nämlich nicht der alten Ältern in Irland und des nachgeborenen
Bruders Patrick, auf welchem sein Auge noch niemals geruht
hatte; war doch das Kind vor etwa fünfundzwanzig Jahren ge=
boren worden, etliche Wochen nach seiner Abreise aus der väter=
lichen Hütte. Wohl hätte er den Jungen längst herüberkommen
lassen, wäre nicht immer etwas dazwischen gekommen. Jetzt waren
Vater und Mutter aber im Armenhause des County wohl unter=
gebracht, die anderen Geschwister auf diese oder jene Weise ver=
sorgt, und für den jungen Patrick, der für die Ältern hatte ar=
beiten müssen, bis die Gemeinde wohl oder übel sich ihrer annahm,
hatte der Bruder in Amerika etwas ganz Besonderes in petto.
Patrick's Name stand in der That schon in den Listen der
New Yorker Polizeimacht, als dieser selbst noch in die Fußstapfen des
sagenhaften Großvaters tretend, auf den heimathlichen Triften die
Pflichten des Schweinehirten übte. Von dieser edlen Beschäftigung
rief ihn eines Tages ein Geldbrief Owen's nach New York, wo
er denn auch mit dem nächsten Dampfer glücklich und wohlbehal=
den eintraf, aufs Herzlichste begrüßt von dem reichen Bruder und
von den beiden älteren Schwestern.

"An't he a foine looking fellow?" rief Bridget, begeisterungs=
voll im Anblick des jungen Mannes verloren, nachdem die Kunst

des Barbiers und der Kleiderschrank des „Achtbaren" Owen den grasgrünen irischen Bauernjungen fast zur Unkenntlichkeit in einen modern ausstaffirten Celto = Amerikaner verwandelt hatte. Zufrieden mit der Metamorphose, geleitete Mr. Owen McCafferty nach Verlauf einiger Tage den Bruder nach dem Polizei=Haupt= quartier, wo Patrick seinen Vorgesetzten präsentirt, einem bestimmten Revier zugetheilt und in die Geheimnisse des Dienstes eingeweiht wurde. So ward aus dem irischen Schweinehirten im Handum= drehen ein New Yorker Polizist, und der Rest — war Schweigen. So bezahlte man einen politischen Handlanger und einflußreichen Drahtzieher der Ward in jenen längst vergangenen Tagen, als das Geheimniß des politischen Erfolges einzig und allein noch in der festgeschlossenen Organisation der Parteien gesucht werden mußte.

Um die Wahrheit zu gestehen, hat der Polizist Patrick McCafferty, obgleich er im Dienste nunmehr ergraut ist, von den Pflichten seines Amtes noch niemals eine andere Ansicht gehabt. Ein willenloses Werkzeug der politischen Organisation, durch deren Machtspruch er aus dem Nichts seiner Vergangenheit zu einer verhältnißmäßig recht angenehmen Stellung wie durch ein Wunder sich emporgehoben fühlt, empfindet er für die andere Menschheit eine souveräne Verachtung, oder wie er selbst zierlich sich auszu= drücken pflegt: "What, to hell, do I care — Jesus Christ!"

Selbst seine Geschwister, denen er doch Alles zu verdanken hat, was er ist und besitzt, sind ihm völlig gleichgültig geworden, nachdem er an der städtischen Futterkrippe ein Unterkommen gefun= den hat. Den ehrgeizigen Bruder ärgerte die Gleichgültigkeit, mit welcher der Polizist jegliche Gelegenheit zu einer Beförderung im Dienst geflissentlich verscherzte, und die soliden Schwestern, welche jetzt längst ihren eigenen Hausstand und Familien haben, mußten an dem weiblichen Umgange des jüngsten Bruders Anstoß nehmen. Als er ihnen aber gar eine Schwägerin zugeführt hatte, über deren Vergangenheit allerlei und leider nichts Vortheilhaftes bekannt ge= worden war, da mieden sie seinen Verkehr, so viel sie konnten.

Auch die Leute in unserem Hause wollen mit dem Polizisten nichts zu thun haben, weder im Guten, noch im Bösen, sondern

gehen der Familie weit aus dem Wege. Zu hören bekommt man
freilich genug von der Gesellschaft, in welcher Streit und Zank an
der Tagesordnung sind. Wie kann das auch anders sein, wenn die
Frau trinkt, der Mann aber an Rohheit des Gemüthes und brutaler
Sinnesart seines Gleichen suchen würde unter seinen Landsleuten?
Ist es doch schon so weit mit ihnen gekommen, daß der Polizeirichter
einmal einschreiten, die Frau wegen Trunkenheit nach der Straf-
insel und die gänzlich verwahrlosten Kinder in eine öffentliche Wohl-
thätigkeitsanstalt schicken mußte. Als das Weib die Strafe verbüßt
hatte und in der Wohnung des Gatten wieder erschien, that sie den
Schwur, sie wolle Gleiches mit Gleichem vergelten; und noch an
dem nämlichen Abend gab ihr der Mann die von Alters hergebrachte
Tracht Prügel und dadurch die in des Wortes eigentlichster Bedeutung bei den Haaren herbeigezerrte Gelegenheit zu einem nächtlichen
Auftritt, der selbst in der kunterbunten Geschichte unseres Hauses
als ein besonderes Ereigniß vermerkt steht. Man schrie Mord und
Todtschlag, als einige Collegen des streitbaren Polizisten die Treppe
heraufstürmten, um das kämpfende Ehepaar gewaltsam zu trennen
und, weil Jeder den Andern verklagte, gemeinschaftlich vor den Richter zu schleppen. Trotz ihres Protestes unter einer Fluth von
Schimpfworten und Flüchen ward das Weib doch als der schuldige
Theil erkannt und nach dem Eiland zurückgeschickt, von woher sie
erst vor wenigen Stunden entlassen worden war, während der brave
Patrick McCafferty, unter gebührendem Hinweis auf seine bislang
makellose Vergangenheit, mit einem ernsten Verweise und der Mah-
nung, in Zukunft Frieden zu halten, als freier Mann seines Weges
ziehen durfte. — Unser Haus, mit den Verhältnissen viel genauer
bekannt als der Richter, war mit dem Urtheilsspruche freilich gar
nicht einverstanden, vielmehr einmüthig der Ansicht, daß beide Gatten ins Zuchthaus gehörten; und daß man den schlechten Kerl von
Neuem auf die Menschheit losgelassen, wäre vollends eine Sünde
und Schande.

Aus diesem Verdict der öffentlichen Meinung spricht nicht etwa
blos ein sentimentales Mitleid für ein Weib, dessen Schwächen eine
galante Menschheit ja stets so gelinde wie möglich beurtheilt wissen

will, sondern ein ganz bestimmt ausgeprägtes Rechtsgefühl, welches auf genauen Beobachtungen und Erfahrungen beruht. Diese anzustellen, haben die Leute in den letzten Jahren aber Gelegenheit genug gehabt. Und in unserem Hause bildet das Familienleben der Nachbarn durchaus nicht den einzigen Maßstab zur Beurtheilung der Menschen. Ach, was die mangelnde Harmonie zwischen Eheleuten, oder die täglich weiter werdende Kluft zwischen Ältern und Kindern betrifft, so bekommt man in dieser Hinsicht in den „Familienkasernen" täglich so viel zu sehen, daß man gern ein Auge zudrückt und fünf gerade sein läßt, so lange nur der äußere Schein von Anstand und Sitte gewahrt bleibt.

Mit den McCaffertys war es aber etwas Anderes. Über das von der Straße aufgelesene Weib, das einen Ruf schon damals nicht mehr zu vernichten hatte, als der Mann, wie es hieß, in einem Augenblicke sinnloser Trunkenheit sie sich vom gefälligen Pater antrauen ließ, ging man mit einem moralischen Achselzucken rasch zur Tagesordnung über. Den Polizisten aber fürchteten die Leute und zwar mit Recht.

Jedermann weiß, daß Patrick McCafferty der schlechteste Miethsmann im Hause ist, und dennoch legt der Landlord ihm gegenüber bei jeder Gelegenheit eine Langmuth an den Tag, welche nicht nur der den anderen Familien unter seinem Dache schuldigen Rücksicht und Billigkeit, sondern auch dem eigenen Interesse schnurstracks zuwiderläuft. Als der Eigenthümer, wie bei allen übrigen Miethparteien, so auch bei dem Wächter der öffentlichen Ordnung dem ersten Paragraphen der Hausordnung, worin Jeder zur pünktlichen Zahlung des Miethzinses verpflichtet wird, einmal Geltung verschaffen und im Weigerungsfalle mit sofortiger Kündigung drohen wollte, ward er gleich durch einen amtlichen Besuch von zwei Sanitäts-Inspectoren überrascht, welche ganz unerwartet auf die Vornahme gewisser kostspieliger Reparaturen an der allerdings defecten Röhrenleitung im Hause drangen. Ganz zufällig natürlich wurde der Polizist Patrick McCafferty Augen- und Ohrenzeuge dieser fatalen Auseinandersetzung seines Landlords mit den Sanitäts-Beamten, und diese hatten mit der Ankündigung, sie würden nach

Verlauf einer Woche wieder nach dem Rechten sehen, sich kaum entfernt, als der Polizist mit einer wahren Gönnermiene den hart bedrängten Hausherrn zu beruhigen suchte, indem er sagte

"You needn't worry, sir, if you'll only let me fix it for you with the Department."

Die Sanitäts = Inspectoren haben inzwischen ihren Besuch in unserem Hause wirklich nicht wiederholt, so dringend die bezüglichen Reparaturen in Aller Interesse auch geboten wären, und Patrick McCafferty — der einflußreiche Mann — wurde in jenem Monate für die schuldige Miethe nicht mehr gedrängt.

Daß der elende Wicht gerade bei jenen Behörden, mit welchen das Publicum hin und wieder direct in Berührung kommt, einen gewissen geheimen Einfluß besitzen muß, haben in der That auch die meisten Ladenbesitzer und Kleingewerbtreibenden in der Ward schon zu ihrem Schaden und Nachtheil erfahren. Aber dem Treiben des schofien Subjectes ein Ziel zu setzen, dazu hat Keiner den Muth. Der Grocer borgt mürrisch weiter, obgleich dem biederen Platt= deutschen bei der täglich größer werdenden Rechnung längst nicht mehr wohl zu Muthe ist; allein er weiß nur zu gut, daß dieser oder jener kleine Geschäfts=Trick, aus dem er Vortheil zieht, einen prüfenden Blick aus dem wachsamen Auge des Gesetzes nicht aus= zuhalten vermöchte, und daß der Blaurock, dessen Patrouillen=Dienst in unserer Straße liegt, mit seinem Collegen Patrick McCafferty, obwol derselbe einem andern Polizeirevier angehört, auf dem freundschaftlichsten Fuße steht.

Die beiden Biedermänner halten wirklich treu und fest zu= sammen, wie auch sämmtliche Schnappswirthe im ganzen Polizei= bezirk beinah' täglich an den Brandschatzungen erfahren, welchen das würdige Paar "on the sly" mit einer an kindliche Naivetät und Unschuld grenzenden Unverschämtheit deren Cigarrenkisten und Flaschen unterwirft. Und der in Geldsachen etwas genaue deutsche Bierwirth, welcher die Nothwendigkeit dieser beständigen Zwangs= anleihen für sein reelles Geschäft nicht einzusehen vermochte und deshalb den Polizeitribut eines Tages rundweg verweigerte, sah sich von Stund' an in so bodenlos gemeiner Weise von der Accise=

Polizei gehetzt und drangfalirt, während feine irischen Concurren=
ten rings umher unbehelligt blieben, daß er nur die Wahl hatte,
entweder den ungleichen Kampf aufzugeben und feine Wirthschaft
zu schließen, oder aber Patrick McCafferty und feinem ebenfo
miferablen Amtsbruder wieder zu verabfolgen, was fie verlangten.
Weife entschloß er fich zum Letztern und wird nun, wie jeder bei
der Polizei gut angeschriebene Wirth in der Ward, mindeftens
einen halben Tag im Voraus von jeder „Razzia" in Kenntniß
gefetzt, die auf allerhöchften Befehl erfolgen foll, um den Dienft=
eifer der hochwohllöblichen Polizei bei der Bürgerfchaft in das
hellfte Licht zu fetzen.

Der Polizift Patrick McCafferty weiß Alles, was in der Ward
vorgeht, kennt die geheimen Schleichwege, auf denen Lafter und
Verbrechen wandeln, und zieht aus Jedem feinen Gewinn. Wie
die Straßendirne mit Leib und Börfe ihm tributpflichtig ift, wenn
fie ungeftört ihr fchändliches Gewerbe fortfetzen will, fo fchröpft er
auch den Spielhalter, der in feiner Hölle nur fo lange Herr ift,
als feine Rechnung mit der Polizei ftimmt; ja, er ftand fogar bei
manchen feiner Vorgefetzten längft in dem Verdacht der geheimen
Gemeinschaft mit einer organifirten Bande von Dieben, welche
unter den Augen der Behörden handwerksmäßig ftehlen.

Hatte, fo lange er im Dienfte war, fein Umgang fich faft
ausschließlich auf Kreife befchränkt, deren Repräfentanten beiderlei
Gefchlechts fich aus dem anrüchigften Gefindel recrutiren, obfchon
fie unter dem harmlofen Namen von „Sportsleuten" auf=
zutreten pflegen, fo waren letzthin die Verdachtsgründe gegen feinen
ehrbaren Lebenswandel fo ftark geworden, daß man fie im Haupt=
quartier nicht länger mehr ignoriren durfte. Sein Capitän ließ
es auch jetzt noch dem Anfcheine nach bei einer ernften Warnung
bewenden, ftellte dem Gegenftande feines Argwohns aber gleich=
zeitig eine geheime Falle, indem er ihm einen „Schatten" zu=
theilte, deffen Aufgabe es war, ihn auf Schritt und Tritt zu
beobachten. Ein Polizeispion als Häfcher für einen Polizeibüttel!
Gibt es einen Anblick, der widerlicher wäre als dies Verftecken=
spielen? Und doch, wie alltäglich ift hier eine folche Jagd!

Patrick McCafferty treibt es nach wie vor, ändert weder seine
täglichen Gewohnheiten in und außer dem Dienst, noch seine Ge-
schäftsmethoden, welche ihn zum stillen Theilhaber einer Firma
professioneller Einbrecher gemacht haben. Bei einem ebenso kühn
angelegten wie dreist zur Ausführung gebrachten Diebstahl tritt er,
mit seiner Uniform den Rückzug der Kumpane deckend, vielleicht
zum ersten Male thätig helfend bei einem Verbrechen auf, wird im
entscheidenden Augenblicke von dem allgegenwärtigen „Schatten"
ertappt und zum Gefangenen gemacht. Wohl flucht er dann über
die Niedertracht, die einem Collegen Fallstricke legt, aber er leugnet
seine Mitschuld nicht: sieht er sein Bild doch im Geiste schon, mit
dem Glorienschein eines "plucky fellow" umgeben, eine der nächsten Nummern der „Police Gazette" zieren. Und wenn er bei der
ganzen Affaire etwas bedauert, so ist es nur der kummervolle Gedanke, daß es ein lumpiger Einbruchsdiebstahl sein mußte, welcher
ihn als Held des Tages den Augen der staunenden Welt vorführt.
Hätte er nicht ebenso gut als Mörder, mit dem rauchenden Pistol
in der Hand, den schönsten Triumph seines Lebens unter dem Gal-
gen feiern können — fest und firm bis zum letzten Moment, dem
Henker wie einem guten Kameraden die Hand zum Abschiede
drückend und mit einem gotteslästerlichen Lebewohl auf fröhliches
Wiedersehen im Himmel?......

Das hat nicht sollen sein. Patrick McCafferty kommt nur auf
fünf Jahre ins Zuchthaus, und als er abgeführt wird, ruft die
Welt nicht einmal Hurrah. Aber in unserem Hause sagt man noch
immer: „Den hat der liebe Gott in seinem Zorn zum Polizisten
gemacht." — —

Freudvoll und Leidvoll.

Haus im Glücke.

Das war ein Wiederſehen zwiſchen den Beiden nach drei-
jähriger Trennung! Und das kleine Mädchen, welches
ſcheu und ſchüchtern an dem Kleide der Mutter ſo feſt
hielt, als wären ſeine Händchen mit ein paar Nadel-
ſtichen darangenäht, hatte laut ſchreiend dagegen proteſtirt, als der
fremde Mann mit dem großen braunen Vollbart erſt der Mutter
Augen, Wangen und Mund immer von Neuem wieder mit Küſſen
bedeckte und nun gar Miene machte, ſie ſelber auf den Arm zu nehmen und ihr eigenes Geſichtchen der nämlichen Procedur zu unterwer-
fen. Wohl hatte ſie ihr Leben lang die Mama, welche ſo oft weinte
und immer ſo traurig war, von dem lieben Papa im fernen Lande
Amerika erzählen hören, und ſie hatte auch jeden Abend im Bettchen
beten müſſen, daß der liebe Gott ihren Vater in der Fremde behüten
und vor Unglück bewahren möge; aber bei den Worten, welche ſie
längſt auswendig wußte, hatte ſie ſich gar nichts gedacht, denn ſie
war ja noch nicht vier Jahre alt.

Eines Tages aber hatte der Poſtbote einen Brief gebracht, welchen die Mutter unter der Schürze verbarg, damit Großmama's Augen
ihn nicht ſehen ſollten, und darauf war ſie ſo raſch in ihr Stübchen im
Giebeldach hinaufgeſprungen, daß Mariechen ihr nicht hatte folgen
können. Und als ſie dann doch endlich nach oben gekommen war
und die Thür geöffnet hatte, da fand ſie die Mutter auf dem Rande
des Bettes ſitzend, den geöffneten Brief in der zitternden Hand und
lachend und weinend und das Papier zärtlich ans Herz drückend;
und dann nahm ſie Mariechen bei der Hand und tanzte mit ihr
durch die kleine Kammer, daß die Dielen knarrten, das Kind auf-
jauchzte über das ſeltene Vergnügen und Großmama's wohlbekannte Stimme von unten ſcheltend herauffragte, was die Dummheiten oben denn wieder bedeuten ſollten. Aber die Mutter war gar

nicht so zusammengefahren bei dem Klang dieser Stimme, wie sonst, sondern lief an die Treppe und rief lustig und laut:

„Hans hat geschrieben und Geld geschickt! Mit dem nächsten Schiff soll ich fahren!"

„Gott sei Dank!" Die Großmama sagte es mit einem Ton, daß selbst das Kind es fühlen mußte, der Ausruf sei ihr aus der innersten Seele gekommen. Die alte Frau hatte es der Tochter ja auch oft genug mit dürren Worten ins Gesicht gesagt, wie sehr sie ihr mit dem Kinde zur Last sei, und daß sie nun und nimmermehr zu der Auswanderung des Schwiegersohnes nach Amerika ihre Ein= willigung gegeben haben würde, wenn sie hätte ahnen können, daß es so lange dauern würde, bis er in dem „Lumpenlande" so viel erübrigt, um seine Pflichten als Familienvater endlich zu er= füllen. „Und wenn Du auf Deine alte Mutter gehört hättest," so lautete immer der Refrain des Klageliedes, welches tagtäglich einen neuen Vers erhielt, „dann wäre es nicht so weit mit Dir gekommen, Du dumme Grete: die Frau eines Hungerleiders, der bei Nacht und Nebel davonlief und Weib und Kind im Elend daheim ließ bei der alten Mutter, die selber kaum genug hat zum Leben!"

Wie schwer den jungen Leuten der Entschluß der Trennung ge= worden war, nachdem sie kaum ein Jahr lang einander angehört hatten als Mann und Frau, und da ihr Kindchen noch hülflos in den Windeln lag: das hatte die alte Frau, die ja stets gegen die Ver= bindung ihrer Tochter mit dem Advokatenschreiber gewesen war, nicht gekümmert. Und doch war dem jungen Paare kein anderer Ausweg aus der stets wachsenden Noth geblieben.

Sie hatte ihn geheirathet, weil sie ihm von Herzen zugethan war, und er hatte es ja auch so ehrlich gemeint. Im Anfange ließ sich Alles wirklich ganz gut an, obwol sein Principal, der viel= beschäftigte Herr Rechtsanwalt und Notar in der kleinen Gerichts= stadt, bedenklich den Kopf schüttelte, als er von dem dummen Streich des Schreibers vernahm, der doch gar keine Aussichten im Leben hätte. Die Bedürfnisse der jungen Leute waren bescheiden, und für die Zukunft vertrauten sie auf ihr gutes Glück. Wie Viele haben das schon vor ihnen gethan? Und so wird es auch bleiben in der

Welt, die für die Menſchenkinder eine Lotterie iſt mit vielen Gewinnen und vielen Nieten.

Hans und Grete kamen aber mit einer Niete heraus, als das
Schickſal ihrer Ehe erſt Krankheit mit langen Rechnungen von
Doctor und Apotheker und gleich darauf das Unglück beſcheerte,
daß der junge Mann, kaum geneſen von einem hitzigen Fieber, zu
der üblichen Felddienſtübung wieder unter die Soldaten gerufen
wurde. So lange Zeit konnte ſein Pult in der Kanzlei denn nicht
leer bleiben, und als Hans eines Tages mit dem Dienſte des Kaiſers
glücklich zu Ende war, da mußte er die trübe Erfahrung machen,
daß man nun ſeines Dienſtes in der Schreibſtube nicht mehr be-
dürfe. Die Leute ſagten, ſein Principal habe nur auf eine Gelegenheit gewartet, den verheiratheten Schreiber auf gute Manier los zu
werden, denn was er zahle, ſei nicht genug zum Unterhalt einer
Familie.

Dann kamen ſchlimme Tage über den jungen Hausſtand, der
gerade um dieſe Zeit durch Mariechen's Ankunft eine Vergrößerung
und neue Sorgen erhielt. Mit dem guten Muth und mit der Hoffnung ging es gar bald auf die Neige, als dem jungen Vater aber
auch jeder Verſuch fehlſchlug, eine beſcheidene Anſtellung oder irgend-
welchen Verdienſt zu finden, um nur das Nothwendigſte ins Haus
zu ſchaffen.

Und als er an allen Thüren, zu denen der Weg ihn führte,
angeklopft hatte und nirgends ihm aufgethan worden war, da gedachte der Unglückliche, wie ſchon Millionen Menſchen in ähnlich
trauriger Lage vor ihm, an die Auswanderung übers Meer nach
Amerika. Das Herz wollte ihm ſchier brechen, als ſein Weib die
Arme um ſeinen Nacken ſchlang und ihn nicht loslaſſen wollte, da
er ihr mit Thränen im Auge und mit zitternder Stimme all die
zwingenden Gründe für ihre Trennung — ſo Gott wolle, nur auf
eine kleine Weile! — klar zu machen verſuchte; doch auch ſie
mußte dem geliebten Manne im Stillen ja Recht geben, daß kein
anderer Ausweg mehr ſei, und an der Wiege ihres Kindes, das
nichts ahnte von der Noth und von den bitteren Enttäuſchungen des
Lebens, nahmen die armen Ältern dann Abſchied von einander.....

Was zu entbehren war von der kleinen Habe, mußte versilbert werden, um das Reisegeld für den Vater zu schaffen, und die Mutter ging zurück ins älterliche Haus, wo kein herzlicher Willkomm ihrer wartete.

Wie die Nachbarn die Nase rümpften über die verlassene Grete und ihren Hans, der im Urwald bei den Rothhäuten und Affen Gold und Edelsteine graben oder sonstwie Millionär werden wolle!

Und die arme Grete hatte es nicht einmal ihrer Mutter gesagt, wie ihr lieber Mann die Gefahren der langen Meerfahrt glücklich überstanden habe und in der großen Stadt New York angekommen sei, wo das Leben so ganz anders pulsirt als in der kleinen deutschen Amtsstadt mit ihren kleinlichen, neidischen, hartherzigen Menschen und den vielen Vorurtheilen, Standesthorheiten und all den Krähwinkeleien, die man erst so recht von Grund aus kennen lernt, wenn man die Welt aus freierem Gesichtspunkt beurtheilt. Ihr hatte Hans das Alles genau beschrieben — denn er ließ regelmäßig von sich hören, wie sich's geziemt für einen guten Gatten — und sie konnte ihm in Gedanken auch folgen auf Schritt und Tritt in der neuen Umgebung, in der neuen Welt, die dereinst auch ihre Heimath werden sollte.

Zwischen den Zeilen seiner ersten Berichte aus New York las sie manch muthloses Wort, ob der Schreiber auch nicht den Muth gehabt hatte, es schwarz auf weiß zu Papier zu bringen; doch währte es nicht allzu lange, bis er für seine Hoffnung auf baldige Wiedervereinigung mit seinen Lieben einen bestimmten, zuversichtlichen Ausdruck in die Feder nehmen konnte. Hurrah! er sah einen Weg vor Augen, auf welchem das Ziel erreicht werden konnte, und wenn auch noch ein oder zwei Jahre darüber hingehen sollten.

Vielleicht noch mehr als in Deutschland ist in New York das Leben oder die Existenzfrage selbst für die Besten einer Lotterie vergleichbar, denn hier spielt der blinde Zufall oftmals gar wunderlich —: dem Einen einen Possen, dem Andern das große Loos in den Schooß, ohne daß er dafür kann.

Unser Hans kam diesmal aber mit einem kleinen Gewinn heraus, um den doch tausend und abertausend Mitspieler am Glücksrade, die eben so viel eingesetzt und eben so viel auf dem Spiele hatten und nur nicht so glücklich waren, wie er, ihn beneiden konnten: der blinde Zufall brachte ihm nämlich die Gelegenheit, im geeigneten Augenblick eine Kunstfertigkeit zu zeigen, an deren Verwerthung als Mittel zum Erwerb er nie zuvor gedacht hatte. Der deutsche Advokatenschreiber wußte von jeher die Anfangsbuchstaben seiner Akten mit so schönen Schnörkeln zu verzieren, daß man in den gothischen Charakteren damals wol schon die Hand eines Künstlers in seinem Fach hätte erkennen können, wenn es sich für die Herren vom Gericht in Deutschland überhaupt geziemt hätte, auf solche Allotria des niederen „Federviehs", wie man die armseligen Schreiberlein nennt, zu achten. Ein deutscher Schildermaler-Meister in New York aber, der — wer weiß, bei welcher Gelegenheit, für unseren Hans aber jedenfalls zu einer guten Stunde — von jenen zierlichen gothischen Buchstabenzeichen des „grasgrünen" deutschen Einwanderers ein paar Proben zu Gesicht bekommen hatte, sah auch auf den ersten Blick, daß er des jungen Landsmannes Talent für sein Geschäft vortheilhaft würde ausnützen können.

Mit Zittern und Zagen trat Hans bei dem Meister ein, denn so gut er auch mit der Feder und der Tusche Bescheid wußte, er hatte für seine „Malereien" noch niemals mit Farbe und Pinsel hanthiert; doch ging ihm am Ende die Arbeit weit leichter von statten, als er erwarten zu dürfen gehofft hatte, nachdem er die erste Scheu überwunden und mit einigen gänzlich verfehlten, jedoch unvermeidlichen Klecksversuchen das übliche Lehrgeld bezahlt hatte. Wie der Meister ihm gleich gesagt hatte: "Where there is a will, there is a way!"

Das merkte sich Hans, und heute schwört er auf das amerikanische Sprichwort, weil das Glück ihm so hold blieb, daß er schon bald nach seiner Ankunft in New York von Ersparnissen nach Hause berichten und überdies auch manchem Briefe außer seinen herzinnigsten Grüßen ein anderes Werthzeichen beilegen konnte. Und nach Verlauf von drei Jahren — wie lang die Strecke in die ungewisse Zukunft hinein, doch wie kurz, wenn Einer auf den zurückge-

legten Weg fröhlich zurückblicken kann! — fühlte der wohlbestallte
Schildermaler schon so festen Boden unter den Füßen, daß er mit
gutem Gewissen Weib und Kind zu sich herüberrufen durfte.

Und da standen die drei Menschen wieder vereint in der Vorhalle
des Castle Garden, dieser bedeutungsvollen Verbindungspforte
zwischen der alten und neuen Welt, die schon von so vielen patheti=
schen Bildern von Leid und Lust des menschlichen Lebens ein stummer
Zeuge sein mußte. Eine anmuthigere Familiengruppe hatte die alte
Halle aber seit Langem nicht geschaut, als sie sich in dem Augenblick
stellte, da Hans seine Grete wieder im Arm hielt und das kleine
Mariechen, der Mutter Kleid nicht loslassend, mit ihren großen
Augen voll Verwunderung das sonderbare Benehmen der Beiden
betrachtete.

Für d i e Beiden existirte aber die Außenwelt nicht in diesem
heiligen Augenblicke des Wiederfindens nach so langer, trauriger
Trennung; und er nahm ihren Kopf in beide Hände und hielt sie
mit lang gestreckten Armen weit von sich ab, daß Auge in Auge zu
blicken vermochte bis tief ins innerste Herz und fragte mit leiser
zitternder Stimme:

„Bist mir noch gut und treu, wie ich Dir?" und sie schloß ihm
die Lippen mit einem langen Kuß, daß selbst die alten Beamten
ihre Freude daran hatten und meinten, daß bei einem solchen Em=
pfange Einem das Herz im Leibe lachen müsse.

Heute würde Hans selbst mit einem Vanderbilt nicht tauschen,
so stolz und glücklich und reich dünkt er sich. Daß er sich einen freien
Tag gemacht, als er früh Morgens die Nachricht von der Ankunft
des Dampfers erhielt, versteht sich von selbst, und der Meister hat
ihm obendrein gestattet, Pferd und Wagen zu nehmen, um seine
Familie mit deren Gepäck aus dem Castle Garden gleich nach dem
Logis zu bringen, das er in unserem Hause gemiethet hat. Es ist
die nämliche Wohnung, aus welcher neulich die Frau des Sträflings
mit ihren fünf Kindern „auf die Straße gesetzt" werden mußte: so
nahe beisammen liegt in einem New Yorker Tenement=Haus das
tiefste Elend und das höchste Glück! . . . . .

"Look at the greenhorns!" ruft es wiederholt aus der Menge, als der bepackte Wagen den Broadway hinaufrollt, so daß Hans manchmal ernstlich böse wird, wenn er, durch den bekannten Zuruf aufmerksam gemacht, bemerkt, wie die Vorübergehenden ihn und die Seinen mit neugierigen Blicken verfolgen. Ein offener Geschäfts= wagen mit Emigranten und Koffer und Kisten darauf ist ein sehr gewöhnlicher Anblick in den belebtesten Straßen der Metropole, aber ein solcher Aufzug zieht trotzdem stets die allgemeine Aufmerksam= keit auf sich, als hätte man noch nie dergleichen gesehen.

Das lebhafteste Interesse an den Neuankömmlingen macht sich aber vor unserem Hause geltend. Als der Wagen vorfährt, laufen alle Kinder aus dem ganzen Block zusammen, während in vielen geöffneten Fenstern zu beiden Seiten der Straße junge und alte Frauen sichtbar werden, um durch Geberden und Worte, aber immer in der ungenirtesten Weise, ihre Ansichten über die deutsche Frau und das Kind auszutauschen. Beide finden Gnade vor den prüfenden Augen der weiblichen Nachbarschaft, welche bald darüber einig ist, daß die Leute des Schildermalers "highly respectable" und auch „gut in Zeug" sind, obgleich der deutsche Schnitt ihrer Kleider natürlich sehr viel zu wünschen übrig läßt. In der guten deutschen Kiste, welche der Mann eben auf den Schultern die Treppe hinauf= schleppt, ist sicherlich deutsche Leibwäsche. Es geht doch nichts über eine ordentliche Aussteuer von Leinwand, wie sie nur drüben ge= macht wird und wie man sie hier blos dem Namen nach kennt. Ob in dem Sack wol ein Federbett ist? Sieht gerade so aus, aber wer denkt in Amerika an Federbetten? Im Stillen faßt jede der guten Frauen den Entschluß, bei der nächsten Gelegenheit die persönliche Bekanntschaft der interessanten Frau aus Deutschland zu machen und Alles, was über ihre Verhältnisse zu wissen wün= schenswerth ist, ganz genau in Erfahrung zu bringen. — Unser Viertel führt mit Recht den Namen: Klein=Deutschland; mitten in dem großstädtischen Häusermeer ist es ein Eiland von ächter deutscher Kleinstädterei.

Das hat Grete allerdings noch nicht erfahren. Im Gegen= theil, ihr kommt Alles furchtbar fremd und sonderbar vor, was sie

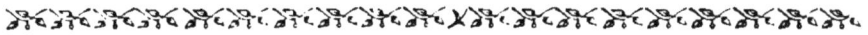

heute um sich her sieht und hört und von neuen Eindrücken in
sich aufnehmen muß. In den drei kleinen Zimmerchen, von denen
nur eines ganz hell ist, und die nun in Zukunft ihr Heim bilden
sollen, kann sie sich gar nicht recht heimisch fühlen, und wenn sie
den lieben Hans stolz und redselig die Vorzüge der kleinen Einrichtung rühmen hört, die er ganz allein angeschafft und auch
baar bezahlt hat — denn er glaubt nicht an die Reellität in Ge-
schäften, wo man seine sieben Sachen auf Abschlag entnehmen
kann — und die sie nun Stück für Stück in Augenschein nehmen
und bewundern soll, so wird ihr's manchmal wirklich schwer, für
ihre Antworten den rechten herzlichen, dankbaren Ton zu finden.
Um die Wahrheit zu sagen, es kommt ein Gefühl wie Heimweh
über die Frau, welche am ersten Tage in unserem Hause sich eher
beklommen als wohl fühlt.

Hans merkt das freilich nicht in seinem Eifer und in der endlich
wieder eroberten Würde eines Familienvaters. Mariechen hat
inzwischen auch ihre Schüchternheit abgelegt und den Papa wieder
in seine väterlichen Rechte eingesetzt, so daß das Kind ihn vollständig beschäftigt mit seinem Spiel und mit den vielen Fragen
über dies und das, was gerade in seinen Gesichtskreis tritt.

Aber bald stellt sich bei der Kleinen auch der Hunger ein,
und Hans wirft einen ebenso vorwurfsvollen wie hülflosen Blick
auf den nagelneuen schwarzen Kochofen, der wohl an dem rechten
Fleck vor dem mantle-piece steht, die Feuerprobe aber erst noch
bestehen soll. Auch an einem Theekessel und ein paar Töpfen und
Pfannen fehlt es nicht auf der Platte, so daß ein kleiner warmer
Imbiß in nicht zu langer Zeit bestellt werden könnte. Doch Hans
hat einen andern großen Gedanken, und zwei irdene Näpfe von
dem kleinen Gestell nehmend, auf welchem das Geschirr Platz gefunden hat, eilt er zur Thür hinaus mit den Worten:

„Wart' nur einen Augenblick, und rücke inzwischen die Teller
und Löffel dort auf dem Tische zu Platz. Heut müssen wir uns behelfen, so gut es geht, ich mache den Koch und bin gleich wieder
hier."

Und Grete hat kaum den Tisch gerichtet mit dem, was sie vorfindet, da stürmt auch ihr Mann schon die Treppe hinauf und ruft von draußen, ihm die Thür zu öffnen, denn er hat beide Hände voll.

Wie glücklich und selbstzufrieden er den Krug Bier auf den Tisch setzt und den Napf, in welchem eine warme Flüssigkeit dampft, und das Brod, das er beim Bäcker nebenan zu entnehmen nicht vergessen ...

„Jetzt langt zu, und Gott segne das erste Mahl in New York!" Er hat die Suppe schon aufgefüllt und blickt seiner Grete mit einem triumphirenden Lächeln in die fragenden Augen. „Probir's nur, Kind —"

„Aber kauft man bei Euch in Amerika die Milchsuppe denn gekocht beim Bäcker oder Spezereihändler?"

„Milchsuppe?" Hans legt den Löffel hin und lacht, was er nur lachen kann. „'s ist ja ein oyster-stew! Nein das ist köstlich!"

Grete kostet mißtrauisch von dem unbekannten Gericht, legt dann aber rasch den Löffel wieder hin, nimmt auch dem Kinde sein Tellerchen weg und meint entschieden, das sei kein Essen für einen deutschen Gaumen. „Da muß ich schon selber das Küchenregiment übernehmen!"

Mit der Energie einer deutschen Hausfrau trifft sie ihre Anordnungen, deren Ausführung den guten Hans in der nächsten Stunde fortwährend im Galopp hält, wie er sagt. So oft muß er die Treppe hinab und wieder herauf springen, um Alles zusammen zu holen, was seine Grete für die Bereitung des einfachen Mittagsmahles bedarf. Und in den kurzen Pausen zwischen den Botengängen stärkt er sich an dem Bier, welches im Kruge noch auf dem Tische steht; aber Mariechen vertreibt sich die Zeit mit einem Stückchen Brod und ist nach Kinder Art der geschäftigen Mutter immer im Wege.

Während das Essen auf dem Ofen brodelt, werden dem Koffer rasch die nothwendigsten Sachen entnommen und auch die Betten in Stand gesetzt, so gut das in der Eile möglich ist, denn die deutschen Tücher und Kissen und Decken passen nicht recht in das amerikanische Gestell. Für den Augenblick muß man sich aber behelfen, kämpfte

das Kind auf seinem Stuhl am Tisch nach der eingenommenen
Mahlzeit doch so lange mit der Müdigkeit, bis ihm endlich die
Augen zufielen und der Kopf auf den aufgestemmten runden Ärm=
chen ein Ruhekissen fand.

Und Hans legt leise seinen Arm um den Nacken des jungen
Weibes, welches vertrauensvoll, aber thränenden Auges Schutz an
seiner Brust sucht, und in Gedanken an die fremde Umgebung und
an die ungewohnten Eindrücke, die sie im Laufe des heutigen Tages
empfangen, klingt der Ton ihrer Stimme fast traurig, als sie sagt:

„Lieber, lieber Hans! Wie ganz anders ist es in Eurem
Amerika, als bei uns in der alten Heimath! Werd' ich mich je=
mals hier gewöhnen können?"

„Gewöhnen?" wiederholt Hans lächelnd und guten Muthes, in=
dem er ihr zärtlich ins Auge schaut und sie herzhaft küßt. „Siehst
Du, Grete, mit Dir wieder an meiner Seite, fühl' ich mich noch ein=
mal so stark wie sonst. Und war mir das Glück nicht hold in der
neuen Heimath, die ich gesucht in Noth und Verzweiflung? Ich
komme mir heute schier vor wie Hans im Glücke, aber ich halt' es
fest und laß es nimmer los! Was mir die alte Heimath neidisch
versagt, hier hab' ich's gefunden: Verdienst, Zufriedenheit, Familien=
glück und die beste Aussicht, daß es noch besser werde in der Zu=
kunft. Gesegnet sei Dein Kommen in unser schönes, großes, freies
Land Amerika!" —

Unten auf der Straße spielen die deutschen Musikanten, die jeden
Abend durch unsere Straße ziehen, die begeisternde Weise des "Star
spangled Banner"......

Nur ein Erziehungsresultat.

Als die Familie von Deutschland nach Amerika auswanderte, weil in der alten Heimath dem Vater Nichts recht gelingen wollte, und dann in New York hängen blieb, erstens, weil zur Reise weiter ins unbekannte Land hinein das Geld nicht reichte, und zweitens, weil die Leutchen in Betreff ihrer Zukunft überhaupt sich keinen bestimmten Plan hatten machen können aus Unkenntniß der Verhältnisse: da war ihr ältestes Kind, Wilhelm, gerade fünf Jahre alt gewesen. Und die Eindrücke und Erinnerungen der ersten Kindheit in Deutschland gingen dem Knaben gar bald verloren unter dem mächtigen Einfluß der Gegenwart. Die fremde Sprache lernte er spielend auf der Straße im Verkehr mit anderen Knaben, und ehe ein Jahr vergangen war, hatte das junge Pflänzlein in dem fremden Erdreich schon völlig feste Wurzeln geschlagen. Die Vergangenheit hatte er vergessen, und er wußte es nicht anders, als daß es immer so gewesen sein mußte wie jetzt: er fühlte sich als ein amerikanischer Junge.

Den Ältern wurde es viel schwerer, in die neue Umgebung sich allmälig hineinzuleben — waren doch Beide ächte deutsche Kleinstädter, in den kleinlichsten Verhältnissen emporgewachsen, schwerfällig in ihren Bewegungen — wie auch in ihren Gedanken, und so unselbstständig, wie der deutsche Polizeistaat den „kleinen Mann" geflissentlich zu halten bestrebt ist, damit er aus angeborener Bequemlichkeit und in seinem angestammt beschränkten Unterthanenverstande die hohe Obrigkeit über sein Wohl und Wehe schalten lasse nach Belieben.

Seit seiner Ankunft in New York hatte der deutsche Handwerker oftmals Gelegenheit, den Mangel jeglicher Bevormundung von Seiten des Staates schmerzlich zu vermissen. Kam er sich anfänglich doch geradezu wie „verrathen und verkauft" vor, als er mit Weib

und Kind in der Riesenstadt und in dem rastlosen Getümmel der
Menschen, deren Sprache er nicht verstand, sich ganz allein auf sich
selbst und seine eigene Kraft angewiesen fand.

Da war Niemand, der ihm gesagt hätte, wie er sich verhalten,
wohin er sich wenden und was er thun und lassen müsse, um unter
all den fremden Menschen den Kampf um die Existenz zu beginnen
und nicht Hungers zu sterben. Wie aber die Noth überhaupt
erfinderisch macht, so spornte die Sorge ums tägliche Brod auch
hier die vorher nie so recht aus dem trägen Gewohnheitsdusel er-
weckte Willenskraft dermaßen an, daß er — allerdings nicht ohne
viele Klagen und Seufzer — am Ende sich doch recht gut ausfand.
Freilich kostete es ihm nicht wenig Ueberwindung, sich an den Gedanken zu gewöhnen, daß in der Rennbahn des amerikanischen
Lebens der Reiter in mehr als einem Sattel gerecht sein müsse,
wenn er sich nicht einmal vom störrischen Gaule abgeworfen und
geschunden im Staube liegen sehen wolle ; auch war nach seinem
zunftgemäßen Geschmack die Gangart des hiesigen Arbeitsbetriebes
bei weitem zu lebhaft und unruhig, allein er fügte sich bald ins
Unvermeidliche und griff, da er in dem erlernten Handwerk nicht
gleich Beschäftigung finden konnte, zu etwas Anderem, das der
Zufall ihm gerade darbot. Und dabei blieb es die langen Jahre;
wollte die eine Erwerbsquelle nicht mehr fließen, sah er sich nach
einer anderen um, und als er den Wechsel erst als Regel aner-
kannt hatte, fiel es ihm nicht einmal sonderlich schwer, selbst eine
gewisse Vielseitigkeit zur Entfaltung zu bringen.

Stellte das Leben in dieser Weise die Energie des Mannes fast
täglich auf eine neue Probe, so konnte der beständige Kampf nicht
ohne mächtige Rückwirkung auf seine Familienverhältnisse bleiben.
In dem neuen Hausstande, der dem kleinen Verdienste des Vaters
entsprechend nach dem bescheidensten Maßstabe hatte eingerichtet
werden müssen, machte vom ersten Augenblicke an der Mangel
eines gewissen Mittelpunktes sich fühlbar, ohne daß die Leute selber
das gleich empfunden hätten.

Weil die Frau und Mutter nicht gewaltsam jenem Schlendrian
entrissen werden konnte, der im Dasein des „schwächeren Geschlechtes"

in deutschen Kleinstädten, vornehmlich aber in den Handwerkskreisen daselbst eine so bedeutungsvolle Rolle spielt, war es ihr nicht möglich, der veränderten Lage der Dinge gebührend Rechnung zu tragen. Die kleine Wohnung in der großen Miethkaserne stellte in der That zu wenig Ansprüche an ihre Kräfte und vermochte sie noch weniger zu fesseln, so daß bald eine völlige Gleichgültigkeit gegen ihre Umgebung des Weibes sich bemächtigte. War das dieselbe Hausfrau, die daheim in Deutschland mit Recht das Muster von Arbeitsamkeit und Sauberkeit genannt ward, die ihren Stolz drein gesetzt hatte, eine Wirthschaft zu besitzen, die, so bescheiden sie war, sich doch stets sehen lassen konnte an blitzblanker Nettigkeit?

Ja, das war auch in Deutschland gewesen! In Amerika fragt nach solchen überflüssigen Dingen keine Menschenseele! In diesen bequemen Gedanken hatte die Frau sich bald so fest hineingeredet, daß sie sich nur noch so wenig wie möglich bewegte und rührte. Die Atmosphäre eines Tenement-Hauses wirkt geradezu verderblich auf solche Naturen....

Während der Mann im Schweiße seines Angesichts das tägliche Brod verdient, hält so manche Frau daheim Maulaffen feil vom Morgen bis zum Abend. Mit der Nachbarin gibt es so viel zu reden und zu schmähen, daß es an Zeit gebricht, das Logis oder auch nur den eigenen Körper sauber und hübsch in Ordnung zu halten, wie sich's gehört. Man überläßt die Kinder auf der Straße ihrem Schicksal, um in Gesellschaft anderer Klatschbasen auf der Treppe sitzen oder im Fenster liegen zu können, halb angekleidet, unfrisirt, kaum gewaschen und träge, daß es eine Schande ist!

Daß unter solchen Verhältnissen, welche ja durchaus keine Ausnahme von der Regel darstellen, im besten Falle nur von einer Wohnung, doch niemals von einem freundlichen Heim der Familie die Rede sein konnte, ist selbstverständlich, und während der Vater unter dem Druck der Arbeit diesen Mangel bald gar nicht mehr empfindet, die Mutter an dem bequemen Leben aber nur zu sehr Gefallen findet, übt die traurige Wirthschaft auf die Charakterentwickelung des Knaben einen höchst nachtheiligen Einfluß aus.

Nicht nur das. Sich selbst überlassen, verliert er im Laufe der Jahre auch den sittlichen Halt, welchen Kinder, die in einer freundlichen Umgebung aufwachsen, ohne es eigentlich zu fühlen oder zu wissen, an den Vorbildern der um ihr Wohl besorgten Ältern haben. Seinen Sohn zu erziehen, fehlt es dem Alten, der ja selbst seine liebe Noth hat, daß er in der Fremde nicht untergeht, an Zeit, und der Mutter an der nöthigen Lust oder an dem richtigen Verständniß. Läßt Wilhelm sich einmal bei einem dummen Streich ertappen, so bekommt er seine Prügel, und dasselbe blüht ihm gelegentlich auch ohne sein Verschulden, wenn die jähzornige Mutter gerade um ein Abkühlungsmittel für ihr heißes Temperament verlegen ist.

Dann läuft der Junge heulend davon und denkt: „What do I care!" Er denkt überhaupt immer englisch, Schlimmes wie Gutes, denn das Verständniß der deutschen Sprache ist ihm ja ganz und gar verloren gegangen. Hat sich doch auch Niemand darum gekümmert, daß das Kind deutscher Ältern seine Muttersprache hoch und in Ehren halte.

Und dennoch ist in Amerika die deutsche Muttersprache der einzige Kitt, der fest genug ist, um das „deutsche Element" zusammenzuhalten, um zu verhindern, daß die hier aufwachsenden Kinder deutscher Einwanderer den Ältern nicht entfremdet werden.

Die Erinnerung an seine deutsche Herkunft betrachtet Wilhelm als einen Schimpf, und es hat deshalb mit seinen Kumpanen auf der Straße schon oft Auseinandersetzungen mit schlagenden Argumenten und blutigen Köpfen gegeben.

Er will nicht "Dutch" sein und er macht gar kein Hehl daraus, daß er die Alten daheim verachtet. Ein hartes Wort, aber leider nur zu wahr! Ist es nicht zum Lachen, wie Vater und Mutter die englische Sprache mißhandeln, wenn sie einmal einen Anlauf nehmen, ihm ihre Meinung zu sagen? Und wenn sie miteinander deutsch reden, so klingt das Kauderwälsch mit den vielen englischen Brocken genau so, als ob sie nicht einmal ihre Muttersprache ordentlich verstünden.

Die Wahrheit ist: in dieser kleinen Familie fehlt Jedem das Verständniß für den Andern, nicht nur in sprachlicher Beziehung,

sondern auch mit Rücksicht auf alle Lebensbedürfnisse und Gewohnheiten. Und wie die Zeit vergeht, so erweitert sich die Kluft
beständig.

Trotz des liberalen Freischul=Systems, welches den unberechen-
baren Vortheil einer guten Elementarbildung hier in den Bereich
der ärmsten Kinder legt, ist Wilhelm's Erziehung auch in dieser
Beziehung stets vernachlässigt, oder richtiger: als Nebensache behan-
delt worden. Der Junge selbst empfand keinen besonders starken
Drang nach der Schule, die Mutter ließ es nur zu oft an der gehö-
rigen Aufsicht fehlen, der Vater vertraute wiederum vollständig seiner
Gattin, die doch gewiß dafür sorgen würde, daß der Knabe regelmäßig zur Schule geschickt würde, und wenn noch etwas nöthig war
zur Erklärung der Unregelmäßigkeit im Schulbesuch dieses Jungen,
so sorgte dafür der häufige Wohnungswechsel von einer Ward
in die andere.

Alle diese Umstände wirkten zusammen dahin, daß Wilhelm
— der Name war natürlich längst zum landesüblichen „Billy“ geworden — nur sehr dürftig lesen konnte, vom Rechnen kaum einen
Begriff hatte und in der Kunst des Schreibens über das Malen
klotziger Buchstaben nicht hinausgekommen war, als er mit zwölf
Jahren den Schulbesuch völlig quittirte, um als "cash-boy" seine
Erwerbsthätigkeit zu beginnen.

Auf dieser untersten Sprosse der Leiter zur Höhe des erträumten Glückes und Wohlstandes zeigte der wilde Knabe sich aber so
wenig anstellig und manierlich, daß der Aufseher der bezüglichen
Abtheilung in dem großen Magazin, zu dessen Kundschaft die
feine Damenwelt einen sehr beträchtlichen Theil stellt, ihm bald
den guten Rath ertheilte, sich nach einer anderen Beschäftigung
umzusehen. Nachdem die Hälfte des Wochenlohnes in Cigaretten
verpufft war — die Cigarette ist bekanntlich eines der Attribute
des amerikanischen Loafers — verfügte Billy sich etwas klein-
müthig nach Hause, um zu berichten, wie es gekommen sei, daß
man ihm schon nach so kurzer Zeit den Laufpaß gegeben habe.

Sein Vater mochte instinctiv fühlen, daß dieser kritische Augenblick im Leben des Sohnes zur Nutzanwendung einer Erziehungs-

maßregel wie geschaffen sei, und da er als Mann der That kein
Freund von vielen Worten war, auch kein anderes Mittel kannte,
um sich in Respect zu setzen, so prügelte er ohne Weiteres den
bösen Buben elendiglich durch, bis der Arm ermüdete und ein
letzter Fußtritt den weniger Gestraften als Mißhandelten in die
Ecke stieß, wo die liebende Mutter, da sie doch auch ein Wort
mit dreinzureden hatte, ihn zu guter Letzt noch mit ein paar
Püffen und Maulschellen tractirte.

Für die Ältern war die Sache damit abgethan, nicht so für
den Knaben, der den Schmerz krampfhaft verbiß, die Thränen
unterdrückte und die Nacht wachend mit dem Gedanken verbrachte,
wie er aus der verhaßten Umgebung entkommen könne.

Dabei kam ihm am anderen Morgen der Vater auf halbem
Wege entgegen, indem dieser sagte:

„Such Dir nun Arbeit, wo Du willst! Ich habe keine Zeit
und Lust, mich ferner um Dich zu bekümmern!"

Wie bequem das ist für beide Theile: der Vater sieht sich
schon nach dem ersten Wuthausbruch über den störrischen Sinn
eines Kindes, dessen Eigenart kennen zu lernen, geschweige denn
in die richtige Bahn zu lenken er sich niemals Mühe gegeben hat,
am Ende seiner Erziehungsweisheit angelangt, und der Sohn darf
nun gar mit hoher väterlicher Bewilligung thun und lassen, was
ihm beliebt! Und treten nicht Tausende von Knaben — Kinder
deutscher Ältern! — genau in derselben Weise hier in das Leben
ein, sich selbst überlassen und unter den Auspicien des Zufalls,
ob sie gut einschlagen oder ein schlimmes Ende nehmen?

Wilhelm, oder "Dutch Billy", wie er von seinen Bekannten
jetzt mit Vorliebe genannt wird, bildet sich immer mehr zu einem
ächten New Yorker Loafer aus. Als Mitglied eines "gang"
gleichgesinnter Altersgenossen, die in der Ward ihr Wesen treiben, wird er jeder regelmäßigen Beschäftigung nur zu bald entfremdet, ohne jedoch ganz der Tagedieberei zu verfallen. Wo
eine Gelegenheit zu leichtem Verdienst auftaucht, macht er sich
dieselbe vielmehr zu Nutze, vorausgesetzt, daß der „job" weder an
seine kostbare Zeit, noch an seine kostbaren Knochen allzu große

Anforderungen stellt; denn beide möglichst zu schonen, dünkt ihm die Hauptaufgabe seines müßigen Daseins.

Während der Jahre, welche dieses Dasein ohne Zweck und Ziel währt, bekommt auch der traurige Rest des Familienlebens daheim den letzten Stoß. Wie der zum Jüngling heranwachsende Knabe den Ältern völlig entfremdet wird, so betrachten Vater und Mutter denselben nur noch mit den Blicken tiefster Verachtung, und wenn es nicht schon längst zum Bruch gekommen ist, so liegt das blos an der Macht der Gewohnheit und einer fast unbegreiflichen Gleichgültigkeit, die Einer gegen den Andern empfindet.

Es ist ein stillschweigendes Übereinkommen, daß Wilhelm für die Mahlzeiten, die er zu Hause meist allein, wenn der Alte nicht zugegen ist, einnimmt, sowie für seine Schlafstelle der Mutter ein gewisses Kostgeld zahlen soll. Und ist er bei Kasse, so läßt er sich auch nicht lumpen, aber mit Geld im Sack kommt der Junge eben nicht oft heim, und daraus folgt, daß er mit den Zahlungen beständig im Rückstande ist. So wird er im älterlichen Hause bald zu einem ungebetenen Gast, der sich viele derbe Wahrheiten sagen lassen und dazu stillschweigen muß, wenn er nicht hungrig zu Bette gehen will.

Eines Tages kommt es wieder zu einer der gewöhnlichen Auseinandersetzungen wegen Geldangelegenheiten zwischen Mutter und Sohn. Auf ihre deutschen Scheltworte antwortet er mit englischen Flüchen, bis die Alte in heller Wuth über die höhnischen Worte, mit denen der Prachtjunge ihre deutsch=amerikanische Radebrecherei nachahmt, über ihn herfällt, um ihn zu züchtigen. Da springt er auf und vergreift sich an der Mutter — gerade in dem Augenblicke, als die Zimmerthür aufgeht und der Vater auf der Schwelle wie festgebannt stehen bleibt.

Daß dieser sodann den ungerathenen Sohn nicht auf der Stelle todtschlägt, ist geradezu ein Wunder, denn sein Zorn kennt keine Grenzen. Und durch den thätlichen Widerstand, welchen der junge Mensch nun auch seinem Erzeuger entgegensetzt, bis zur Raserei gereizt, folgt ein erbitterter Kampf, dem erst durch die Dazwischen=kunft mehrerer Nachbarn ein gewaltsames Ende gemacht werden kann.

Nun wird berathschlagt: was mit dem Loafer anfangen, der in der Ecke kauernd, sich das Blut aus dem Gesicht und von den Händen abwischt. Daß seines Bleibens nicht länger ist, weiß er, denn er versteht noch so viel deutsch, daß er den Vater von dem „Schulschiff" oder von einem „Institut" reden hört, welchem der Sohn am nächsten Morgen überantwortet werden soll. Das ist in jenen Kreisen das beliebteste Auskunftsmittel, und wiederum, wie bequem! Die ein halbes Menschenalter versäumte Erziehungspflicht wälzen die Altern einfach auf die bürgerliche Gesellschaft ab, die nun zu= sehen mag, wie sie mit dem in Grund und Boden hinein ver= dorbenen jugendlichen Taugenichts fertig wird!

"Dutch Bill" hat aber schon zu viel von dem Tauende an Bord der „Minnesota" und von der Wasser= und Brod=Kur im Dunkelarrest auf Latten im "House of Refuge" erzählen hören, als daß eine persönliche Bekanntschaft mit solchen Erziehungs= mitteln ihm begehrenswerth erscheinen könnte. Und als er die Ältern nebenan endlich schnarchen hört, erhebt er seine geschunde= nen Gliedmaßen leise vom Lager, rafft eilig zusammen, dessen er in der Dunkelheit habhaft werden kann, schleicht sich auf den Strümpfen aus dem Zimmer, zieht auf dem Flur die Stiefel an, stürmt die Treppe hinab aus dem Hause und rennt davon, so schnell die Beine ihn tragen wollen, bis an der nächsten Straßen= ecke seine Spur sich verliert.

Er ist heimathlos, ein „Araber der Straße", wie der Polizei= Reporter Leute seines Gelichters geistreich zu nennen pflegt......

Doch nicht allzu lange kann dies Uebergangsstadium in der Lauf= bahn dieses personificirten Erziehungsresultates währen. Die Straße verschlingt ihr Opfer. Durch die Macht des Selbsterhaltungstriebes, der Nahrung und Obdach als die ersten Erfordernisse des Lebens verlangt, wird er, mit Weg und Steg in den dunklen Schlupfwinkeln der Großstadt schon von Jugend auf bekannt, dem organisirten Ver= brecherthume bald in die Arme getrieben. Auf einen Gelegenheits= diebstahl, der mit dummdreister Frechheit ausgeführt wird und unentdeckt bleibt, folgt ein Einbruch, an welchem "Dutch Billy" nur als Helfershelfer theilnehmen darf, weil er die Kunstgriffe des

Handwerks noch nicht kennt. Aber auch diese lernt er rasch im Ver=
kehr mit den gescheidten Genossen, von denen die Mehrzahl bereits
einen Cursus in einer der Hochschulen des Verbrechens, im Straf=
arbeitshause oder gar im Staatsgefängniß, mit Glanz absolvirt hat.
Auf diese Weise werden die modernen Ritter vom Stegreif, die,
wenn der Augenblick günstig, vor einem Straßenraub ebensowenig
wie vor einem Raubmord zurückschrecken, auf dem Pflaster der Groß=
stadt unter den Augen der Polizei herangebildet.

Doch der Mensch entgeht seinem Schicksale nicht. Eines Tages
bringen die Zeitungen in ihren Berichten aus den Gerichtssälen die
lakonische Notiz, daß "Dutch Billy", ein junger Bursch mit vielen
"alias", Mitglied einer der schlimmsten Verbrecherbanden in der
Stadt, heimathlos und der Polizei wohl bekannt, als der Held eines
Straßenraubversuchs erwischt, der That geständig und vom Richter
flugs auf zehn Jahre im Zuchthause unschädlich gemacht worden sei.
„Das nennt man rasche Justiz" — so schließt der Gerichts=Referent
der Zeitung salbungsvoll die Acten über den Lebenslauf eines jun=
gen Menschen, der in der Atmosphäre der Metropole jämmerlich zu
Grunde ging.

Auch in unserem Hause wird die kleine Zeitungsnotiz viel ge=
lesen und viel commentirt. Einer wiederholt es dem Andern:

„Hab ich's nicht immer gesagt, daß der Junge noch einmal in
Sing=Sing enden wird?!" —

Dem Vater des jungen Sträflings kommt die Sache natürlich
auch zu Ohren, aber er läßt sich nichts merken und kann es noch
immer nicht begreifen, daß dieses Ende mit Schrecken eigentlich
nur ein Erziehungsresultat ist.

„Die schöne Taille.‟

„Minna,‟ sprach erregt die verheirathete Schwester und
Schustersfrau, deren Logis in unserem Hause das statt-
liche junge Mädchen zu ihrem Absteigequartier macht,
wenn sie außer Dienst geht, „wo soll das noch einmal
hinaus mit Dir?‟

Die also Angeredete behält ihre Stellung vor dem kleinen Spiegel über der Commode ruhig bei, als ginge sie die ganze lange Rede
der Schwester, welche mit jener im warnenden Tone gesprochenen
Frage nur wieder einen alten wunden Punkt berührt hat, auf der
Gotteswelt gar nichts an, wirft noch einen völlig zufriedenen Blick
in den Spiegel und antwortet dann schnippisch und kühl:

„Was geht es denn Euch an, Deinem Mann und Dich, was ich
thu' und treibe.‟   Dabei dreht sie sich wohlgefällig vor dem Spiegel,
um sich davon zu überzeugen, daß die Taille ihres Kleides im Rücken
keine Falten wirft und fährt fort: „Ich bin Niemandem Rechenschaft schuldig und laß mich nicht hofmeistern.   Bin ich Dir hier im
Wege, so gibt es plenty Boardinghäuser in der Stadt!‟

Und da sind die Geschwister denn wieder an der alten Stelle
angelangt; die ältere muß nach ihren wohlgemeinten Ermahnungen an die jüngere Schwester, welche der verwittwete Vater in
Deutschland vor etlichen Jahren ihr „auf den Hals geschickt‟ hat,
weil er mit dem eigenwilligen Kinde nicht zurecht kommen konnte,
entweder den Mund halten oder gewärtig sein, daß Minna ihre
Drohung ausführt und den Verkehr mit den einzigen Blutsver-
wandten in der Fremde eigensinnig abbricht.   Das darf aber nicht
geschehen, denn allein und auf sich selbst angewiesen in der großen
Stadt, würde das junge Mädchen bei ihrer Neigung zum Leichtsinn
sicherlich zu Grunde gehen.

Was hat Minna ihr und ihrem braven Manne, dem Flick=
ſchuſter und eingefleiſchten Kleinſtädter, welcher an dem Getümmel
des New Yorker Lebens niemals hat Gefallen finden können, ob=
wol er alt und grau darin geworden iſt, ſeitdem ſie ſich hier be=
findet, ſchon zu ſchaffen gemacht!

Sie kam direct von ihrem deutſchen Dorfe über See — mit
ihren achtzehn Jahren und einer ſpärlichen Ausſtattung altfränki=
ſcher Kleider. Sie hatte daheim Nichts gelernt, als was man ſo in
der kleinen Hauswirthſchaft braucht, aber ſie erfreute ſich geſunder
Glieder und eines Paares kräftiger Hände, mit denen ſich eine
rechtſchaffene Arbeit anfaſſen läßt. Und wie dem drallen Bauern=
mädel die dummdreiſt in die Welt blickenden blauen Augen über=
gingen von all dem Glanz und all der Pracht, welcher ſie auf
Schritt und Tritt in der Rieſenſtadt begegneten! Am meiſten ge=
fielen dem jungen Mädchen indeß die geputzten Damen, die auf
der Straße an ihr vorüberrauſchten wie Gräfinnen oder geborene
Prinzeſſinen, und ſie konnte den Wunſch nicht unterdrücken, ebenſo
ſchöne Kleider zu beſitzen.

Dann brachte die Schweſter ſie eines Tages in einen Dienſt;
ſie ſollte waſchen, bügeln, kochen und überhaupt der jungen Haus=
frau, die aus gewiſſen Umſtänden ſelber der Wirthſchaft gerade
nicht vorſtehen konnte, die Arbeit verrichten. Minna machte einen
günſtigen Eindruck auf das prüfende Auge der Herrin, welche nur
an der deutſchen Dorfgarderobe des „grünen" Mädchens allerlei
auszuſetzen hatte. Deshalb mußte die Schweſter ihr raſch ein paar
nette Waſchkleider beſorgen, wie ſie hier von den Dienſtmädchen
getragen werden, und als Minna zum erſten Mal ſich ihrer Dame
im neuen Habit präſentirte, mußte ſie ſich ſelber ſagen, daß Klei=
der machen Leute. Mit der Wandlung ihres Äußeren höchlichſt zu=
frieden, ſtattete ſie am nächſten Sonntag den Geſchwiſtern einen
Beſuch ab, um ſich bewundern zu laſſen. Die Kinder kannten die
„deutſche Tante" kaum wieder, die Schweſter fand das neue Ge=
wand kleidſam, und der ehrſame Schuſter brummte etwas von einer
lady in den ſtruppigen Bart.

Während der nächsten Woche fand Minna kaum eine ruhige
Minute, um ihren putzsüchtigen Gedanken nachzuhängen. So viel
gab es im Hause zu thun. Ueber Nacht hatte nämlich der Storch
ihrer Dame ein Baby in die Wiege gelegt, und ein solcher Besuch
bringt Unruhe mit sich. Wenn Minna das vorausgesehen hätte,
würde sie sich doch besonnen haben, ehe sie den Dienst ange=
nommen hätte, allein sie war nun einmal da und that unverdrossen,
was man von ihr verlangte.

„Wenn ich wieder wohl bin," pflegte die Wöchnerin das Mäd=
chen, welches beständig Trepp' auf und ab springen mußte, um der
bequemen Wärterin zur Hand zu sein, lächelnd und geheimnißvoll
zu trösten, „so schenk' ich Ihnen auch 'was Schönes!"

Und die Dame hielt Wort. Als das Baby drei Wochen alt
war, und die Wärterin durch ihren unauslöschlichen Durst und
einen gereizten Gemüthszustand, der eine große Ähnlichkeit mit
einem beständigen Rausch zu haben schien, die junge Mutter so
sehr aufregte, daß der ebenso glückliche wie um das Wohl seiner
Frau und seines Erstgeborenen ernstlich besorgte Mann der Alten
endlich die Thür weisen mußte, da ward Minna spät am Abend
in das Schlafzimmer beschieden.

Auf dem Bett der Herrin lag ein Paket, und noch sehr er=
schöpft von dem letzten Auftritt mit der dicken Wärterin, hielt die
junge Frau mit matter Stimme eine kleine Rede über die Pflich=
ten eines guten, braven Dienstmädchens und überreichte demselben
zum Schluß als Belohnung für die außerordentliche Anstrengung
in der letzten schweren Zeit und zur Aufmunterung für die Zu=
kunft den Stoff zu einem hübschen Wollkleide.

Minna dankte und verschwand mit dem Paket in ihre Kammer,
wo sie den Kleiderstoff nach Aussehen und Qualität einer genauen
Prüfung unterzog. Diese fiel nach Wunsch aus, und wie sie das
Zeug im langen Faltenwurf vom Hals den Körper hinunter auf
die Erde fallen ließ, fand sie, daß die Farbe ihr vortrefflich zu
Gesichte stehe.

Sie konnte es kaum erwarten, bis sie das fertige Kleid, nach
der neuesten Mode geschnitten, aus den Händen der Schneiderin

erhielt. Um eine schöne Taille, diesen Inbegriff weiblicher Eitel=
keit, zu zeigen, hatte Minna ihren Körper in der unmenschlichsten
Weise durch Schnüren so mißhandelt, daß ihr beinahe der Athem
ausging, als sie freudestrahlend im Bewußtsein des Eindrucks,
welchen ihre Erscheinung auf alle Augenzeugen von so viel Glanz
und Eleganz hervorbringen mußte, sich ihrer Dame endlich in dem
neuen stolzen Costüm vorstellen konnte. Sie war glücklich und, von
ihrer Unwiderstehlichkeit überzeugt, ging ihr der leise Anflug von
Spott verloren, der in den Mienen der Herrin erschien, als diese
mit den Blicken einer Kennerin ihr feines „Mädchen für Alles"
von Kopf bis zu Füßen musterte und, wie von ihr erwartet wurde,
mit einigen freundlichen Worten bewunderte.

„Das Kleid sitzt wirklich tadellos, wie angegossen; nur, däucht
mir, ist die Taille ein wenig zu eng gerathen."

„O nein," lautete die Antwort. „Ich bin von Natur so dünn
in den Rippen. Sehen Sie nur," und sie preßte mit ihren starken
Händen den armen Körper gewaltsam noch mehr zusammen, „die
Taille ist fast zu weit."

Von diesem Augenblicke an ward Minna hinter ihrem Rücken
„die schöne Taille" genannt, und es muß gesagt werden, daß dem
Mädchen für ihre Eitelkeit kein Opfer zu schwer war. Für eine
Dame zu gelten, wenn sie „ihren Ausgang" hat, schien das Ziel
ihres Lebens. Dafür ward fast das Herz abgeschnürt, der große
Fuß in einen Schuh gezwängt, der viel zu eng und zu kurz war,
und der ganze Monatslohn oft bis auf den letzten Dollar für Putz
und Tand verausgabt.

Mit dem Stolz einer Millionärstochter trägt sie, bunt wie ein
Papagei, an ihrem freien Sonntag das neue Kleid spazieren, und
möchte sie zuweilen aufschreien vor Schmerz, welchen Corset und
Schuh der Ärmsten bereiten, so findet sie Linderung in dem Gedan=
ken: daß sie doch um so viel feiner ist, als ihre Schwester, die
Schustersfrau, welche in ihrem bescheidenen Sonntagsstaat so ge=
mächlich, aber auch so gemein an ihrer Seite einherschreitet.

„Zu dem neuen Kleide muß dies reizende weiße Häubchen,
welches ich Ihnen gekauft habe, sich ganz herrlich ausnehmen."

So sprach eines guten Tages die Herrin, indem sie eine "French nurse cap" vom Tische nahm und die Spitzen, wie liebkosend, durch die Finger gleiten ließ. „Das Häubchen werden Sie tragen, wenn Sie mit meinem kleinen Engel in den Park gehen. Ich laß Euch Beide dann gelegentlich photographiren, und Sie bekommen auch ein Bild davon."

Es war ein vernichtender Blick, welchen Minna auf die junge Mutter warf. Aber sie fühlte sich auch in ihrem Mädchenstolz aufs Tiefste gekränkt durch die Zumuthung, sie solle die Ammen= Uniform anlegen.

„Pfui, Madame," rief sie empört, „Sie meinen wol, ich sei auch so Eine, aber das sag' ich Ihnen, keine Macht der Welt bringt mir die Mütze auf den Kopf, und wenn mein Monat um ist, sehen Sie Sich nur nach einem Mädchen um, das sich mit einem solchen Ding gemein macht!"

Die „schöne Taille" verließ wirklich den Dienst wegen der Kappe und fand gern Aufnahme bei der verheiratheten Schwester, die es dem Mädchen wohl nachfühlen konnte, daß sie zu einem so schmach= vollen Ansinnen ihre Einwilligung versagt habe. Der Flickschuster meinte allerdings, er vermöge in dem Häubchen nichts Unrechtes zu sehen, und wenn er sich recht entsinne, so hätten bei ihm zu Hause alle Dienstmädchen solche Mützen getragen. Dienen sei keine Schande. Da lief er schön an bei den beiden Frauen, welche ihn ersuchten, seine Weisheit für sich zu behalten und bei seinem Leisten zu bleiben.

Einen anderen Platz zu suchen, machte Minna lange keine An= stalten. Die Ungebundenheit des großstädtischen Lebens hatte einen besonderen Reiz für sie und gefiel ihr weit besser, als der Dienst bei fremden Leuten. Dabei war es ihrem klaren Verstande nicht verborgen geblieben, daß deutsche Mädchen auf dem New Yorker Arbeitsmarkte ebenso rar wie gesucht sind und bei der Aus= wahl einer Herrschaft deshalb sehr anspruchsvoll zu Werke gehen dürfen.

Man stellt seine Bedingungen und „läßt sich nichts gefallen." Auch in der Beurtheilung ihrer Stellung hat Minna sich bedeutend

rascher amerikanisirt, als die Mehrzahl der männlichen Einwan=
derer, die als Lohnarbeiter nach New York verschlagen, fast ohne
Ausnahme eine Reihe der bittersten Erfahrungen und Ent=
täuschungen über sich ergehen lassen müssen, bis sie sich den neuen
Verhältnissen gewachsen zeigen und im Kampfe ums Dasein eine
Stellung erringen, die sie mit aller Kraft zu behaupten und gegen
den Ansturm neidischer Concurrenten zu vertheidigen bemüht sind.
Anders die „schöne Taille". Gesucht wie ihre Arbeit ist, hat sie an
jedem Platze, den sie nach langem Bedenken anzunehmen geruht,
Dies und Jenes auszusetzen.

„Wir können's ja einmal mit einander versuchen," spricht sie
im Vollbewußtsein ihrer Wichtigkeit, wenn eine um ein Mädchen
arg verlegene Hausfrau auf Grund ihres lakonischen „Stellen=
gesuchs" in der Zeitung ihr in der Werkstatt des schwägerlichen
Flickschusters die Aufwartung macht und aus Verzweiflung sich im
Voraus zu Concessionen herbeiläßt, die sie vor sich und ihrem
Hausstande kaum verantworten kann. Das so eifrig umworbene
Mädchen erhebt sich nicht einmal von ihrem Stuhle, während sie
der vor ihr stehenden Dame mit nicht mißzuverstehender Deutlichkeit
klar macht, was sie zu erwarten sich berechtigt hält. Der zweimalige
„Ausgang" in jeder Woche bildet den ersten Paragraphen in der Ver=
einbarung, welche sodann die verschiedenen Rechte und Privilegien
des Mädchens in langer Reihe einzeln aufzählt, ohne daß von einem
Äquivalent von Pflichten ebenso ausführlich die Rede wäre.

„Gefällt mir's nicht bei Ihnen, kann ich ja wieder gehen!"
Mit diesem trostreichen Wort hält sie ihren Einzug in die neue
Stellung, versuchsweise und ohne Gepäck. So lange der Koffer des
neuen Mädchens nicht im Hause ist, lebt Madame in einer bestän=
digen Angst, die „schöne Taille" möge sie mitten in einer Arbeit
plötzlich im Stiche lassen. Dazu ist Gefahr allerdings vorhanden.
Oder hat sie nicht schon an der Hausordnung so mancherlei zu
tadeln gehabt? Die Arbeitseintheilung ist mangelhaft, es ist
wirklich kein Fertigwerden in diesem Hause. Auch die Kost läßt
zu wünschen übrig: nicht etwa, daß sie hungern müßte, allein bei
ihr zu Hause wird doch anders gekocht; und gebraucht die Familie

denn immer so viel Wäsche? Die Hemden des Herrn gäbe man besser in eine "Chinese laundry", denn bei dem Bügeln der Busenfalten könne das Dienstmädchen sich doch unmöglich aufhalten, — und die Stiefel soll sie putzen?

Dies Verlangen einer Person, die auf den Namen einer lady keinen Anspruch erheben kann, und die ja noch niemals ihre Mädchen anständig zu behandeln gewußt hat, wie Grocer, Butcher, Bäcker und Milchmann ihr jeden Augenblick bezeugen können, schlägt dem Faß ihrer mädchenhaften Geduld und Langmuth den Boden aus. Stiefel putzen! Mit zitternder Hand rafft sie ihre Siebensachen zusammen, um nach einem unsäglichen Blick tiefster Verachtung auf die Beleidigerin ihrer Ehre wieder Trost bei der verheiratheten Schwester zu suchen. — Dem Flickschuster will es freilich gar nicht in den dicken dummen Kopf, daß man über ein so nothwendiges und respectables Bekleidungsstück, wie ein rechtschaffener Stiefel in seinen Augen nun einmal vorstellt, in die Wuth gerathen kann.

„Das Mädchen gibt sich ja wie eine Zierpuppe aus der fünften Ebene," brummt er kopfschüttelnd. „Gut, daß die Minna nicht meine Tochter ist, sonst —" und der würdige Mann hämmert energisch auf die alte harte Sohle, die er kunstgerecht zwischen den Knieen hält.

Bald wird die Unbeständigkeit des Mädchens, welches ihre Herrschaften wechselt wie ihre Wäsche, aber selbst der nachsichtigen Schwester zu viel. Einen Monat im Platz und einen andern bei den Geschwistern den verdienten Lohn verjubeln: so ist es schon seit Jahr und Tag Mode gewesen, und so kann es unmöglich weiter gehen. Der „schönen Taille" gefällt das Leben allerdings nicht übel, denn bei dem Rückhalt, welchen die Familie des Flickschusters ihr bietet, fehlt es ihr niemals an Geld, ihrer Putzsucht zu fröhnen. Sie ist sterblich in sich verliebt und in das schöne New York, wo es so viele schöne Sachen gibt.

Aber nicht wahr, schöne Minna, die rücksichtslose Pflege des lieben Ichs ist nicht die einzige Sorge, die Dich bewegt, wenn Du in „geruhsamer Eil" und verdrossen eine Arbeit Deines Dienstver-

hältniſſes möglichſt lang hinziehſt, durch Dein apathiſches Weſen
Deine jeweilige Herrin faſt zur Verzweiflung treibend, oder wenn
Du daheim in der Werkſtatt des fleißigen Schwagers mit aufge=
wickelten Stirnlocken ruhig den Augenblick erwarteſt, wo Du zu
einem neuen, doch nicht ernſt gemeinten Arbeitsverſuch als Opfer=
lamm eines harten Schickſals wirſt entboten werden? Iſt nicht
auch bei Dir, wie bei allen Mädchen Deines Alters, die ſchöne
Taille nur ein hoffnungsvolles Mittel zur Erreichung jenes Zieles,
welches dem ganzen Geſchlecht ſo begehrenswerth erſcheint als der
große Hauptzweck des ganzen Daſeins?

Hand aufs Herz, das unter der engen Schnürbruſt Dir ſo laut
und krampfhaft pocht und hämmert, Du harrſt auf einen Erlöſer
aus dem dienſtlichen Joch, unter welches Dein Nacken ja nur wider=
willig ſich beugte. Oftmals haſt Du ſchon gewähnt, der Rechte ſei
da, wenn ein junger Fant den Weg der Jungfrau kreuzte und, wie
Du wohl merkteſt, Gefallen fand an Deiner drallen Geſtalt. Allein
der Traum von Liebe und Heirath ging nur zu raſch vorüber in der
rauhen Wirklichkeit, die den kecken Grocery=Clerk, den muthwilligen
Butcher=Boy, den ſchmachtenden Milchmann und all' die andern
Schwerenöther, welche bei ihren geſchäftlichen Beſuchen im Hauſe
ſtets der „ſchönen Taille" ihre handgreifliche Reverenz erweiſen
wollten, in ihrem wahren Lichte zeigte. Jeder wollte tändeln, doch
Keiner hatte reelle Abſichten, bis endlich unverſehens Der kam, dem
es feuriger Ernſt war mit ſeiner Werbung.

Du hatteſt ihn kaum zuvor geſehen, noch weniger ſein Herz zu
ergründen Gelegenheit gehabt, aber er kam, ſah und ſiegte. Wohl
mahnte die Schweſter zur Beſonnenheit, und der Schwager fragte,
über ſeine alten Stiefel ſcheel Dir ins Auge blickend, ob er denn
auch eine Familie ernähren könne; doch was kümmert dem Allbe=
zwinger Liebe die Frage ums tägliche Brod und um die Zukunft?

Und Minna ſetzt ihren Kopf auf und ihren Willen durch. Auf
der Jagd nach einem Ehemann hält jedes Mädchen ja feſt, was ihr
einmal ins Garn gegangen iſt, denn wie viele Jägerinnen beneiden
die Glückliche um ihren Fang! So vertauſcht ſie das eine Joch gern
mit einem andern fürs ganze Leben. Wird eine ihrer vielen

Dienstherrinnen, von welcher sie in Streit und Hader sich trennte,
nun Recht behalten mit der schlimmen Prophezeiung:

„Wenn Sie einmal verheirathet sind und einen eigenen Haus=
stand haben, wird es Ihnen schon klar werden, daß Sie als Mädchen
Ihr Glück mit Füßen getreten haben!".....

Und bei der raschen Wahl im ehelichen Blindekuh=Spiel hat
das Schicksal ihr nicht einmal einen schlimmen Streich gespielt. Der
Mann, der sie heimgeführt, ist brav und arbeitsam, sein Verdienst
aber gering und Schmalhans also Küchenmeister in dem kleinen
Haushalt. Deshalb wischt der Ernst des Lebens mit rauher Hand
der jungen Frau des Tagelöhners, der als Fuhrmann eines Kohlen=
wagens recht und schlecht sein Dasein fristet, bald genug den Schmelz
der Jugend von den Wangen, und ihre Gedankenwelt nehmen
andere Sorgen ein, als der Hang nach Putz und Tand. Vergehen
nicht Tage und Wochen, ohne daß Minna auch nur einen Blick wirft
in den kleinen Spiegel, der ihr sonst das interessanteste Stück
Möbel im ganzen Hause zu sein schien? Und wenn sie die Mittel
hätte, ihre Gestalt zu schmücken wie früher, sie fände nicht mehr
Gefallen an solchen Nichtigkeiten.

Dort sitzt sie unter dem Haufen alter und junger Weiber auf
der Treppe vor dem Hause, behäbig die Kniee auseinander gespreizt
und den Kopf mit den nachlässig aufgesteckten Haaren auf den
linken Arm gestützt, während der rechte einen Säugling an der näh=
renden Brust hält. Unter dem Saume des an vielen Stellen durch=
löcherten Morgenrockes sind ein Paar Schuhe sichtbar, welche die
junge Mutter in der großen Eile, in welcher sie ihre Wohnung ver=
lassen mußte, um von dem wichtigen Gespräch der Nachbarinnen
kein Wort zu verlieren, zuzuknöpfen wahrscheinlich vergessen hat.
Oder sind an den Schuhen die Knöpfe vielleicht sämmtlich abge=
rissen?

Da schlendern zwei alte Bekannte von ihr an dem Hause
vorbei; es ist der kecke Grocery=Clerk mit seinem Freunde, dem
Butcher. Der Eine versetzt dem Anderen einen freundschaftlichen
Rippenstoß und sagt, nach der weiblichen Gruppe auf der Treppe
schielend:

„Du, weißt Du noch — die 'schöne Taille'? Sieh' sie Dir ein=
mal an. — Dort sitzt sie."

„Die alte Schachtel?!" lautet erstaunt die Antwort. „Die
hätte sich's damals auch nicht träumen lassen, was noch einmal
aus ihr werden würde!" —

Aber jetzt in ihrem Ehe= und Wehestand träumt Minna ganz
im Geheimen doch manchmal von ihren schönen Mädchentagen,
und wenn sie auch nicht gerade grollt mit dem Schicksal, welches
sie zu Dem machte, was sie heute ist, so hätte sie doch nichts
dawider einzuwenden, wenn sie den Ernst des Lebens weniger
schwer hätte kennen lernen dürfen. Heute beneidet sie die Schwe=
ster, welche so viele Jahre älter und dennoch viel rüstiger und
besser conservirt ist als sie selber.

„Wie fängst Du es nur an," fragt sie oftmals die behäbige
Frau des Flickschusters, „daß Du bei all den Sorgen ums tägliche
Brod nicht blos den frohen Sinn Dir bewahrst, sondern auch das
Roth auf den Wangen?"

Die Schwester lächelt: „Ja, siehst Du, Minna, das kommt da=
her: — ich war in meinen jungen Jahren auch niemals die
'schöne Taille'!"

Ihr Gatte zwinkert lustig mit den Augen, Minna aber seufzt
und nickt leise mit dem Kopfe. —

„Miß Ada mit dem Triller."

Schon verkünden die Dampfpfeifen der Fabriken in Hörweite unseres Hauses dem arbeitenden Volk, daß die Mittags=rast vorüber ist, da werden in dem Zimmer gleich neben der Hausthür die Jalousien zurückgeschlagen' Die Frau, welche auf diese Weise Luft und Licht in ihre Woh=nung einläßt, befindet sich im tiefsten Negligé, und ihr Haar ist unfrisirt, wie wenn sie eben erst vom Lager sich erhoben und an die Morgen=Toilette noch nicht gedacht hätte. Daß die Leute auf der Straße mit Augen staunender Neugier die sonder=bare Erscheinung am Fenster beobachten, scheint diese selbst nicht im mindesten zu geniren, denn sie beeilt sich durchaus nicht, in das Dunkel des Zimmers zurückzutreten, und als in diesem Augenblicke gerade der dicke Bierwirth, welcher im Base=ment regiert, zur Verdauung seines Mittagsessens mit dem unvermeidlichen Zahnstocher zwischen den Zähnen draußen sichtbar wird, entspinnt sich zwischen den Beiden eine recht gemüthliche Unterhaltung über das Wetter und über den Stadtklatsch.

Es sind gute Freunde und alte Bekannte, und sie nimmt es ihm deshalb auch gar nicht übel, daß die Scherzworte, die ihm immer so von ungefähr aus dem Munde entschlüpfen, wenn er sich mit ihr unterhält, nicht auf der Goldwage gelegen haben. Heute hat aber der Spaßvogel seinen schlimmen Tag, und es bleibt ihr endlich, schon um der lieben Nachbarschaft willen, nichts mehr übrig, als laut lachend die Unterhaltung mit dem Dicken abzubrechen und das Fenster zu schließen.

In dem Zimmer herrscht jene Unordnung, welche man als eine der angeblich berechtigten Eigenthümlichkeiten des Künstler=völkchens genial zu nennen die Liebenswürdigkeit hat. Und nach diesem Maßstabe gemessen, muß die Bewohnerin des Zimmers

mit den Räumlichkeiten dahinter in der That außerordentlich genial
sein. Die Lampe auf dem Tisch dient als Haubenstock für einen
Federhut, und daneben stehen in schöner Eintracht eine Flasche mit
französischer Schuhwichse und ein Glasteller mit Butter=Überresten.
Haarnadeln, falsche Stirnlocken, Bänder, Kamm und Bürste,
Portemonnaie und welke Blumen bedecken im bunten Durcheinan=
der den anderen Theil der Tischplatte, während jeder Stuhl eines
der andern nothwendigen Requisite weiblicher Garderobe trägt
und der Fußboden mit Unterröcken, Schuhen und anderen unnenn=
baren Sachen förmlich besäet ist. Hätte Mephistopheles in diesem
Zimmer nach einem Gretchen spionirt, er würde dem Ordnungs=
sinn der Herrscherin in diesem Chaos schwerlich das Zeugniß aus=
gestellt haben: „Nicht jedes Mädchen hält so rein!" —

Jetzt tritt sie mechanisch vor den Spiegel über der Commode
und gähnt ihr Bildniß an. Oder ist es ein Seufzer, der über die
Lippen aus dem Herzen kommt, als sie ihr Ebenbild im Glase
betrachtet und dabei vielleicht an vergangene Tage denkt?

Sie hat in ihrem Leben viel erlebt und könnte eine Geschichte
erzählen, die wenn nicht interessant, doch lehrreich ist, obgleich
dem Roman ein moralischer Schluß noch fehlt. Wie das Ende
sich gestalten wird, ob lustig oder traurig, mit einem versöhnen=
den Moll=Accord oder mit einer schrillen Dissonanz, ist eine Frage,
die ihr schon manchen fatalen Augenblick bereitet hat, wenn sie
einmal ins Grübeln kommt. Glücklicherweise sind solche Momente
stillen Nachdenkens aber nur seltene Gäste in ihrem Gedankenleben;
denn was nützt wol die Grillenfängerei für die Zukunft, solange
die Gegenwart Einen vollauf in Anspruch nimmt?

Mitunter kann sie die rebellischen Gedanken freilich selbst ge=
waltsam nicht unterdrücken, und solche ungemüthliche Augenblicke,
die gewöhnlich über sie kommen, wenn ihr Auge zufällig die ver=
blichene Photographie unter bescheidenem Glas und Rahmen dort
an der Wand streift, pflegen sie dann stets in eine elegische
Stimmung zu versetzen. Es ist kein allgemeiner Weltschmerz, der
im Innern dieser Frau so zum Ausdruck gelangt, sondern sie sagt
in dem classischen Kauderwälsch der Deutsch=Amerikaner einfach:

„sie habe die blues". Oft schon hat sie den Entschluß gefaßt, das
Bild von der Wand zu nehmen und unter dem bunten Wirrwarr
von Bändern, Spitzen und Handschuhen in der Commodenlade,
welche im Laufe der Jahre so manches Erinnerungszeichen auf=
nehmen mußte, aus dem Gesichtskreise verschwinden zu lassen,
allein zu der Ausführung dieses Vorsatzes fehlte es im entschei=
denden Augenblicke immer an dem nöthigen Muth. Wie es auch
nur kommen mag, daß die Augen des Mannes, welchen die
Photographie darstellt, die Bewohnerin des Zimmers förmlich ver=
folgen und im Bann halten? —

Heute ist das Bild augenscheinlich darauf versessen, ihr die
Ruhe und den Gleichmuth zu rauben. Wie sie nämlich vor den
Spiegel tritt, um die Frisur zu beginnen, sieht sie die ernsten
Augen gerade auf sich gerichtet, was übrigens ganz mit natür=
lichen Dingen zugeht, weil das Bild an der Wand gerade dem
Spiegel gegenüber angebracht ist. Aber ihr reißt die Geduld und
sie murmelt leise:

„Laß mich in Ruhe, hörst Du? War es denn meine Schuld,
daß Du sterben mußtest und daß — dann Alles so gekommen ist?"

Dann fällt ihr Auge auf ein bedrucktes Stück Papier, welches,
wer weiß wie lange schon auf der Marmorplatte der Commode gelegen
hat, und aussieht wie ein altes Programm einer Abendunterhal=
tung im „Tingel=Tangel". Da steht unter vielen andern hoch=
trabenden Namen und Redensarten in großer, fetter Druckschrift
zu lesen: „Miß Ada, der unübertreffliche weibliche Komiker, in
ihren bezaubernden Liedern und Tänzen", und sie blickt von dem
Zettel wieder in das Glas, wo die ernsten Augen ihrer schon
gewartet zu haben schienen, und sie lacht laut auf und streckt nach
der Photographie verächtlich die Zunge aus. Wie die Stammgäste
in der „Musenhalle" über diesen neuen komischen Einfall und
Knalleffect ihres Lieblings in Jubel ausgebrochen sein würden!
Das Spiegelbild aber verliert nichts von dem strengen Ausdruck
in den Zügen, die so vorwurfsvoll und durchdringend auf sie ge=
richtet bleiben, — denn das Bild ist ihr Gewissen.

Unwirsch wirft sie sich in den Wiegenstuhl, stützt den Kopf auf den Ellenbogen, setzt mit den Füßen den Stuhl in die Schaukelbe= wegung, deren mechanisches Auf und Nieder, Hin und Wieder mit der nervösen Aufregung, welche die Seele der Frau beständig bewegt, so gut harmonirt, und gibt sich willenlos ihren Gedanken hin. Diese führen sie weit, weit zurück in eine deutsche Großstadt und in einen bescheidenen Laden, dessen Hauptanziehungskraft für die dort verkehrende Herrenwelt nicht die Handschuhe zu sein scheinen, welche zum Verkaufe ausgelegt sind, sondern das üppig schöne Mädchen, das den Herren die Glacés anpaßt und die Köpfe verdreht.

Unter den regelmäßigen Kunden befindet sich auch ein junger Referendar, dessen elegante Figur und selbstbewußtes Auftreten die kokette Ladenjungfer weit mehr fesselt und interessirt, als alle Lieutenants zusammen. Die süßen Schmeichelreden der Herren vom Militär läßt die Spröde wie eine nothwendige Zugabe zu ihrer Stellung über sich ergehen, aber an dem himmlischen braunen Schnurrbart des kecken Referendars schmelzen ihre leichten Grund= sätze wie Wachsblumen an der Sonne. Und als die Mutter eines Ta= ges ganz zufällig hinter das Verhältniß kommt, ist es schon zu spät.

Es gibt einen großen Lärm, und die ganze Stadt spricht einige Tage nur von dem galanten Abenteuer des leichtsinnigen Juristen und der bildschönen Ladenjungfer. Von den Kamera= den wird er bewundert und beneidet, von den Damen der „Ge= sellschaft", deren Gefühle sein Benehmen choquirt, scheel angesehen, und sein directer Vorgesetzter, ein verknöcherter Beamter mit drei heirathsfähigen Töchtern auf Lager, meint voller Entrüstung, es sei doch unbegreiflich, wie ein junger Mann, mit den Aussichten auf rasche Carrière durch eine so große Dummheit seine ganze Zukunft ruiniren könne. Wie erstaunte man aber, als der Held des Tages der Dummheit dadurch die Krone aufsetzte, daß er mit seinem Liebchen plötzlich aus der Stadt verschwand, den Dienst quittirte, die Heimath verließ, mit der Vergangenheit brach, um dem Mädchen, dessen Ehre und Leben in seiner Hand lag, das Wort nicht zu brechen!

Eine flüchtige Liaison, welche alle deutschen Standesvorurtheile
in die Schranken fordert, endet nicht oft mit einer Auswanderung
nach der neuen Welt; ist doch die Regel, daß das Mädchen ihrem —
die Welt sagt: verdienten — Schicksal überlassen wird, während der
Verführer, umgeben von dem unheimlichen Glorienschein der Un=
widerstehlichkeit, für die schmachtenden Damen seines Kreises eine
nur um so begehrenswerthere „gute Partie" bleibt. — —

Die sinnende Frau im Wiegenstuhl macht eine ungeduldige Be=
wegung mit dem Kopf, und wieder muß ihr Blick das fatale Porträt
an der Wand streifen. Aber sie weicht den ernsten Augen nicht aus,
stemmt trotzig den rechten Fuß auf den Boden, so daß der rückwärts
geneigte Stuhl zu schaukeln aufhört, und murmelt halblaut, wie zur
Entgegnung auf einen stummen Vorwurf, den sie wieder in den
Zügen des Bildes gelesen:

„Hast Du denn mehr gethan, als was Deine Pflicht war,
indem Du nur hieltest, was Du dem vertrauenden Mädchen gelobt?"

Die Stimme des Gewissens, welche mit jenem Bilde an der
Wand schon so oft ein Complot gegen die Seelenruhe des Weibes
geschmiedet hat, thut eine Gegenfrage:

„Und wie hast Du selber Dein Wort gehalten?"...

Die Frau hat die Augen geschlossen, und der Stuhl schaukelt hin
und wieder und knarrt im Tact nach der Bewegung des Fußes,
der ihn mechanisch im Gange hält, und die Gedanken der Frau
wandern wieder zurück in die Vergangenheit......

Sie sind gewandert hin und her,
Sie haben gehabt weder Glück noch Stern!

Das Liebespaar ward in New York ein Ehepaar, und aus dem
erträumten Roman entwickelte sich gar bald eine poesielose Wirk=
lichkeit — ganz anders, wie es der deutsche Referendar a. D. sich ge=
dacht hatte. Wäre in der Sturm= und Drangperiode seines Lebens,
wo das Herz mit dem Kopfe auf und davon lief, ruhige Ueberlegung
überhaupt möglich gewesen, so würde er gewiß nicht vollständig ziel=
und planlos in die Fremde gegangen sein.

Wie im Traum war er nach New York und ins Ehejoch ge=
kommen, und als er in der ungewohnten Umgebung des mächtig

pulsirenden amerikanischen Lebens erwachte, fand er zu seinem nicht
geringen Erstaunen, daß Seinesgleichen in dem rastlos arbeitenden
Triebwerk der neuen Welt eigentlich ein sehr überflüssiges Rädchen
sei. Jedoch zu gleicher Zeit auch der großen Verantwortung einge=
denk, die er dem Weibe seiner Wahl schuldete, und mit dem Dollar,
dessen Allmacht auf Schritt und Tritt ihm immer deutlicher ward,
durchaus nicht reichlich gesegnet, ließ er es an erfolglosen und un=
verdrossenen Bemühungen, sich eine Existenz zu schaffen, wahrlich
nicht fehlen.

Was hat er nicht Alles hoffnungsvoll versucht und bald ent=
muthigt wieder aufgeben müssen, bis der Zufall, der ja in jedem
deutsch=amerikanischen Lebenslauf eine gewisse Rolle spielt, sein
Glücksschifflein im Hafen einer sehr bescheidenen Existenz als Facto=
tum in einem kleinen Geschäftshause vor Anker kommen ließ. Um
bei der Juristerei zu bleiben, mangelten ihm die Mittel, denn der
Advokatenschreiber ist jämmerlich bezahlt, und unser Referendar a. D.
sollte von dem kärglichen Lohne nicht nur sich selbst, sondern auch
Weib und Kind ernähren. Letzteres ließ ja nicht lange auf sich
warten. Für eine literarische Thätigkeit erwies sich sein Geist
ebenso wol wie seine Feder als zu schwerfällig; hatte er mühsam
ein Thema gefunden, das ihm zur Verarbeitung in einen Zeitungs=
aufsatz passend dünkte, so bereitete ihm die allgemein verständliche
Ausführung der ganz logisch aufgebauten Gedankenreihe die größte
Mühe, und nachher wollte die fertige Arbeit kein Menschenkind lesen,
geschweige denn kaufen. Wen interessiren hier auch tiefsinnige
Abhandlungen über den „Begriff des Eigenthums bei den alten
Ägyptern" oder über „Die verschiedenen Eidesformeln im Civil=
proceßverfahren zur Zeit des Perikles."

Nicht minder vollständig war das Fiasco, welches er als Ver=
sicherungs=Agent, Kellner, Lehrer machte, und er hatte es in der
That nur dem blinden Zufall zu danken, daß seine Laufbahn nicht
im Elend eines Zuckerhaus=Arbeiters zum Abschlusse kam. Wenn
an jenem Tage ihm nicht von ungefähr die Thür jenes kleinen
Geschäftes sich geöffnet hätte, in welchem er als Laufjunge, Pack=
träger, Commis, Buchhalter, Collector, Procurist und Vertreter

des Principals — Alles in einer Person — für längere Zeit einen Wirkungskreis finden sollte, so würde seine Frau höchst wahrschein= lich schon einige Jahre früher der Würde des Wittwenschleiers theilhaftig geworden sein

Und wer weiß, ob es so nicht auch besser gewesen wäre, nicht blos für ihn selbst, sondern auch für die Frau und die beiden Kinder, welche dieser Ehe im Laufe der Jahre entsprossen waren. Der Gattin und Mutter, die den übereilten Schritt ihres jugendlichen Leichtsinns sehr bald bitter bereute, fehlte auch die Gabe, sich in die Entbehrungen, an welche die Familie sich so bald hatte gewöhnen müssen, mit einer gewissen Freudigkeit zu finden, geschweige denn so gentil zu hungern, wie ihr Mann es verstand.

Um dem Hungerleben ein Ende zu machen, verfiel die hübsche Frau freilich auf allerlei „geniale" Einfälle, deren Ausführung aber stets an dem Widerstande des Gatten scheiterten. Sie solle ihn nur gewähren lassen, meinte er ganz vergnügt, und es werde mit der Zeit schon besser werden. Sei er doch für den Nothfall in einer Loge versichert, und auch an einem kleinen Sparpfennig auf der Bank fehle es nicht.

„Du bist nur eifersüchtig," schmollte in solchen Augenblicken der Erörterung die junge Frau. „Was liegt denn daran, wenn ich als Statistin zur Bühne gehe, oder als Bänkelsängerin Dir und mir Schätze erwerbe — und unsern süßen Kindern!"

Und als er von solchen gottlosen Gedanken immer nichts wissen wollte, wußte sie ihn endlich zu überreden, aus dem engen, dumpfen Logis in der schrecklichen Miethkaserne, wo die schlimmen Klat= schereien gar kein Ende nehmen, in ein bescheidenes kleines Häus= chen in einer der Vorstädte zu ziehen, wo es für die Kinder so viel besser und gesunder sein würde. So wanderte der Mann denn Tag aus Tag ein den langen Weg von dem trauten Heim seiner Lieben nach dem Geschäftsplatz im Herzen der großen Stadt und freute sich wie ein Kind über die Ersparnisse, die das Opfer der eigenen Be= quemlichkeit dem Hausstande einbrachte.

Wunderbar, wie weit der kleinste Wochenlohn reicht, wenn ein braves sparsames Weib die Verwaltung der Finanzen in die

Hand nimmt! Die Nachbarn draußen in der Vorstadt wußten für das Wunder freilich eine ganz andere Erklärung; sie beobachteten das Leben der Familie in gemessener Entfernung, vermieden den Umgang mit der fremden Frau, steckten die Köpfe zusammen und waren nur nicht mit sich darüber im Reinen, ob der Mann denn wirklich so stockblind sei, wie er sich den Anschein gebe, oder ob er es wisse, was die Frau treibe während seiner Abwesenheit......

Der Schaukelstuhl, welchen die Frau mit dem aufgestemmten Fuß in Bewegung hält, krächzt und knarrt laut, als wolle er den Gesang des Schuhflickers begleiten, der in seiner Werkstatt, im Keller gegenüber, bei der Arbeit seiner poetischen Stimmung in deutschen Volksliedern Ausdruck zu geben liebt. Die Fenster hüben und drüben sind offen, und da auf der Straße noch nachmittägliche Ruhe herrscht, hört man die näselnde Stimme des Sängers ganz deutlich. Er hält sich schon länger beim Mühlenrad im kühlen Grunde auf und wimmert nun höchst gefühlvoll den Vers von verrathener Liebe:

Sie hat die Treu gebrochen,
Das Ringlein sprang entzwei —

Der Schuster gibt der rebellischen Sohle einen lauten Schlag mit dem Hammer, aber die Frau, welche den Gesang gehört hat, springt rasch von dem Stuhle auf, schleudert ihn mit einem Fußtritt zurück und steht im nächsten Augenblicke dem Bilde an der Wand gegenüber. Ihr Busen wogt hoch, die Hände beben und ein häßlicher Blick schießt aus den gerötheten Augen. Dann lacht sie laut auf, reißt das Bild vom Nagel, schleudert es verächtlich auf den Boden, daß Glas und Rahmen in Scherben gehen, und zischt, den Fuß auf das geschändete Erinnerungszeichen setzend:

„So! Wirst Du jetzt endlich mir Ruhe geben!“

Ruht doch der Mann, welchem der Wuthausbruch gilt, längst unter dem Rasen des Friedhofs. Eine Gehirnentzündung raffte ihn dahin — nicht unbeweint. Die trauernde Wittwe ließ sich das Begräbniß ein schönes Stück von dem Logengelde kosten, welches ihr zukam, legte die eleganteste Trauer-Uniform an, die mit dem langen Kreppschleier ihr so vortrefflich zu Gesichte stand, und setzte am Sarge einen Gefühlsausbruch in Scene, um dessen natürliche Wahrheit die erste Liebhaberin vom Thalia=Theater sie hätte be= neiden können.

Dann verschwand sie eines Tages aus dem kleinen Häuschen in der Vorstadt, wo die guten Nachbarn bald wieder allerlei zu erzählen wußten von einem herzlosen Weibe, das ihre Kinder im Elende verlassen hatte, um selber unterzutauchen in den Wirbel= strudel des Lasters.

Die Mutter kennt nicht einmal die Namen der Asyle, in welchen die Barmherzigkeit guter Menschen ihren Knaben und ihr Mädchen zu erziehen unternommen hat, denn sie hat nur Zeit und Lust, an sich selber zu denken, und lebt blos dem Augen= blicke. Ihr Weg führt nächtlicher Weile durch tiefen Morast und Sumpf, aber sie fühlt sich dabei durchaus nicht unbehaglich, son= dern es beschleicht sie sogar ein Gefühl von Glück und Eitelkeit, wenn ein Blick in den Spiegel sie darüber beruhigt, daß an ihren Reizen die Jahre noch ziemlich spurlos vorübergerauscht.

Und dann des Abends, wenn sie hochgeschürzt und roth ge= schminkt auf der Tribüne des „Tingel=Tangels" erscheint, um ihre Couplets vorzutragen! Das Publicum brüllt Beifall, die Bier= gläser tanzen auf den triefenden Tischen und der Tabaksqualm in der heißen Bude ballt sich mit dem durch das Getrampel der Stiefel von hundert entzückten Kunstenthusiasten aufgewirbelten Staub zu dichtem Gewölk, sobald „Miß Ada" als Knalleffect ihres Vortrags den unvergleichlichen Triller erschallen läßt und mit den Beinen den Tact dazu pirouettirt! Ihr Repertoire besteht nur aus drei Sachen, allein die Stammgäste der Lokale, in denen ihr Stern Jahr aus Jahr ein glänzt, sind ebenso conservativ wie dankbar und leicht zufriedenzustellen.

Wenn der Triller nicht mehr zieht, wird sie den langen Klavierspieler heirathen, den sie in der That schon jetzt haben kann, und der sie auch jeden Abend abholt, erst zu Tisch und dann zur „Vorstellung", wo er das „Orchester" macht.

Es klopft an die Thür, die sie rasch öffnet, und ungenirt empfängt sie den Klavierspieler mit den Worten:

„Ist es schon Zeit, Kapellmeisterleben?" Und mit einem furchtbar „komischen" Blick auf die wankende Gestalt vor ihr: „Sind Sie noch immer betrunken, Mensch, oder schon wieder!?"

„Das können Sie Sich janz nach Belieben beantworten." Er stößt mit dem Fuß an die Glasscherben am Boden und sieht auch das Bild dort liegen. „Mann, Ada, haben Sie endlich den Ollen bejraben?"

„Ach, das Bild ist vom Nagel gefallen

„Das bedeutet Jutes nich! Möje der Onkel zur verdienten ewijen Ruhe einjeh'n durch die moderne Feuerbestattung!" —

Das Zündholz brennt, und im nächsten Augenblicke verzehrt die Flamme die alte Photographie...... Die Frau läßt den Mann ruhig gewähren.

Gretchen,
oder
Mächtiger als der Reichskanzler.

Unter den tausend „Grünen", welche der stolze Dampfer aus der alten Welt über den Ocean in die neue herübergetragen hatte, befand sich ein kleines deutsches Mädchen. Das Kind war drüben ganz allein an Bord gekommen und dadurch unter dem Schiffsvolk, wie unter den Passagieren, zu einer gewissen Berühmtheit gelangt. Selbst an der Tafel in der Ersten Kajüte hatte der Capitän den Herren und Damen von Gretchen erzählt, die, eine Waise von 13 Jahren, den kühnen Gedanken gefaßt habe, im Lande Amerika ihr Glück zu versuchen.

In ihrem heimathlichen Dorfe, nicht weit vom Rhein, konnte Nichts mehr sie fesseln. Vater und Mutter hatten die Leute bald nacheinander auf den Kirchhof hinausgetragen, und ihr einziges Kind mußte dann wohl oder übel der alte Großvater zu sich ins kleine Häuschen nehmen. Auch hier herrschte, wie früher unter dem älterlichen Dache, die Armuth, und Gretchen, die ihren Jahren immer etwas voraus gewesen war, sagte sich selber, daß sie dem alten Manne nur eine Last sei.

So kam ihr denn der Gedanke an Amerika, und als sie zum ersten Male von dem Auswanderungs-Plane sprach, wollte der Großvater nichts davon wissen, und die Leute im Dorfe schlugen gar die Hände über den Kopf zusammen. Denn es waren seßhafte Bauern, und von dem Auswanderungs-Fieber, welches in anderen Gegenden des Reiches wie eine ansteckende Krankheit die Menschen befallen sollte, war hier noch niemals etwas zu spüren gewesen. Da aber das eigensinnige Kind die Einwilligung ihres einzigen lebenden Verwandten endlich ertrotzte, machte auch die Gemeinde nicht viel Einwendungen, sondern man freute sich wohl gar darüber daß man auf so gute Manier von der Waise loskomme, die sonst noch einmal der Armencasse zur Last fallen könnte.

So wurden eines Tages die ganzen Habseligkeiten des verstorbenen Vaters zu Gelde gemacht, und als der Herr Bürgermeister seinen nächsten Besuch in der Kreisstadt machte, kaufte er für Gretchen eine Schiffskarte zur Fahrt nach New York, und das Kind war bald reisefertig. Die Gemeinde ließ sie mit der kleinen Kiste, welche ihre Kleider enthielt, an die Eisenbahn=Station fahren, wo der Großvater ihr zum Abschied eine Menge guter Ermahnungen nebst seinem Segen und einer alten Börse ertheilte, die ihr ganzes väterliches und mütterliches Vermögen enthielt. Es waren wohlgezählt einunddreißig Mark und fünfzig Pfennige.

Von dem kleinen Schatz fehlte kaum ein blankes Markstück, als nach glücklich vollendeter Fahrt die lebende Fracht des großen Dampfers im Hafen von New York auf das Flachboot geladen wurde, welches die Einwanderer nach dem Eingangsthor der neuen Welt, nach dem „Castle Garden" brachte.

Dort ließen die Beamten die Männer, Weiber und Kinder, wie sich's gehört, Revue passiren, trugen den Namen jedes Einzelnen in die großen Bücher und fragten, von wannen er komme und nach dem Ziel seiner Reise. Das Gedränge war groß und auch das Geschrei der vielen Menschen, die in einem kleinen Raum zusammengedrängt ihrem Unbehagen über das Ungewohnte der Situation, in welche sie sich versetzt sahen, durch allerlei Zeichen einer nur zu begreiflichen Nerven=Aufregung lauten Ausdruck verliehen.

Endlich kam auch an Gretchen die Reihe, und es wurde dem Kind gar nicht leicht, alle Fragen, die der Mann in dem blauen Rock mit den goldenen Knöpfen an sie richtete, vernehmlich und deutlich zu beantworten. Wo waren die Frauen, die unterwegs die kleine Weltreisende so gern bemuttert hatten, und die jetzt ihr hätten beistehen sollen mit Worten, die sie in ihrer Verwirrung selber nicht finden konnte? Gretchen schaute sich vergeblich nach den Beschützerinnen um, die noch vor wenigen Stunden sich hoch und theuer verschworen hatten, das Kind nimmer zu verlassen. Ach,

sie fühlte sich nur gar zu sehr verlassen und schrecklich einsam, als
die Passagiere des Dampfers Einer nach dem Andern abgefertigt
wurden und mit Sack und Pack aus ihrem Gesichtskreis verschwan=
den, ohne ihr auch nur ein freundliches Wort zum Abschied zu
gönnen. Jeder für sich und Gott für Alle....

Gretchen's Verhör ging dennoch glücklich zu Ende, und der Be=
amte, dessen scharfe Augen schon so viele sonderbare und komische
Gestalten an der Schwelle der neuen Welt willkommen geheißen
hatten, ließ auch die Kleine passiren, ohne daß sie sein Interesse
näher gefesselt hätte. Allein er machte doch die „Matrone", die im
Castle Garden über das Wohl der weiblichen Passagiere zu wachen
hat, auf das Kind aufmerksam, damit ihm kein Unrecht widerfahre,
so lange sie noch unter dem Schutz der Behörde stehe.

Die würdige Frau schüttelte bedenklich mit dem Kopfe, als sie
die Geschichte des Kindes gehört hatte. Dreizehn Jahre alt, nichts
Ordentliches gelernt, freundlos, ohne jegliche Verbindungen im Lande
und völlig vom blinden Zufall abhängig: — unter ungünstigeren
Verhältnissen und Vorbedeutungen konnte kaum Einer nach Amerika
kommen.

„Was werden wir nur mit Dir anfangen, Kind?" Um die Lip=
pen der Matrone spielte ein mitleidiges Lächeln, als sie nun Gret=
chen betrachtete, die wie ein Häufchen Elend auf der Bank saß, die
Hände in den Schooß gefaltet und die Augen fest auf den Fußboden
gerichtet. „Ich fürchte, wir werden Dich wieder zurückschicken müs=
sen an den Rhein!"

„Nein, nur nicht wieder zurück!" Das Kind sah mit seinen
großen blauen Augen die Frau fast flehentlich an und fuhr dann
ganz keck und muthig fort: „Ich bin doch ins Land Amerika gekommen,
um brav zu sein und viel Geld zu verdienen, denn der Großvater
daheim ist alt und schwach —"

„Und den mußt Du natürlich unterstützen," vollendete die freund=
liche Matrone ironisch, aber doch nicht unzufrieden über das Selbst=
bewußtsein der Kleinen. „Nun, der liebe Gott verläßt ja keinen
Deutschen, und so wollen wir denn in Gottes Namen unser Heil
auch mit Dir versuchen. Folge mir, Kind!"

So kam Gretchen aus der Rotunde im Castle Garden nach dem Arbeits-Bureau, wo ihre zierliche Gestalt gegen die klobigen Irländerinnen, welche dort immer in langer Reihe auf den Bänken Parade sitzen, sich sehr vortheilhaft abhob. Die Töchter der grünen Insel würdigten die kleine schwächliche Person, deren Concurrenz keine zu fürchten hatte, aber nicht eines Blickes und wurden erst aufmerksam, als eine Dame, die mit der Matrone leise einige Worte gewechselt hatte, das Kind aus der Nähe zu sehen verlangte.

Da wurde Gretchen einem neuen Examen unterworfen, und dieses zu bestehen, war bei Weitem nicht so leicht, wie vorher bei der Registrirung ihres Namens.

„Nicht wahr, Du gehst ins fünfzehnte Jahr?" hatte die Matrone die Bewerberin um eine Stelle für leichte Hausarbeit in einer Versorgungs-Anstalt für alte Frauen bei der ersten Gewissensfrage nach ihrem Alter zu unterstützen versucht, allein Gretchen entgegnete ruhig:

„Nein, ich bin doch erst dreizehn, und hier steht es auch in dem Taufschein." Sie holte das bewußte Papier aus ihrem Körbchen hervor und sah nicht den Blick, welchen die Matrone ihr zuwarf, als wollte sie sagen: „Du dumme Gans!"

„Dreizehn Jahre," wiederholte die Dame ungeduldig und fragte die Matrone, ob denn kein älteres deutsches Mädchen hier sei, die sie zum Bettenmachen und Zimmerkehren in der Anstalt verwenden könne, denn das Kind da habe für solche Arbeit doch keine Kraft. Während die Matrone das alte Lied von dem Mangel an deutschen Dienstboten wieder anstimmen wollte, faßte Gretchen sich ein Herz zu der Bitte:

„Ach, versuchen Sie es nur mit mir, und Sie sollen gewiß zufrieden sein. Ich habe daheim ja arbeiten müssen, so lange ich denken kann, und wenn die Betten im Lande Amerika nicht viel größer und schwerer sind, als bei uns in Deutschland, so kann ich sicherlich damit fertig werden, und auch mit dem Besen! Besen gibt's auch bei uns im Dorfe, und wenn Sie Kühe haben, so will ich sie melken und den Stall in Ordnung halten. Oder ich kann im Garten arbeiten oder auf dem Felde. Das hab' ich auch bei den Ältern gethan, die nun beide todt sind."

Das offene Wesen und kindliche Geplauder des Mädchens macht
auf die Dame einen so guten Eindruck, daß sie sich endlich über=
reden läßt, in Ermangelung einer besseren Hülfe, nach welcher sie
sich — um die Wahrheit zu gestehen — schon viele Tage vergeblich
umgeschaut hat, die Kleine zu sich ins Haus zu nehmen. Gretchen's
Gesicht strahlt vor Vergnügen und Stolz: Acht Dollars soll sie im
Monat erhalten, und als sie erfährt, daß dieser Betrag zweiund=
dreißig Mark in deutschem Gelde gleichkommt, erfaßt sie beinah'
ein freudiger Schreck, denn so viel Lohn bekommt in ihrem Dorfe
nicht einmal der Großknecht des reichsten Bauern.

Sie hätte der guten Frau, welche sich ihrer so freundlich an=
nimmt und zum Abschiede nun auch verspricht, die Kiste mit den
Kleidern an die aufgegebene Adresse zu besorgen, aus überströmen=
der Dankbarkeit gern einen Kuß gegeben. Allein sie weiß, was
sich schickt, verleiht ihrem Gefühl nur durch einen Knicks und einen
Druck der Hand ihrer Wohlthäterin Ausdruck und verläßt mit ihrer
neuen Herrin den Castle=Garden.

Glück auf, deutsches Gretchen, bei Deinem Eintritt in die neue
Welt, die sich Deinen erstaunten Blicken nun aufthut! Du Kind
vom Dorfe schaust jetzt die Wunderbauten der Großstadt, und das
Gewühl auf den Straßen zeigt Dir die Kraft des amerikanischen
Lebens, von dem Du gar nichts verstehst in Deinem kindlichen
Unverstande. Aber eben dieser Unverstand sagt Dir instinctiv, daß
Dein gutes Glück Dich in ein großes reiches Land gebracht hat,
wo Alles in unaufhaltsamer Bewegung auf= und abwogt und schafft
und wirkt an dem allgemeinen Wohlstande, der auf Schritt und
Tritt selbst den Augen des Kindes sich bald offenbart.

Willkommen, deutsches Gretchen, in der neuen Welt, die Du
Dir zur neuen Heimath erkoren, weil in dem alten Dorfe, wo
Vater und Mutter unter der Rasendecke des Friedhofes von der
Last und Mühe eines Lebens von Noth und Entbehrung ausruhen
in alle Ewigkeit, für die verlassene Waise kein Raum mehr zu
sein schien.

Und bist Du nicht ein Glückskind, Gretchen? Vielen wackeren
Männern und braven Frauen, die arm und verlassen, wie Du, von

der unerträglichen Last widriger Verhältnisse übers Meer getrieben wurden, um hier ein Asyl zu suchen und den Kampf ums Dasein noch einmal wieder aufzunehmen, wird der Anfang so schwer, daß sie schier verzweifeln möchten und nach der alten Welt, in welcher sie vergeblich nach einer menschenwürdigen Existenz gerungen, wo sie den Glauben an die Menschheit und den Glauben an sich selbst unter den Trümmern aller Wünsche und vergeblicher Hoffnungen begraben haben, doch bitteres Heimweh empfinden, wie nach dem verlorenen Paradiese!

Du kamst gleich von dem Schiffe, dem Du Dein junges Leben anvertrautest zu guter Stunde, in die geregelten Verhältnisse eines Hauses, welches dem Dienste werkthätiger Menschenliebe geweiht, auch dem fremden Kinde sich freundlich erschließt und es behütet vor den Gefahren der Welt. —

Und das Kind lohnt die ihm erwiesene Güte durch eine herz- liche Dankbarkeit und eine freudige Erfüllung der übernommenen Pflichten. So hat die Matrone der Anstalt es nie zu bereuen brauchen, daß sie das halberwachsene Mädchen ins Haus genom- men, und die alten gebrechlichen Mütterchen, die ihren Lebensabend in der stillen Zurückgezogenheit des Heims sorgenfrei beschließen dürfen, sind immer des Lobes voll über die sinnige Art der ebenso fleißigen wie umsichtigen Schaffnerin. Diese hat die Wahrheit ge- sprochen, als sie damals im Castle Garden versicherte, sie verstehe zu arbeiten; aber ein Wunder ist es doch, wie rasch sie sich in die Obliegenheiten ihres neuen Amtes hineinleben konnte. Die Jahre fließen dahin, aus der Anstalt wird manche alte Frau hinausge- tragen zur letzten Ruhestätte, und die Lücken, welche der Tod ver- ursacht, werden gleich wieder ausgefüllt. Gretchen ist längst zur Jungfrau erblüht und im Laufe der Zeit fast unentbehrlich ge- worden in dem stillen Hause, das ihr zur zweiten Heimath ge- worden.

· Aber sie hat auch das alte Dorf am schönen Rhein nicht ver- gessen und den alten Großvater, dessen kleinem Hauswesen sie nun wohl vorstehen würde, wenn sie nicht hätte auswandern müssen. Eine sonderbare Welt! Weil sie dem Greise, der ihr doch der einzige

Blutsverwandte auf Erden geblieben war, nur eine Last sei,
war die Waise in die weite Welt gegangen, und das Schicksal fügte
es so, daß sie hier gerade in der Bedienung alter Leute, welche
ihrem Herzen gar nicht näher standen, ihren Lebenszweck erblicken
sollte. Wie würde sie den Großvater hegen und pflegen, wenn sie
ihn nur bei sich hätte, da sie nun an fremden die kleinen Wünsche,
Bedürfnisse und Eigenheiten des Alters kennen und verstehen gelernt hat.

Der alte Mann bekam regelmäßig zweimal in jedem Monat
einen Brief von dem Enkelkinde in Amerika, und weil seine Augen
selbst in jungen Jahren mit geschriebener Schrift niemals gut
fertig werden konnten, ließ er sich den Brief gern vom Posthalter
vorlesen. Mit dem hatte er jetzt auch oftmals ein anderes Geschäft zu besorgen, denn Gretchen legte ihren Briefen nicht selten
amerikanisches Papiergeld bei, um Großpapa eine Freude zu bereiten. Die ausländischen Scheine mußte der Posthalter dann in
deutsches Geld umsetzen, und weil ein Dollar aus Amerika viermal so weit reicht wie ein Markstück, so machten diese Geldsendungen bald von sich reden im Dorfe. Die Bauern sprachen im
Wirthshaus immer mehr vom Lande Amerika, wo das Geld ja
wol auf der Straße liegen müsse, so daß selbst die dumme Grete,
die doch Jeder von ihnen gut genug gekannt habe, es nur aufzu-
heben brauche. Das Amtsblättchen, welches einmal wöchentlich aus
der Kreisstadt ins Dorf kam, wußte auch. mancherlei von den
Amerikanern zu erzählen, aber niemals etwas Gutes oder Erfreu-
liches. Wem sollte man glauben? Dem Amtsblättchen, nach dessen
Berichten ganz Amerika angefüllt sein müsse von Hungerleidern
und Amerika-Müden, die mit den Negersclaven um die Wette ihr
trauriges Loos beweinen? Oder den Geldsendungen Gretchen's?
Das Geld wog schwer in der Wage des Zweifels, und das Dorf
wurde rebellisch. Du lieber Gott, in einem Lande, wo ein verlas-
senes Waisenmädchen so bald sein Glück macht, können die Verhältnisse nicht so traurig sein: wie der hochnasige Landrath es seinen
Bauern weis machen will.

Ohne eine Ahnung davon zu haben, ist Gretchen in Amerika
eine staatsgefährliche Person geworden, deren Einfluß in dem kleinen

Kreise ihres Heimathsdorfes mächtiger wird mit jedem Briefe, aus welchem Zufriedenheit und Glück spricht, und mit jeder Zeitung, die sie schickt, um dem Großvater von den Dingen zu erzählen, die in Amerika passiren. Was die Regierung auch unternimmt, um das Auswanderungs=Fieber in einer Gegend, die noch vor wenigen Jahren keinerlei Zeichen der Krankheit zu erkennen gab, im Keim zu er= sticken: sie kann es nicht verhindern, daß Gretchen's Beispiel Nach= ahmung findet. Schon sind mehrere Bauernfamilien, die unter dem jährlich zunehmenden Druck der Steuerlast immer mehr zurück= kommen, von Haus und Hof gezogen rheinabwärts mit Sack und Pack, um in Amerika sich eine neue Heimath zu gründen.

Gretchen bekommt jetzt sehr oft Besuch aus der Heimath, und als es drüben bekannt wird, daß die jetzt Zwanzigjährige ihre bis= herige Stellung demnächst aufzugeben gedenkt, um an der Seite eines braven jungen Handwerkers sich selber ein Nestchen zu bauen, da sagt sich so manches junge Mädchen am Rhein nicht ohne einen An= flug von Neid, daß Gretchen, die freundlos und arm in die weite Welt gegangen sei, am Ende doch das große Loos gezogen habe in der Lotterie des Lebens......

Auf Gretchen's Hochzeit, die ihr von der mütterlichen Freundin gerichtet wird, unter deren Aufsicht und Führung sie ihre Mädchen= jahre fleißig und züchtig verlebt hat, sind mehrere alte Bekannte aus dem Heimathsdörfchen als Gäste anwesend. Ob das Glück ihnen ebenso hold sein wird, wie unserem Gretchen? Stolz wie eine Kö= nigin hält die junge Frau ihren Einzug in unser Haus, wo sie den Himmel auf Erden zu finden hofft.

Willkommen, glückliches Gretchen!

Ein in Amerika ebensosehr wie in Europa mit großem Beifalle aufgenommenes Buch ist der I. Band der Serie: „**Bilder aus dem amerikanischen Leben. Von Deutschen in Amerika.**" Dasselbe führt den Titel:

Federzeichnungen

aus dem amerikanischen Stadtleben.

Von Johann Rittig.

Zweite Auflage.

Ein Band von 250 Seiten in großem Duodez=format.

Der Inhalt ist folgender:

Weihnachtsbilder. Der kleine Michel. Ein deutsch=amerikanisches Märchen. — New=Yorker Weihnachten. — Fibel, Fabel und Märchen. — Des Seemanns Christnacht. — Im stillen Kämmerlein.

Schlichte Geschichten. Das Liebchen aus Deutschland. — Tante Veronika. — Kurzer Glückstraum. — Neujahrsbesuch. — Das erste Vierteltausend. — Ungesühnt.

Charakter=Figuren. Der Gentleman=Proletär. — Der Unabhängige. — Der stille junge Mann. — Die Vesperglocke. — Der Mephistoffel. — Die alternde Modedame. Der Dollar=Mann. — Salon=Sclaven. — Der Hagestolz. — Selbständige junge Damen. — Ein trefflicher Mann.

Aus dem Kleinleben der Großstadt. Einsam am Sonntag. — Der junge Souverän. — Niemals mündig. — Die Alten im Winkel. — Die mütterliche Schere. — Sommernacht. — Der Festzug.

Auf den Pfaden der New=Yorkerin. Der Typus der New=Yorkerin. — In jungen Jahren. — Genußleben. — Fastnachtskünste. — Amerikanische Hexen. — Viel Blumen. — Das Gesetz der Mode. — In der Sommerfrische. — Von Hochstaplern. — Die New=Yorkerin der Zukunft.

Buntes Volk. Weiße Indianer. — Der Minstrel. — Vagabunden. — Asiaten. — Antisemiten. — Vermißte.

Dieser Band, stark geheftet und steif broschirt, mit Marmorschnitt, kostet $0.50 — elegant in Leinwand gebunden $0.75, und ist durch alle Buchhandlungen zu beziehen, oder wird durch die Post franco an irgend eine Adresse in Amerika oder Europa verschickt, wenn man den Betrag (in Postmarken) einsendet an die Verleger

E. Steiger & Co., 25 Park Place, New York.

Recensionen:

„...... Der geistvolle Feuilletonist der „New-Yorker Staats-Zeitung" hat in diesem Buche alle jene Artikel gesammelt, die bereits bei ihrem Erscheinen in dem genannten Blatte so berechtigtes Aufsehen erregten, die aber in Buchform zusammengestellt einen noch bedeutend besseren Eindruck machen. Die Artikel sind ihrem Inhalte nach in sechs Kategorien getheilt, von denen jede ihre besondere Charakteristik trägt. Eines aber haben alle Artikel gemein: die geistreiche Manier, Gedanken in schöner Fassung zu geben, und scharfe Beobachtung, die in humorvoller Weise, zwar skizzenhaft, aber klar und eindringlich in Worte gefaßt ist.

Die „Weihnachtsbilder" sind sinnig und poetisch gedacht, und von diesen besonders die Allegorien: „Der kleine Michel", „Fibel, Fabel und Märchen" und „Im stillen Kämmerlein" von hohem literarischen Werth.

„Schlichte Geschichten" sind Skizzen, die besonders von denjenigen Deutschen nach ihrem vollen Werthe gewürdigt werden, die bereits länger hier leben, während „Charakter-Figuren", „Auf den Pfaden der New-Yorkerin" und „Buntes Volk" — geistreiche Causerien im Genre von Spitzer's „Wiener Spaziergängen" sind, mit denen sie auch in Form und Inhalt einige Aehnlichkeit haben, und denen sie sich dreist an die Seite stellen können.

Das Buch wird den hier wohnenden Deutschen inniges Vergnügen gewähren, bei den in Deutschland lebenden Landsleuten aber viel dazu beitragen, irrige Ansichten über unser Land, die von flüchtigen Flaneuren dort verbreitet werden, zu berichten, und schon aus diesem Grunde ist es mit Freuden zu begrüßen." (Cincinnati Volksblatt.)

„...... Sie zeugen sämmtlich von feiner Beobachtungsgabe und sind mit dem bekannten Darstellungstalente des Verfassers gezeichnet." (Anzeiger des Westens.)

„...... Scharf beobachtend, schildert Rittig lebendig, fesselnd und getreu New-Yorker Typen und Verhältnisse, so daß sich vor dem Auge des Lesers ein entsprechendes und in allen Zügen wahres Bild des Lebens der amerikanischen Metropole entrollt. Mögen die „Federzeichnungen" zahlreiche Leser finden, sie werden Jedem angenehme Stunden bereiten." (Abend-Post — Detroit.)

„. ....Mit der ganzen Kunst eines Meisters des Feuilletons be=
schreibt er die verschiedensten Erscheinungen und Gestalten aus dem
bunten Leben und Treiben der Weltstadt, dem vornehmen wie dem niede=
ren, dem guten wie dem schlechten, mit der packenden Wahrhaftigkeit
des geübten Beobachters und mit der milden Ironie des gereiften und
vielerfahrenen Mannes. Sie sind mit gleicher Treue gezeichnet, und
nie verleugnet sich der feine Geschmack und Anstand des Verfassers."

(Illinois Staatszeitung.)

„......Nur wenige Leser können sich vorstellen, daß der liebenswür=
dige leichte Plauderer ein sehr ernst und gründlich arbeitender Mann sein
muß, wenn er stets interessiren, anregen, künstlerisch erfreuen will,
und wenige Schriftsteller vermögen die Resultate tieferen Forschens
und scharfer Beobachtung in leichter, abgerundeter Form vor das
Publikum zu bringen. Unter diesen wenigen, echten und rechten
Feuilletonisten nimmt aber Johann Rittig eine hervorragende
Stellung ein. Wenn er seine Skizzen und Schilderungen aus dem
amerikanischen Stadtleben „Federzeichnungen" nennt, so geschieht
dies, weil er als Meister des Ausdrucks immer für das Ding den
richtigen Namen hat, weil eben diese Schilderungen wirkliche „Feder=
zeichnungen" und nichts anderes sind, kleine Kabinetstückchen, die bei
sorgfältiger Vertheilung von Licht und Schatten, wohlbedachter Grup=
pirung, liebevoller und künstlerischer Ausarbeitung der Details, doch
nie gekünstelt erscheinen, sondern den Eindruck der leicht behandelten
Skizze machen .... allein diese Blätter gewinnen nur, wenn sie, der
flüchtigen Augenblicks = Kritik des Zeitungslesers entrückt, ern=
sterer Prüfung unterworfen werden. Jeder, der mit offenen
Augen durch unsere Großstädte gewandert, wird bei der einen
oder anderen Skizze ausrufen: Ih! das ist ja der So und so, wie
er leibt und lebt! Und darin haben wir den besten Beweis, daß
des Verfassers Feder naturwahre Zeichnungen geliefert hat. Oft
aber auch zeigt sich der Verfasser, wie im „Hagestolz", im „Trefflichen
Mann", in der Skizze „Die Alten im Winkel", als der denkende
Politiker und Sociologe, der in plaudernder Form scharfe Kritik zu
üben versteht. Und so wird Niemand das Büchlein aus der Hand
legen, ohne darin geistige Anregung und Nahrung, Belehrung und
Belustigung gefunden zu haben." (Anzeiger — Louisville.)

„......Meisterhaft gibt der Verfasser wieder, was er diesem Leben
abgelauscht; in anmuthiger Weise vereinigt er Alles zu einem Ganzen,
das mit dem regsten Interesse gelesen wird, was fesseln muß........"

(Demokrat — Chicago.)

„......Der Verfasser, als brillanter Journalist und Schriftsteller,
sowie als blendender Feuilletonist und geistvoller Causeur in den ganzen
Vereinigten Staaten bekannt, soweit die deutsche Zunge klingt, schildert
darin mit eleganten farbenreichen und lebendigen Pinselstrichen
Skizzen und Gestalten aus unserm großstädtischen Leben und Treiben,
welche in gleicher Weise Feinheit der Beobachtung und meister=
hafte Wiedergabe des Gesehenen und Erlebten verrathen. Zu einem
frischduftenden Strauße gesammelt, erscheinen in diesem anmuthigen
Bändchen die Blüthen langjährigen feuilletonistischen Schaffens. Bildet
dieses auch nur eine Seite der umfassenden journalistischen Wirksamkeit
des Verfassers als Redacteurs des Sonntagsblattes der „N.=Y.
Staats-Zeitung", so liegt doch in diesen sonntäglichen Plaudereien das
wesentliche Element einer sich stets erneuernden, lebendigen Wechsel=
wirkung zwischen dem Schreibenden und Lesenden, dem Journalisten
und seinem Publikum. Sind dann solche Unterhaltungen und Betrach=
tungen nicht bloß der treffende Ausdruck der wechselnden Tagesstim=
mung und Erscheinung, — sind sie auch aus dem Vollen des weltstädt=
ischen Lebens geschöpft; ist geübten Auges das Bedeutende herausge=
griffen, das Bleibende im Werdenden und Verschwindenden, das Cha=
rakteristische in der Allgemeinheit, das Typische in der Besonderheit
erfaßt; erkennt man endlich auch die Künstlerhand, die aus leichtem
Umriß ein Portrait, aus einzelnen Zügen ein Genrebild zu schaffen
versteht: so haben dieselben auch ein über das des Tages, für den sie ent=
standen, hinausreichendes Interesse. Rittig's „Federzeichnungen"
liefern in ihrer Eigenart einen um so schätzbarern Beitrag zur jungen
deutsch-amerikanischen Literatur, als er es war, der diese Gattung und
den Feuilleton-Stil nach europäischem Muster in unserer Tagespresse
einbürgerte.

Welches Kapitel man auch herausgreife, man findet überall Unter=
haltung und Anregung, und manche Züge, die dankbaren Stoff bald zur
Idylle, bald zur Novelle, bald zu dramatischer Gestaltung bieten wür=
den."

(Frank Leslie's Illustrirte Zeitung.)

„.... Der Leser, der dieser stattlichen Sammlung einige genuß=
reiche Stunden zu verdanken hatte oder sie auch nur flüchtig durchblät=
terte, da und dort eine der duftenden Blüthen des reichen Kranzes
pflückend, wird nicht umhin können, die Ansicht zu theilen, daß es ein
Verlust für unsere ja ohnehin nicht überreiche deutsch=amerikanische Ori=
ginal=Literatur gewesen wäre, wenn sie in den Spalten eines selbst so weit
verbreiteten Blattes, wie dasjenige, für welches sie geschrieben, begraben
geblieben wären. Erst durch diese Sammlung, die es ermöglicht, sich
ihrer Lectüre mit aller Muße hinzugeben, werden die in engeren ein=
heimischen Kreisen längst hoch geschätzten Arbeiten auch auf dem
großen literarischen Markt die wohlverdiente Würdigung finden.
Der Verfasser besitzt eine scharfe Beobachtungsgabe, er kennt das
von ihm geschilderte Gebiet aufs Genaueste, nicht minder aber
auch das Menschenherz. Die Thorheiten und Schwächen unseres
großstädtischen Lebens werden von ihm unnachsichtlich gegeißelt,
aber er versteht auch dessen edle und versöhnende Züge aufzufin=
den, ja er malt diese mit ganz besonderer Vorliebe aus. Es weht
ein milder, anmuthender, ächt humaner Geist durch diese Blätter,
ein zartes Verständniß für die Leiden und Freuden des Volks in seinen
verschiedensten Schichten. Gleich die erste Gruppe der „Weihnachts=
bilder" enthält poetische Perlen von unvergänglichem Werth, wahre
kleine Kabinetsstücke, von denen wir getrost behaupten dürfen, daß sie
sich würdig dem Besten und Schönsten anreihen, was die deutsche Lite=
ratur an derartigen kleinen Aufsätzen besitzt. Nicht ihr geringster Vor=
zug ist die dem gediegenen Inhalt so trefflich entsprechende knappe,
vollendete Form, eine überaus elegante, fesselnde Schreibweise, die sich
doch frei hält von allem Erkünstelten und Gesuchten. Wir sind über=
zeugt, daß diese Sammlung auch im alten Vaterlande nicht nur einen
weiten Leserkreis, sondern diesmal endlich auch die verdiente Beachtung
und Würdigung von Seiten der früher für deutsch=amerikanische Er=
zeugnisse nicht besonders entgegenkommenden Kritik finden wird."

(Belletristisches Journal.)

„..... Es sind dies mit Geist, feinem Humor und zuweilen leiser
Ironie in eleganter Sprache ausgeführte Portraits= und Genrebilder,
die jeden gebildeten Leser geistig anregen, erheitern und unterhalten
werden." (Wissenschaftliche Wochenblätter — New-York.)

„......Der Verfasser hat ein feines Auge für alle Höhen und Tie=
fen, alle Lichter und Schatten einer Weltstadt. Die Form ist tadellos,
ein Vorzug, der in einer Zeit, in welcher der Stil so vernachläßigt wird,
wahrlich nicht gering anzuschlagen ist. Papier und Druck sind vor=
züglich und machen den Verlegern E. Steiger & Co. alle Ehre." (Puck.)

„......Was eine poetisch veranlagte Natur in fröhlicher, seliger
Weihnachtszeit empfindet, ist durch die ersten der aus Herrn Rittig's
Bildermappe hervorgegangenen Zeichnungen in stets gefälliger, oft
sogar ergreifender Weise veranschaulicht.

Unter den „Schlichten Geschichten", die allesammt des Autors fes=
selnde Darstellungsgabe bekunden, sind zwei von ungewöhnlich hohem
Werth. In einer derselben schildert er mit bald feinem, bald derbem,
immer aber wirksamem Humor die kleinliche Eifersucht unserer zum
Empfange der Neujahrs-Gratulanten gerüsteten Dämchen, während
er uns in der andern, die „Ungesühnt" betitelt ist, ein psychologisches
Gemälde gibt, das, einen durchaus originellen Stoff behandelnd, den=
noch an eine der herrlichsten Phantasien Jean Paul's („Die Neujahrs=
nacht eines Unglücklichen") erinnert."   (Um die Welt.)

„..... Rittig ist ein vortrefflicher Beobachter von Land und Leuten —
aber er beobachtet nicht nur mit dem Auge, sondern auch mit dem Herzen.
Seine „Federzeichnungen" sind ebenso viele reizende Genrebilder, deren
warmer Ton ebenso sehr die Seele anmuthet, wie ihre scharfe Charak=
teristik den Geist fesselt.... Sie bilden deshalb eine äußerst interessante
Lectüre für den denkenden Menschen...."   (Freidenker — Milwaukee.)

„......ein höchst interessanter Zuwachs zu unserer spärlichen
deutsch=amerikanischen Literatur. Es haben schon so Viele ver=
sucht, charakteristische Schilderungen aus dem amerikanischen Leben
zu bringen, aber diesen fehlt gewöhnlich die Lebenswahrheit und sie
entspringen einem oberflächlichen Urtheil, gemischt mit Phantasie; die
Federzeichnungen des Herrn Rittig dagegen haben das große Verdienst,
daß sie durch und durch wahr sind. Solche Gestalten, wie er zeichnet,
gibt es hier in Wirklichkeit, solche Charaktere, wie er vorführt, kann
Jeder antreffen, welcher sich die Mühe gibt, tiefer zu blicken. Herr
Rittig hat sich in seinen Federzeichnungen als feiner, scharfer Beobach=
ter bewährt und hat die Resultate seiner Beobachtungen in eine Form
gekleidet, welche im höchsten Grade ansprechend ist."
                              (Oesterreichisch-Amerikanische Zeitung.)

„......Hr. Rittig ist ein Meister der Kleinmalerei mit der Feder; seine kurzen, leicht hingeworfenen Aufsätze athmen Geist und Leben; dieselben erweisen sich jedoch bei näherer Prüfung als die Werke ernsten Nachdenkens und künstlerischen Schaffens. Da ist jeder Zug, jede Wendung genau berechnet, um die künstlerische Wirkung des Ganzen zu erhöhen. Durch diese Sammlung seiner besten feuilletonistischen Arbeiten hat sich Hr. Rittig ein Verdienst um die deutsch=amerikanische Literatur erworben, denn er hat darin eine Lücke ausgefüllt. Man lese diese flotten Märchen, diese gemüthlichen Novellettchen, diese allerliebsten Genrebilder, und man wird sich gestehen müssen, daß diese weit mehr sind, als journalistische Eintagsfliegen, die heute gedruckt und morgen schon Makulatur sind. Diese Aufsätze werden immer ihren Werth behalten." **(Der Deutsche Correspondent — Baltimore.)**

„...... Im Laufe der Jahre, aber stets nur für den Tag geschrieben, geschrieben von einem Journalisten, haben die „Federzeichnungen" dennoch bleibenden Werth, als sprachliche Musterstücke, wie als treffende Bilder aus dem Leben der ersten amerikanischen Großstadt. Selbst wenn Johann Rittig auf breitgetretenen Pfaden wandeln mußte, wie in seinen Weihnachtsbildern, so weiß er dennoch selbst solchen Gelegenheitsskizzen den Stempel der eigenen Originalität aufzudrücken. Es ist ein seltsam idealer Hauch, der diese, wie alle andere „Federzeichnungen" durchweht; seltsam in dem so unendlich nüchternen Amerika und seiner geradezu classisch nüchternen Metropole. Selbst wenn Rittig die zahlreichen Schwächen dieser Umgebung, oft mit attischer Schärfe, geißelt, er wird sich dennoch nicht helfen können, selbst diese Schwächen zu idealisiren......" **(Herold — Milwaukee.)**

"The strong and lasting impression which a perusal of Johann Rittig's pen-and-ink sketches of American city life makes upon the thoughtful reader, is easily accounted for. They are like photographic views taken in the highest style of art, and show that the author knows all classes of men, and has for all of them a greeting, a laugh, a tear, a word of kindness, a word of pity—a heart. Mr. Rittig has greatly enriched German-American literature, and it certainly shows appreciation on the part of the public that a second edition of his book has become necessary so soon. The first edition was sold in a very short time......" **(YOUNG FOLKS.)**

„......Wer New-York kennen lernen will, kann es nicht auf
gründlichere, umfassendere und angenehmere Weise thun als durch die
Lectüre dieses hochinteressanten Werkchens.... Diese Schilderungen
haben große Aehnlichkeit mit den „Sketches by Boz" von Charles
Dickens, aber sie sind besser, insofern sie mit der realistischen Schärfe
des berühmten englischen Schriftstellers in der Erfassung der Aeußer-
lichkeiten ein ungleich tieferes philosophisches Eindringen in Motive und
Causalitäten verbinden. Als Meister des deutschen Styls ist Rittig in
Amerika unübertroffen und mit seiner Gewandtheit nach dieser Rich-
tung verbindet sich ein feiner, gemüthvoller Humor und die humanste
Kritik menschlicher Schwächen......"   (Telegraph — Indianapolis.)

„ .....Dieses Buch, das einen großen Leserkreis verdient, hätte in
Deutschland erscheinen sollen. Wenn auch die meisten Deutschen im alten
Vaterlande nur dann Bücher kaufen, wenn sie dieselben nicht geliehen
erhalten können, so sollte bei der erschrecklichen jährlichen Ueberschwem-
mung des dortigen Büchermarktes mit so vielen seichten Productionen ein
so tüchtiges, ja geistreiches Buch drüben bedeutenden Absatz finden. ....
Wäre das Buch in Paris und in französischer Sprache erschienen, so würde
man annehmen, der Mantel des verstorbenen Jules Janin wäre auf
einen ebenbürtigen, doch tiefer forschenden Nachfolger gefallen. ......
Das Buch ist nach und nach entstanden und ursprünglich nicht für den
Buchhandel verfaßt worden. Frisch aus dem Leben der großen Haupt-
stadt gegriffen, wanderten die Skizzen sofort in die Druckerei und jetzt, wo
wir den alten Bekannten in stattlicher Buchform begegnen, wundern
wir uns, daß sie nicht schon lange versucht haben, ihren Weg in die
deutsch-amerikanischen Parlors zu finden.
Die „Weihnachtsbilder" und „Schlichte Geschichten" gehören zu
dem Besten, was die deutsche Prosa in Amerika noch geleistet hat. Ein
merkwürdig poetischer Hauch durchdringt besonders die ersteren, und
das Märchen „Der kleine Michel" ist ein wahres Juwel. Eine innige
warme Empfindung geht durch diese kleinen Capitel, die Manche der
Gegner des auch zuweilen auf politischem Felde als „Rufer im Streit"
thätigen Redacteurs diesem vielleicht nicht zugetraut hätten. Seine
Abneigung gegen Tammany-Hall, die zuweilen an den Tag tritt, klingt
allerdings noch etwas aus der New-Yorker Politik in das Buch hinein,
doch ohne den Leser indeß zu stören......."   (Jowa Staats-Anzeiger.)

„......eine Anzahl trefflich geschriebener und geschmackvoll zu=
sammengestellter Skizzen und Schilderungen aus dem Leben und Trei=
ben in unserer Metropole. Jede der sechs Abtheilungen, aus welchen
das elegant ausgestattete Buch besteht, enthält mit gewandter Feder=
geschilderte Vorgänge aus dem täglichen Leben New=York's und bieten
z. B. die „Charakter=figuren" und die Skizzen „Aus dem Kleinleben
der Großstadt" eine solche Fülle von erheiternden wie ergreifenden
Scenen, daß sich die Lectüre zu einer wirklich interessanten und fesseln=
den gestaltet. Das Buch empfiehlt sich nicht nur für Deutsch=Amerikaner,
sondern auch für die Deutschen jenseits des Oceans zur Lectüre."

(D. N. Handelszeitung.)

„Wer will es noch behaupten, daß die deutsche Schönliteratur Ame=
rika's nicht einen eigenen selbstständigen Platz einnimmt? .....Auf
dem Gebiete der Poesie hat es seit einigen Jahren angefangen, sich
lebendiger zu regen, ...die Prosa jedoch ...... verschlang bisher' noch
allein der Moloch der Journale....Mit dem uns vorliegenden Werkchen
nun ist ein Versuch gemacht, diesem Moloch einige seiner Schätze zu ent=
reißen und sie der Leserwelt dauerhaft zuzuführen. Es ist dies ein
glücklicher Wurf, denn die gedankenreiche und die deutsche Sprache treff=
lich meisternde Feder des Verfassers wird sicherlich nicht verfehlen, den
Versuch auszudehnen und derartigen Producten auch einen Bücher=
markt zu sichern. Was Eleganz in der Form, Handhabung des Styls
und Gewandtheit in der Durchführung anbetrifft, so ist Rittig ein aner=
kannter Meister unter den deutschen Literaten der neuen Welt, der sich
keck neben die besten Feuilletonisten Europa's stellen darf. Das vor
uns liegende Buch ist denn auch ein wahres Schatzkästlein in seiner Art,
das in jedem deutschen Hause ein angesehenes Plätzchen finden sollte."

(Der Deutsche Pionier — Cincinnati.)

„....... Nicht nur Solche, welche das Leben in unsern großen
Städten kennen, werden in dem Buche manches Bild finden, das
sie an Erlebtes erinnert, oder ihnen Neues bietet, wir glauben, daß
auch Andere, die den Ihrigen in Deutschland eine Schilderung der
„Wilden in New York" senden wollen, ihnen mit dem Buch gewiß
eine Freude bereiten."

(Schwäbisches Wochenblatt.)

„Aus Deutsch-Böhmen ist ein ausgezeichneter Schriftsteller her-
vorgegangen, der aber auf so entfernten Boden sein Talent getragen,
die Anerkennung desselben so fern der Heimath durchgesetzt hat, daß
sein Name bisher bei uns so gut wie unbekannt geblieben ist: ich darf
von ihm wie von einem homo novus berichten.

Ums Jahr 1848 bis '49 war Johann Rittig noch Präses der
Prager Studenten-Verbindung „Marcomannia", deren schmucke Bur-
schentracht mir noch in lebhafter Erinnerung steht. Er wanderte in
den Jahren der großen Reaction, deren Luft so Mancher nicht vertragen konnte, nach Amerika aus und ließ sich in New-York nieder.
Seit Jahren gilt er dort als der gewandteste und kenntnißreichste Kritiker
des amerikanischen deutschen Theaters. Er hat die Gewohnheit, seine
Artikel nicht zu unterzeichnen, aber Jeder kennt seine Feder und seinen
Stil; sein Einfluß ist groß. Judem schreibt er seit Jahren für das
bedeutendste deutsche Blatt New-York's eine Wochen-Plauderei, die so
weit gelesen wird, als in den Vereinigten Staaten die deutsche Zunge
reicht. Wie aber allmählig die Jahre der „Sammlung" kommen, wo
fast Jeder, der bisher seinen Arbeiten sich sorglos hingab, eine Nach-
lese zu halten pflegt, so hat auch Johann Rittig endlich eine Auswahl
unter seinen Arbeiten getroffen und sie unter dem Titel „Federzeichnungen aus dem amerikanischen Stadtleben" erscheinen lassen.

Es sind Bilder aus der ersten amerikanischen Großstadt, wie sie
nur der sinnende Beobachter zeichnen und ausführen kann, der in ihr
seit einem halben Menschenleben zu Hause. Die Weltstadt an der
Mündung des Hudson, die unser guter Kürnberger im „Amerikamüde"
aus der dichterischen Intuition herauszumalen sich vermaß, Rittig zeigt
sie uns, wie sie ist, in einem halben Hundert kleiner Genrebilder. Alle
sind liebevoll im Detail ausgeführt, alle von einem Strahl Poesie beleuchtet. Manche runden sich wie von selbst zu kleinen Novellen ab, andere
sind sociologische Studien zu nennen. Mit besonderer Vorliebe wendet sich
Rittig dem Portrait der New-Yorkerin zu. Die Weltdame in Saratoga,
die sich viermal des Tages umkleidet und es an verführerischer Schlau-
heit der Pariserin zuvorthut, die alternde Modedame mit ihrem Papagei sind Bildchen, deren Naturwahrheit frappirt. Aber auch der Fabrik-
Arbeiter, das biedere deutsche Ehepaar, der freche amerikanische Bengel,
der vornehme Müßiggänger, der heruntergekommene Gentleman, der

allmählig zum Proletarier herabsinkt, der Hochstapler und seine Genos=
sin werden uns in kleinen Kapiteln geschildert. Die Straßen=Minstrels
verschiedenster Art, insbesondere die geschwärzten falschen Neger=Musi=
kanten, werden mit Virtuosität geschildert. Das Leben der großen
Metropole liegt wie auseinandergefaltet vor uns.

Johann Rittig mag jetzt ein angehender Fünfziger sein. Er hat
die milde Reife, die in diesem Lebensalter bei edlen Naturen zu Tage
tritt, den lächelnden Ernst, die sanfte Sommerabend=Melancholie, die
selbst in den Thorheiten und Verirrungen der Menschen einen versöh=
nenden Zug auffindet. Man ist enttäuscht, findet aber das Leben doch noch
schön. — Sollten wir einen deutschen Humoristen nennen, an welchen
Rittig's Art und Weise erinnert, so wäre es der treffliche, unvergeßliche
Ernst Kossak, der Verfasser der „Berliner Federzeichnungen". Daß der
New=Yorker Journalist sich so fern von der Heimath, unter Leuten, die ein
böses Kauderwelsch reden mögen, ein musterhaftes Deutsch bewahrt hat,
will schon nicht wenig sagen; er hat sich aber auch, was schwerer sein
mag, in der nüchternen Metropole des nüchternsten Erdtheils seinen
deutschen idealen Hauch bewahrt, und das rückt ihn uns nahe, während
ein Bret Harte uns ewig ein exotisches Gewächs bleibt.

Wir haben im ersten Drittel unseres Jahrhunderts Karl Postel an
Amerika abgegeben. Dieser aber wollte, als er zurückkam, lediglich
Amerikaner sein; er verhüllte seinen Ursprung unter dem Namen
„Sealsfield" und erst der Tod lüftete das Geheimniß seiner Herkunft.
Nun zeigt sich abermals ein bedeutender und in Amerika anerkannter
Schriftsteller als unser Landsmann. Möchte er, da er einmal sein
Incognito gelüftet und sich als den Marcomannen von 1848 zu erkennen
gegeben hat, den Zusammenhang mit uns festhalten! An freundlicher
Aufnahme soll es ihm bei uns nicht fehlen."

(Aus einem Feuilleton Alfred Meißner's.)

„.... Ein willkommener Beitrag zur deutschen Belletristik wird uns
diesmal mit den Weihnachtssachen aus Amerika gesandt, von drüben,
wo die Literatur in deutscher Sprache zwar ein heikles, nur dem Zuzug
neuer Einwanderer verdanktes Dasein führt, doch in den großen Blät=
tern des Ostens namentlich entschlossene Kämpen findet. Johann Rittig
hat einen Theil der amerikanischen Lebensskizzen, die er geschrieben, zu
einem Buche vereinigt und aus ihnen ein reizvolles Gesammtbild der

New-Yorker Sitten und Gesellschaft zusammengefügt. Seine „Feder-
derzeichnungen" zeigen uns Gestalten aus allen Theilen des wunder-
lichen Conglomerats, das die Bevölkerung der neuen Welt bildet. Die
Dame des high life, die den aristokratischen Sitten Europa's nach-
eifert, wie der junge Souverän der Gasse, der eingeborene Bube, der
im Bewußtsein seiner angeborenen Bürgerrechte den Eingewanderten
über die Achsel ansieht; der Gentleman „Proletär", der so gern aus
dem amerikanischen Elend in die Heimath entwiche, wenn nicht falsche
Scham ihn zurückhielte, der „Mephistoffel", der sich aus Deutschland
herausräsonnirt hat und in Amerika zu sachlicheren Anschauungen kommt,
der New-Yorker Hagestolz, der „Hochstapler", die „selbstständigen jungen
Damen", die Städterinnen in der Sommerfrische, die Vagabunden, Min-
strels, weißen Indianer, Asiaten und allerlei anderes buntes Volk, —
das Alles ist mit knappen, kernigen Strichen nach dem Leben gezeichnet
und mit köstlicher Laune beleuchtet. Ein liebenswürdiger belletristischer
Ton macht die Schilderungen Johann Rittig's auch da noch zur behag-
lichen Lectüre, wo sie, wie gelegentlich des New-Yorker Antisemiten-
thums — freilich einer vereinzelten Erscheinung im glücklichen Amerika — an die Satire streifen. Was uns besonders anspricht, ist die offene
Empfindung, die herzliche Theilnahme am Beobachteten, die in den
humoristischen Darstellungen zum Durchbruch kommt. Unter diesen
nehmen, wie uns scheint, die in die Charakterskizzen eingeflochtenen
„Schlichte Geschichten" den ersten Rang ein, Geschichten von deutschen
Einwanderern, die im brutalen Lebenskampfe der neuen Welt sich
stählen und ihr Gemüth allmählig panzern müssen. Wie der Deutsche
zum Amerikaner wird und dennoch im Grunde seine Stammeseigenart
bewahrt, hat Rittig fein beobachtet. Die „Federzeichnungen" dieser
Art, wie „Das Liebchen aus Deutschland", „Tante Veronika",
„Kurzer Glückstraum", „Das erste Vierteltausend" und „Ungesühnt"
sind kleine Cabinetsstücke von National-Psychologie.

Ergötzlich ist es namentlich zu verfolgen, wie deutsche Typen
auf amerikanischem Boden sich fortsetzen und nur in neuem Kleide auftreten. Die frische Zeichnung nach dem Leben und der heitere Humor,
der vom Herzen kommend zum Herzen geht, wird das aus reicher Erfahrung geschöpfte tendenzlose Büchlein auch dem Leser in Deutschland
zur angenehmen Lectüre machen."   (Weser Zeitung.)

„......Wir stellen diese reichhaltige Sammlung höher als fast Alles,
was uns bis jetzt an deutschen Büchern dieser Art zu Gesicht gekommen
ist. Der Verfasser birgt nämlich unter der offenkundigen Absicht,
den Leser geistreich zu unterhalten, die tiefer liegende geheime, auf eine
geläuterte ideale Weltanschauung hinzuwirken...... Wir schließen
unser Referat mit der Versicherung, daß wir Rittig's prächtiges Buch
an Niemand ausleihen werden; denn — wie die vom Stamme Asra,
welche sterben, wenn sie lieben — es hat ganz den interessanten Habitus
jener Bücher, welche nicht zurückkommen, wenn man sie ausleiht.“

(Bund — Bern.)

„.......Wer die amerikanische Metropole nicht aus eigener An=
schauung kennt, wird wohlthun, falls er sich für fremde Städte interes=
sirt, das genannte Buch zu studiren. Die feinen und scharfen Zeich=
nungen, die der Verfasser entwirft, tragen durchaus den Ausdruck
vollster Lebenswahrheit..... Entzückend sind die „Weihnachtsbilder“ in
ihrer warmen Erfindung und poetischen Fassung, wie auch einige
der „Schlichten Geschichten“, darunter herzbewegend „Das erste Viertel=
tausend“ und köstlich in seinem satirischen Humor „Neujahrsbesuch“.
Auch bei wiederholter Lectüre hat man dauernden Genuß an den
Federzeichnungen.“

(Correspondent — Hamburg.)

„.......Der Verfasser der „Federzeichnungen“ weiß das reiche und
bunte Leben der Weltstadt uns nach allen Seiten recht lebendig vor=
zuführen. Sowohl die anmuthsvollen „Weihnachtsbilder“, wie die
aus dem Leben gegriffenen „Schlichten Geschichten“ sprechen uns sehr
an und packen uns mitunter recht ans Herz. In den „Charakter=
figuren“ machen wir die Bekanntschaft aller möglichen problematischen
Existenzen, wie sie nur das New=Yorker Leben hervorbringen kann.
Die Studie über die Damen der Metropole der Union bringt uns
manches Ueberraschende; und bei dem Kapitel „Buntes Volk“ werden
wir daran erinnert, daß in New=York west= und östliches Gelände seine
Repräsentanten gesammelt hat, und keine Stadt darum so geeignet ist
für Studien von Volkstypen, als eben New=York. Mit dem ganzen
Unternehmen der Verlagsbuchhandlung empfehlen wir besonders vor=
liegendes Buch, das in seinen Zeichnungen dem Streben und Wirken
der dort wohnenden Deutschen seine besondere Aufmerksamkeit schenkt.“

(Frankfurter Zeitung.)

„.......Wir wollen nicht verfehlen, die Freunde einer heiter gemüthvollen Lectüre auf dieses, noch dazu höchst lehrreiche und interessante Buch aufmerksam zu machen..... Diese Aufsätze dürfen sich in der That, was scharfe Beobachtung, sprachliche Meisterschaft und fesselnde Darstellung anbelangt, dem Besten an die Seite stellen, was wir von unseren anerkannten Meistern im Genre der Feuilleton=Literatur besitzen." (Ueber Land und Meer.)

„Johann Rittig, der Verfasser eines vor uns liegenden Bandes interessanter Genrebilder und Skizzen aus dem amerikanischen Stadt=leben, dieser Friedrich Schlögl von New=York, schrieb für das „Sonn=tagsblatt" im Laufe der Jahre zahlreiche Feuilletons. Wohl für den Tag geschaffen, sind die Aufsätze doch keineswegs flüchtige, son=dern mit Geist erfaßte und sauber ausgearbeitete Charakterschil=derungen, deren dauernder Werth gerade in der genrebildlich packenden Zeichnung merkwürdiger und typischer Erscheinungen im amerika=nischen Stadtleben der Gegenwart besteht. Daß diese Zeichnungen treffend sind, bezeugt uns kein Geringerer als Hans Kudlich, der uns schreibt: „Das Buch gibt richtige, gesunde Anschauungen vom New=Yorker Leben." Rittig schont in seinen Genrebildern die Fehler und Thorheiten der Amerikaner und insonderheit der New=Yorker nicht, aber das mächtig pulsirende Leben, die großar=tige Kraftentwicklung und der stete Aufschwung der amerikani=schen Großstadt lassen keinen Pessimismus in ihm aufkommen. Er betrachtet seine Objecte mit der unbefangenen Freude eines Natur=forschers, wo nicht etwa, wie oft geschieht, sein warmes Herz in Mitleidenschaft kommt und über seine Schilderungen eine milde Men=schenfreundlichkeit und anheimelnde Gemüthlichkeit ausbreitet, wie gleich in der ersten Abtheilung des Buches, den sinnigen „Weihnachts=bildern"......" (Aus einem Feuilleton der Wiener „Deutschen Zeitung".)

„.......Ich freue mich, versichern zu dürfen, daß mir die warme Empfindung, die feinfühlige Herzenskunde, die volle Anschaulichkeit der Portraitirkunst, die auch unausgesprochen aus allen deutlich hervor=klingende gesunde Gesammtidee und die, selbst das Tragische wohl=thuend durchwärmende, versöhnende Lebensauffassung beim Lesen der „Federzeichnungen" große Befriedigung und Genuß bereitet haben" ... (Aus einem Briefe von Wilhelm Jordan.)

„......Rittig's „Federzeichnungen" liefern unzweifelhaft einen
schätzbaren Beitrag zu der immerhin noch jungen deutsch-amerikanischen Literatur. Geübten Auges hat der Verfasser das Bleibende
aus dem Werdenden und Verschwindenden im amerikanischen Leben
herausgegriffen und so mit Künstlerhand literarische Genrebilder geschaffen, die weit über das Tagesinteresse hinausreichen und auch dies-
seits des Oceans gern gelesen werden dürften."

(Rudolph Doehn in den „Blättern für literarische Unterhaltung".)

„...... Ist es das Behagen an unserer Stammeseigenart, die
auch unter fremder Flagge fortbesteht, ist es der prickelnde Gegensatz
des deutschen und des amerikanischen Wesens, oder ein Interesse
anderer Art, das den Offenbarungen des Deutschthums in Amerika
ihren Reiz für uns verleiht? Gleichviel: der Reiz besteht nun einmal
und erfreut uns auch an dem neuesten Buche des deutsch-amerikanischen
Schriftstellers Johann Rittig, den „Federzeichnungen"...... Das
New-Yorker Leben zieht da, in raschen, treffenden Strichen gezeichnet,
mit köstlicher Frische und Abwechslung an uns vorüber..... In allen
Schichten der Gesellschaft, die uns Rittig zeigt, wimmelt es von merk-
würdigen Charakterfiguren, die bis in die Einzelheiten ergötzlich zu
studiren sind und in ihrer Gesammtheit ein vortreffliches, tendenzloses
und lebendiges Bild des New-Yorker Treibens bieten..... Reizende
Einblicke in das Denken, Fühlen und Treiben der eingewanderten
Deutschen eröffnen die „Schlichten Geschichten", die Rittig zwischen seine
Charakterskizzen einflicht: „Das Liebchen aus Deutschland", „Tante
Veronika", der „Kurze Glückstraum", „Das erste Vierteltausend", „Ungesühnt" und namentlich die „Enttäuschung der Miß Maudlin Bource-
bake" (zu deutsch: Fräulein Lene Pürzebach), die zu Neujahr ihre
callers erwartet und anstatt der sonstigen den Hof machenden „Schentel-
männer" (wie die gut deutsch gebliebene Mutter sagt), nur den Besuch
des langen, steifen Joe empfängt, während gegenüber bei den „Böppel-
heimer girls" schon acht Besuche vorgesprochen haben..... Was in diesen
Lebensschilderungen besonders wohlthuend berührt, ist der Humor ohne
Bitterkeit, der mit Wohlwollen lächelt und vom Herzen kommt und zum
Herzen geht. In diesem Humor gerade liegt ein deutscher Zug, der uns
in den Federzeichnungen des Deutsch-Amerikaners freundlich anheimelt."

(Aus Friedrich v. Bodenstedt's „Tägliche Rundschau" — Berlin.)

„......Ein amerikanisches Skizzenbuch von einem Deutsch-Amerikaner wird vor den Schilderungen, die uns schon wiederholt aus
Amerika von reisenden Deutschen gegeben wurden, zunächst den
Vorzug genauerer Kenntniß der Verhältnisse vorausgaben. Aber
die „Federzeichnungen" von Johann Rittig geben uns viel mehr, als
bloße Schilderungen und Reisebeschreibungen. Der Verfasser, welcher
seit einer Reihe von Jahren als geistreicher Feuilletonist der Redaction
der „New-Yorker Staatszeitung" angehört, ist ein wirklich produciren-
der Schriftsteller. Seine Bilder aus dem amerikanischen Stadtleben,
deren er etwa ein halbes Hundert gesammelt und in sechs verschiedene
Abschnitte getheilt hat, lassen uns in der Form das erfolgreiche Studium
der besten englischen Vorbilder erkennen und zeichnen sich ebensowohl
durch die Mannigfaltigkeit des Inhalts, wie durch die künstlerische
Gestaltung aus. Nicht nur diejenigen Leser, welche für das große
Land jenseits des Oceans sich interessiren, werden darin eine Fülle
lebendig dargestellter Scenen finden, die uns in den Charakter und die
Sitten des Landes mit spielender Leichtigkeit einführen, sondern viele
dieser Skizzen haben auch als kleine Musterstücke der Erzählungskunst
ihren schriftstellerischen Werth für sich. In dem Abschnitt „Schlichte
Geschichten" sind einzelne, die auf nur vier bis sechs Druckseiten die
Perspective eines ganzen Romans zeigen. Wie kurz und eindrucksvoll
z. B. sind in den paar Briefen der „Tante Veronika" die schnellen
Wechselfälle von Hoffen und Verzagen, von Enttäuschung und Glück
dargestellt. Welch' köstliches Bild von echt amerikanischer Farbe giebt
uns der „Neujahrsbesuch"! Auch in den „Charakterfiguren" zeigen
einzelne, wie z. B. „Der Unabhängige", „Salon-Sklaven" u. a. m. eine
feine Beobachtung und scharfen Blick für die komischen Seiten sowohl
der Gesellschaft wie der einzelnen Persönlichkeit. Und alle tragen sie
zu dem Gesammtbilde bei, welches der Lebens- und Menschenkenner
von den gesellschaftlichen Verhältnissen in den Städten der amerikanischen Union giebt." (Rudolf Genée in der Berliner „National-Zeitung.")

„......Wer die „Federzeichnungen" gelesen hat, wird sie nicht nur
mit der hohen Befriedigung eines Gourmands aus der Hand legen,
der ein Dejeuner à la fourchette nach seinem Geschmack genossen hat,
sondern auch seine Kenntniß des menschlichen Lebens um ein gutes
Stück vermehrt und erweitert haben." (Echo — Berlin.)

„.... Er ist, wie amerikanische Blätter schreiben, „als blendender Feuilletonist und geistvoller Causeur in den ganzen Vereinigten Staaten bekannt, so weit die deutsche Zunge klingt."

Seine Federzeichnungen, von denen wir eine Probe bereits gegeben, sind darum so werthvoll, weil sie nicht blos in ihrem lebendigen und blühenden Styl und in ihrer poetischen Auffassung eine angenehme Lectüre bilden, sondern weil sie in ihrer scharf zutreffenden Charakterisirung von Land und Leuten ein treues Bild des Schaffens und Lebens in Amerika wiedergeben. Manchen seiner Genrebilder weiß Rittig durch ganz eigenthümliche amerikanische Stylwendungen und Ausdrucksweisen ein so specifisch transatlantisches Colorit zu geben, daß man ihnen das Terrain, auf dem sie geschaffen worden, durchaus nicht streitig machen könnte. Andererseits finden wir wieder sinnige Feuilletons, so die Weihnachtsbilder, welche nur deutschem Gemüthe entsprossen sein konnten. Man rühmt Rittig nach, daß er es war, der den Feuilletonstyl nach europäischem Muster in der amerikanischen Tagespresse eingebürgert. Seine uns vorliegenden Arbeiten zeigen, daß er die volle Berechtigung dazu hatte. Der Poet und der feine Humorist haben sich vereint, um in das volle amerikanische Leben hineinzugreifen und demselben charakteristische Bilder und Typen zu entnehmen, die, mit sicherer Hand gezeichnet, Bände von Abhandlungen über das Leben in Amerika ersetzen und damit auch einen bleibenden Werth erhielten."   (Presse — Wien.)

„....... Uns bietet sich also ein Feuilletonstrauß dar. Aber so wenig wir Freunde dieser bei uns so wuchernden Literatur sind.... diesen Feuilletonstrauß können wir uns wohl gefallen lassen ... Allerdings wird der deutsche Leser in diesen flotten lebendigen Skizzen Manchem begegnen, was nicht mit dem übereinstimmt, was er über denselben Gegenstand von anderen Autoren vernommen. Dieser Widerspruch aber löst sich leicht, wenn man bedenkt, daß weitaus das Meiste, das uns über amerikanisches Leben und Treiben zugetragen wird, den Beobachtungen von Touristen entstammt, die, wenn es hoch kommt, ein paar Monate sich „drüben" aufgehalten haben, während hier die Schilderungen eines Eingesessenen vorliegen ...... Wir wollen nur feststellen, daß dieselben das New-Yorker Deutschthum in sehr interessantem, manches Originelle widerstrahlendem Lichte erscheinen lassen." (Vossische Zeitung — Berlin.)

Im Verlage von E. Steiger & Co. in New York ist erschienen:

In der neuen Heimath.

Geschichtliche Mittheilungen
über die deutschen Einwanderer in allen
Theilen der Union.

Herausgegeben von Anton Eickhoff.

Ein Band von mehr als 580 Seiten in schöner, kräftiger Schwabacher Long Primer Schrift gedruckt. Broschirt $2.50, elegant in Leinen gebunden, die obere Seite mit Goldschnitt $3.00; in Halb=Morocco mit rothem Schnitt $4.50; in Ganz=Morocco mit Goldschnitt $6.00.

Dieses Buch ist eine — und jetzt die einzige — Geschichte der Deutschen im ganzen Bereiche der Union, so ausführlich gehalten, als der beschränkte Raum und andere Umstände es gestatteten. Dem Herausgeber ist es gelungen, in fesselnder Weise das Wichtigste zu erzählen und darzustellen, sodaß „In der neuen Heimath" für jeden Deutsch= Amerikaner, ja für Jedermann, der sich für geschichtliche Darstellungen interessirt, ein äußerst werthvolles Buch ist, welches in jeder deutschen Familie des Landes einen Platz finden sollte.

Der Inhalt ist folgender: **Einleitung. — I. Die Deutschen in New York.** Neu=Niederland. — Gräuelthaten der Holländer. — Peter Stuyvesant als General=Director von Neu=Niederland. — Die Besitzung Van Rensselaer's. — Die Deutschen in Neu=Schweden. — Indianer=Unruhen in Neu=Niederland. Untergang der holländischen Herrschaft. — New York unter den Engländern. — Revolution in New York. — Die Einwanderung der Pfälzer. — Der Zug der Pfälzer nach London. — Die deutschen Ansiedler am Mohawk und Schoharie. — Ausbruch der amerikanischen Revolution. — Ende des Revolutions=Krieges. — Die Einwanderungs=Commissäre. — Die Reise ins Innere. Das Runner=Unwesen. — Gefahr für das Fortbestehen der Einwanderungs= Commission. **II. Die Deutschen in New Jersey und Neu= England. III. Die Deutschen in Pennsylvanien.** Anfang der Auswanderung nach Amerika. — Gründung von Germantown. — Sekten und Kirchen. — Furcht vor den Deutschen. — Der Menschenhandel. — Buchdruck und Zeitungen in Pennsylvanien während des vorigen Jahrhunderts. — Deutsche und Indianer. — Freischulen und Nativismus. — Die Deutschen und die Revolution. — Nach der Revolution. — Die Landdeutschen. **IV. V. Die Deutschen in Maryland**

und Virginien. — in den Carolinas. VI. Die Salz-
burger in Georgia. VII. VIII. Die Deutschen in Ken-
tucky, — in Ohio und Indiana. Die ersten Spuren der Deutschen. — Pontiac's Krieg. — Bouquet's Feldzug nach Ohio. — Die
Herrnhuter Ansiedlungen. — Das Massacre von Gnadenhütten. —
David Ziegler und die Kriege von 1788-1795. — Das deutsche Element
vor 1830. — Von 1830 bis 1850. — Von 1850 bis zur Gegenwart. Die
Achtundvierziger. — Die deutsche Presse. IX—XIV. Die Deutschen
im unteren Mississippi-Thale und in Texas, — im
mittleren Mississippi-Thale, — im oberen Mississippi-
Thale, — in Wisconsin und Michigan, — in den west-
lichen Hochlandgebieten, — in den Pacific-Staaten.
XV. Schweizer Einwanderung und Ansiedlungen. —
Anhang. Die Deutsche Gesellschaft der Stadt New York. Noten.

Neben dieser vollständigen Ausgabe des Buches (welche fortwährend im Markte bleiben wird) ist auch

die **Zweite Ausgabe** von

In der neuen Heimath

zu haben. Diese Ausgabe unterscheidet sich von der anderen dadurch,
daß der 164 Seiten starke **Anhang**, welcher eine Geschichte der
Deutschen Gesellschaft der Stadt New York, Listen ihrer Mitglieder und
Beamten, biographische Notizen, u. s. w. enthält, weggelassen ist.

Wie werthvoll und interessant dieser Anhang auch speciell für die
Mitglieder der Gesellschaft und deren Freunde ist und bleibt, so erschien
es doch angemessen, für Diejenigen, welche derselben nicht nahestehen,
mit Weglassung des Anhanges die Zweite Ausgabe zu veranstalten, die
zu dem dadurch ermöglichten billigeren Preise sowol bei den eingewanderten Deutschen als auch den von Deutschen abstammenden Amerikanern, kurz bei Allen, welche sich für die erfreuliche Entwickelung des deutschen Elements in der Union interessiren, weite Verbreitung finden wird.

Die Zweite Ausgabe ist in 10 Heften zum Preise von je 15
Cents, sowie auch vollständig, stark geheftet und steif broschirt mit
Marmorschnitt für $1.50, oder gebunden in Leinwand für $2.00
zu haben.

„.....Der Verleger, Herr Ernst Steiger, bringt das Buch, welches für das Deutschthum
der Ver. Staaten die Bedeutung einer, kostbare Erinnerungen sammelnden Stammes-Chronik
hat, in sorgfältigster Ausstattung vor das Publikum und es entsteht hiermit ein (noch fortzu-
setzendes) Geschichtswerk, dem in jeder deutsch-amerikanischen Familienbibliothek der Ehrenplatz gebühren wird.....“ (Sonntagsblatt der New-Yorker Staats-Zeitung.)

Besonders werthvoll für Alle, welche sich für die Entwickelung des Deutschthums in Amerika interessiren, sind die

Geschichtsblätter.

Bilder und Mittheilungen aus dem Leben der Deutschen in Amerika.

Herausgegeben von Carl Schurz.

Eine Reihe von Bänden in großem Duodez=Format, deren jeder einzeln zu haben ist. Der I. Band (240 Seiten stark) bietet:

Die Deutschen im Staate New York

während des achtzehnten Jahrhunderts.

Von Friedrich Kapp.

Der Inhalt ist folgender:

Erstes Kapitel. Einleitung. Charakter der deutschen Einwanderung. **Zweites Kapitel.** Die erste pfälzer Niederlassung in Neuburg am Hudson. Massenauswanderung der Pfälzer im Jahre 1709. **Drittes Kapitel.** Die pfälzisch=schwäbische Zwangs=Kolonie am obern Hudson. **Viertes Kapitel.** Flucht der Deutschen nach und Ansiedelung in Schoharie. Die beiden Weiser, Vater und Sohn. Besiedelung des Schoharie=Thales. **Fünftes Kapitel.** Die Deutschen am Mohawk. **Sechstes Kapitel.** Die Revolution. General Nikolaus Herchheimer. **Siebentes Kapitel.** Für Haus und Hof. **Achtes Kapitel.** Häusliches und gesellschaftliches Leben der Deutschen. Mangel an geistigem Interesse. Prozeß gegen Johann Peter Zenger. **Neuntes Kapitel.** Kirchliches Leben der Deutschen. Lutheraner, Reformirte und Herrnhuter. Deutsche Logen und Gesellschaften. Allmälige Amerikanisirung. Rückblick und Schluß.

Dieser Band, stark geheftet und steif broschirt, mit Marmor=schnitt, kostet $0.75 — elegant in Leinwand gebunden, mit Goldschnitt auf der oberen Seite, $1.00, und ist durch alle Buchhandlungen zu beziehen, oder wird durch die Post franco an irgend eine Adresse in Amerika oder Europa verschickt, wenn man den Betrag (in Postmarken) einsendet an die Verleger

E. Steiger & Co., 25 Park Place, New York.

Der II. Band der von **Carl Schurz** herausgegebenen **Geschichts-blätter** ist:

Bilder aus der
deutsch-pennsylvanischen Geschichte.
Von Oswald Seidensticker.

Der Inhalt ist folgender:

Die erste deutsche Einwanderung in Amerika und die Gründung von Germantown im Jahre 1683. William Penn's Reise in Deutschland. — Wer waren die ersten Auswanderer nach Amerika? — Die Crefelder Käufer und die Frankfurter Gesell-schaft. — Franz Daniel Pastorius. — Die Gründung von Germantown. — Die neue Heimath. — Germantown unter eigener städtischer Regierung. — Aus der Ge-richtsstube. — Die Religion der Pioniere. — Der Protest gegen die Sclaverei im Jahre 1688. — Pastorius als Schriftsteller. — Pastorius' Lebenslauf bis an sein Ende. — Germantown, die deutsche Stadt.

Johann Kelpius, der Einsiedler am Wissahickon. Ankunft in Germantown. — Die Reise. — Wer Kelpius war. — Am Wissahickon. — Das Weib in der Wüste. — Ehe-losigkeit und Seelenbrautschaft. — Der Weltdrache.

Die beiden Christoph Saur in Germantown. Jugend des älteren Saur. — Christoph Saur errichtet eine Buchdruckerei. — Die Entstehung der deutsch-amerikanischen Zeitungspresse. — Saur druckt die Bibel. — Der Saur'sche Verlag. — Conflicte. — Christoph Saur sen. und die Politik. — Christoph Saur sen. über die Mißbräuche des Passagier-Transports. — Der jüngere Christoph Saur. — Christoph Saur, der jüngere, und die amerikanische Revolution.

Ephrata. Eine amerikanische Klostergeschichte. Ein Besuch. — Das Nest der Schwärmer. — Conrad's Wanderjahre. — Der Magus am Conestoga. — Am Cocalico. — Der Klosterbau. — Die Klosterwirthschaft. — Im Tempel. — Die Mystik in Ephrata. — Lied und Sang. — Bruder Ezechiel's Bekenntnisse. — Die Eckerlins. Eine Rebellion und ihre Folgen. — Die Druckerei. — Verfall und Ende.

Die Deutschen im Frieden und im Kriege. Verbreitung der Deutschen. — Gewerb-fleiß der Deutschen. — Die Deutschen im Revolutions-Kriege. — General Peter Mühlenberg.

Dieser Band, stark geheftet und steif broschirt, mit Marmor-schnitt, kostet $0.75 — elegant in Leinwand gebunden, mit Goldschnitt auf der oberen Seite, $1.00, und ist durch alle Buchhandlungen zu be-ziehen, oder wird durch die Post franco an irgend eine Adresse in Ame-rika oder Europa verschickt, wenn man den Betrag (in Postmarken) einsendet an die Verleger

E. Steiger & Co., 25 Park Place, New York.

In unserem Verlage erschienen schon vor mehreren Jahren, von amerikanischen Verfassern, in der Sammlung

Deutsch-Amerikanische Bibliothek

die folgenden Bände, broschirt @ 50 Cents, gebunden @ 75 Cents:

1. 2. **Reinhold Solger.** Anton in Amerika. Novelle aus dem deutsch-amerikanischen Leben. 2 Bände.

3. 4. **Karl Dilthey.** Novellen und Erzählungen. 1. Theil: Die schönsten Tage einer Tänzerin. — 2. Theil: Mein Onkel Fischer in Baltimore.

5. 6. **Friedrich Lexow.** Novellistisches. 1. Theil: Auf dem Geierfels. 2. Theil: Imperia.

7. 8. **Rudolph Lexow.** Romane und Novellen. 1. Theil: Annie's Prüfungen. 2. Theil: Der Rubin, Novelle aus dem New Yorker Leben.

9. **Karl Dilthey.** Novellen und Erzählungen. 3. Theil: Henriette Sontag.

10. **Friedrich Lexow.** Novellistisches. 3. Theil: Vornehm und Gering.

Heimathgrüße aus Amerika. Eine kleine Sammlung von Gedichten Deutscher in Amerika. Miniatur-Format, auf Tonpapier gedruckt, cartonnirt mit Goldschnitt. $0.30

Dornrosen. Erstlingsblüthen deutscher Lyrik in Amerika. Miniatur-Format, auf Tonpapier gedruckt, gebunden mit Goldschnitt. $1.00

Konrad Krez. Aus Wisconsin. Gedichte. Miniatur-Format, gebunden mit Goldschnitt. $1.00

Friedrich Lexow. Gedichte. Mit Portrait. Miniatur-Format, auf Tonpapier gedruckt, gebunden mit Goldschnitt. $1.00

Theodor Kirchhoff. Balladen und neue Gedichte. Miniatur-Format, gebunden mit Goldschnitt. $1.50

Diese Bücher werden gegen Einsendung des Betrages an irgend eine Adresse franco per Post versandt.

New York. **E. Steiger & Co.**

Wir empfehlen ferner, als früher bei uns erschienen:

Die Deutschen im Staate New York

bis zum Anfange des neunzehnten Jahrhunderts.

Von Friedrich Kapp.

Dritte Auflage (1867), mit Vorworten, Quellen, Anhang und Namen-Verzeichniß. Ein Band in Octav, gebunden $1.75.

Petrus Martyr,

der Geschichtschreiber des Weltmeers.

Eine Studie von Herm. A. Schumacher

(General-Consul des Deutschen Reichs in New York).

Ein Band, in klein Quart, broschirt $1.25; gebunden in biegsame Leinwand $1.75.

Carl Goepp. Leitfaden der parlamentarischen Geschäftsordnung für Deutsch-Amerikaner. 64mo., cartonnirt. $0.25

A. Jacobi. Die Johns Hopkins Universität. $0.20

Alexander J. Schem. Gegenwart und Zukunft der großen Kultursprachen, besonders des Englischen und des Deutschen. $0.20

Udo Brachvogel. Das Theißland und sein Dichter. $0.30

J. Schönhof. Ueber die volkswirthschaftlichen Fragen in den Vereinigten Staaten. $0.35

H. Gercke. Das öffentliche Schulwesen der Stadt New York. $0.30

J. Bleecker Miller. Das englische Recht und das römische Recht, als Erzeugnisse indo-germanischer Völker. $0.30

C. Wehle. Der Geist unserer Gesetze. $0.30

Diese Bücher und Broschüren werden gegen Einsendung des Betrages an irgend eine Adresse franco per Post versandt.

New York.   E. Steiger & Co.

Deutsch-amerikanische Geschichte.

Wir führen ein Lager von

Büchern, Broschüren und Zeitschriften,

welche Bezug haben auf die

Geschichte der Deutschen in Nord-Amerika.

Ueber unser Sortiment solcher Publicationen — in allen Sprachen — werden wir von Zeit zu Zeit Listen ausgeben. Es wird aber unmöglich sein, dieselben zu jeder Zeit vollständig zu halten, daher wir bitten, daß man uns die Bücher nenne, welche gewünscht werden, worauf Erledigung so schnell als möglich folgen wird.

Wenn zu annehmbaren Preisen angeboten, kaufen wir auch einschlägige Publicationen für unser Lager.

In beiden Fällen bitten wir die Titel genau, deutlich und vollständig anzugeben, und zwar nur auf einer Seite eines Blattes geschrieben, und mit leerem Raume nach einem jeden Titel, damit diese Angaben bei uns zerschnitten und gehörig geordnet werden können.

Wir bemerken gleichzeitig, daß wir auch fernerhin dem Verlegen werthvoller

Bücher von Deutsch-Amerikanern

unsere besondere Aufmerksamkeit widmen, und solchen Publicationen durch unsere ausgedehnten Verbindungen die weitestmögliche Bekanntmachung und Verbreitung sowol in Amerika, als auch in Europa verschaffen werden.

New York.   E. Steiger & Co.